水运工程
关键计量标准装置
及溯源技术

高术仙 杨鲲 曹玉芬 柳义成 隋海琛 安永宁 等 编著

武汉大学出版社

图书在版编目(CIP)数据

水运工程关键计量标准装置及溯源技术 / 高术仙等编著 . -- 武汉：武汉大学出版社,2024.11. -- ISBN 978-7-307-24562-4

Ⅰ．U612

中国国家版本馆 CIP 数据核字第 2024YD5829 号

责任编辑:王金龙　王　荣　　责任校对:汪欣怡　　版式设计:马　佳

出版发行:武汉大学出版社　（430072　武昌　珞珈山）

（电子邮箱:cbs22@whu.edu.cn 网址:www.wdp.com.cn）

印刷:武汉图物印刷有限公司

开本:787×1092　1/16　印张:21　字数:408 千字　插页:1

版次:2024 年 11 月第 1 版　　2024 年 11 月第 1 次印刷

ISBN 978-7-307-24562-4　　定价:99.00 元

版权所有,不得翻印;凡购买我社的图书,如有质量问题,请与当地图书销售部门联系调换。

前　言

随着经济社会的快速发展，各领域对精准测量测试的需求与计量供给不充分、不平衡、不全面之间的矛盾日益突出，部分领域量值传递溯源能力还存在空白，关键计量测试技术有待突破。实施计量优先发展战略，加强计量基础研究，强化计量应用支撑，提升国家整体计量能力和水平，已成为提高国家科技创新能力、促进经济社会高质量发展的必然要求。

计量是实现单位统一、保障量值准确可靠的活动，是科技创新、产业发展、国防建设、民生保障的重要基础，是构建一体化国家战略体系和能力的重要支撑。《计量发展规划》（2021—2035）中提出，面向我国水路领域重大工程、重大装备计量需求，开展交通一体化综合检测、监测设备量值溯源和保障技术研究，开展智慧计量技术攻关与先进测量装备研发，持续提升计量对交通运输的技术保障能力，服务智慧交通建设。加强交通水运领域相关计量测试技术、测试方法研究，研制相关测试设备，开展交通水运工程领域水下探测装备计量测试技术研究，对于保障装备的"先进适用、完备可控"，解决影响装备性能的关键参量的量值溯源难题，完善交通水运计量技术体系，具有较强的现实意义和必要性。

本书共分为8章，具体章节安排如下：第1章为研究背景，对我国水运工程领域水下泥沙淤积相关量值计量现状及国内外研究情况进行总结。第2章介绍了含沙量测量设备的相关量值计量测试技术、测试方法及计量标准装置设计、研制的过程。第3章介绍了港口航道工程中航道淤积泥沙厚度的计量检测方法、计量测试技术和计量标准装置搭建过程。第4章介绍了基于标准目标块套组的底物分辨计量标准装置的设计、研制、测试及应用情况。第5章介绍了基于地层剖面标准样品的水下地层剖面分辨率计量标准装置的设计、研制、测试及应用情况。第6章介绍了水下超短基线定位设备的计量标准装置的相关设计、研制、测试及应用情况。第7章总结了本书的主要创新成果及国外相关技术指标对比的情况。第8章从计量体系、产业发展、数据质量提升和安全保障方面总结了本书研究成果的作用和推广应用的意义。

本书的第1章由杨鲲、隋海琛撰写，第2章由李一博、高术仙、韩鸿胜、曹媛媛撰写，第3章由高术仙、曹玉芬、杨鲲、窦春晖撰写，第4章由阳凡林、隋海琛、柳义成撰写，第5章由佟昊阳、柳义成、安永宁撰写，第6章由朱建军、隋海琛撰写，第7章由高术仙、曹玉芬撰写，第8章由杨鲲、曹玉芬撰写。全书由高术仙、柳义成、安永宁、张明敏、李绍辉负责统稿。

  本书的出版，将为水下含沙量、淤积厚度、底物分辨与定位等量值的计量测试技术和方法提供计量支撑和保障，对于提升水文测绘装备质量水平及核心竞争力，助力交通强国和质量强国建设具有重要的意义和价值。

  为方便读者阅读本书中的彩图，特将这些彩图集中做成数字资源，读者可扫描封底数字资源二维码下载。

目 录

第1章 研究背景 ··· 1
  1.1 概述 ··· 1
  1.2 国内外研究现状 ····································· 3
  1.3 本书主要研究内容 ··································· 10

第2章 含沙量测量仪计量标准装置及溯源技术 ·············· 15
  2.1 稳定悬移质泥沙浓度场的数学模型 ····················· 15
  2.2 格栅式含沙量测量仪计量标准装置设计 ················· 21
  2.3 格栅式含沙量测量仪计量标准装置研制及计量检测方法 ··· 38
  2.4 机械搅拌式含沙量测量仪计量标准装置研制及计量检测方法 ··· 53
  2.5 本章小结 ··· 87

第3章 港口航道淤积计量检测方法、计量标准装置及溯源技术 ··· 89
  3.1 声波特性与淤积物密度关系 ··························· 89
  3.2 淤积厚度场构建技术及测试方法 ······················· 104
  3.3 淤泥质淤积物标准样板淤积厚度场构建及测试 ··········· 116
  3.4 声学淤积厚度测量仪计量检定方法 ····················· 128
  3.5 声学淤积厚度计量标准装置及溯源技术 ················· 139
  3.6 本章小结 ··· 149

第4章 基于标准目标块的底物分辨计量检测技术 ············ 151
  4.1 底物分辨计量标准装置研制 ··························· 151
  4.2 底物分辨设备几何与声学计量测试指标试验 ············· 164
  4.3 环境及设备参数对底物分辨力的协同影响机制 ··········· 177
  4.4 测量不确定度分析 ··································· 200
  4.5 应用示范 ··· 204

4.6 本章小结 ……………………………………………………………… 207

第 5 章 基于地层剖面标准样品的水下地层剖面分辨率计量技术 …… 209
5.1 水下地层剖面声学模型构建 …………………………………… 211
5.2 水下地层剖面分辨率计量标准装置研制 ……………………… 212
5.3 测量不确定度分析 ……………………………………………… 229
5.4 声学方法对浅地层剖面标准样品介质厚度验证试验 ………… 233
5.5 应用示范 ………………………………………………………… 241
5.6 本章小结 ………………………………………………………… 243

第 6 章 水下超短基线定位计量标准装置及溯源技术 ………………… 245
6.1 水下超短基线定位测量原理及计量检测存在的问题 ………… 246
6.2 水下超短基线定位溯源技术 …………………………………… 258
6.3 六自由度水下超短基线定位计量标准装置研制 ……………… 266
6.4 测量不确定度分析 ……………………………………………… 295
6.5 应用示范 ………………………………………………………… 303
6.6 本章小结 ………………………………………………………… 310

第 7 章 创新成果及与国外相关技术指标对比 ………………………… 312
7.1 关键技术突破 …………………………………………………… 312
7.2 主要技术成果 …………………………………………………… 312
7.3 主要创新点 ……………………………………………………… 315
7.4 与国外计量校准方法及装置相关技术指标对比 ……………… 317

第 8 章 社会经济效益及成果推广应用情况 …………………………… 322
8.1 社会效益 ………………………………………………………… 322
8.2 经济效益 ………………………………………………………… 323
8.3 成果推广应用情况 ……………………………………………… 323

参考文献 ……………………………………………………………………… 325

第1章 研究背景

1.1 概　　述

我国沿海港口万吨级及以上泊位数量均居世界第一，90%以上的外贸通过海上运输完成，沿海港口成为21世纪"海上丝绸之路"国际运输通道的重要战略支点。随着交通运输由高速增长向更高质量发展的跨越升级，以及建设安全便捷、经济高效、绿色智慧、开放融合的现代化交通运输体系的要求，研究水运工程领域关键计量标准装置，提升计量标准装置的国际化水平是保障共建"一带一路"倡议的关键环节。

在水运工程领域，泥沙淤积测量不准确和计量标准缺失的问题仍然存在，给港口建设、航道维护和通航安全造成重要影响，因此急需解决泥沙淤积的准确测量问题。泥沙淤积测量不准确的原因主要在于对各层级关键分界面无明确划分标准，包括港口航道泥沙回淤区与上层含沙水体和浅部海底地层剖面结构的分界面标准，港口航道回淤区剖面结构简图见图1-1。因此亟须开展上层水体含沙量、泥沙淤积厚度和浅部海底地层剖面计量方法和溯源研究，攻克悬沙浓度场、近底淤积场构建和水下声呐探测计量测试等关键技术，解决相关参数量值溯源难题，填补计量标准的空白，提升我国水运工程计量技术水平，支撑国家质量技术基础提升，以及交通强国和质量强国建设。

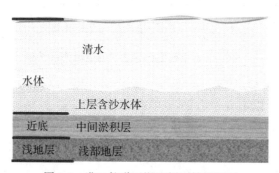

图1-1　港口航道回淤区剖面结构简图

随着水运交通的发展，港口、航道及堤坝的整治、检测与维护等施工作业的重要性日益突出，工程作业量也日益增多，为满足各种工程和科研调查任务，各种水下探测设备（如含沙量测量仪、淤积厚度测量仪、多波束测深仪、侧扫声呐、浅地层剖面仪和超短基线声学定位系统等）被研发、制造并投入使用，在港口建设、航道疏浚、海洋石油平台建设、航海安全等军事和民用领域发挥极其重要的作用，并创造了可观的经济效益。

然而，上述这些水下探测设备缺乏相应的实验室计量检测手段和计量技术规范，无法进行规范和有效的检定、校准，只能采取现场自校或比测的办法。虽然一些几何和声学指标的测试评价方法在声呐计量检测中得到应用，但仍存在计量体系不完整、含沙量和淤积厚度测量准确度低、底物与地质结构分辨率较低等问题，尤其在水下泥沙形态频繁转化的环境中，难以保证信息的有效性、安全性，不能满足水运工程测量的需求。本项目主要开展上层水体含沙量、近底泥沙淤积厚度和浅部海底地层剖面分辨及定位计量方法和溯源技术研究。研究内容之间的逻辑关系如图1-2所示。

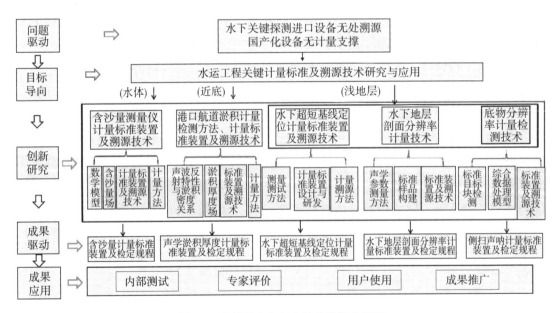

图1-2 本书研究内容之间的逻辑关系图

研究内容主要包括以下几个方面。

（1）含沙量测量仪计量标准装置及溯源技术。

针对含沙量测量仪的溯源需求，提出基于均匀稳定悬沙浓度场的悬沙浓度计量溯源方法，研发含沙量测量仪计量标准装置，为含沙量测量仪开发提供计量技术支撑，填补国内含沙量测量设备计量校准的空白，打破国外在含沙量测量仪方面的垄断。

（2）港口航道淤积计量检测方法、计量标准装置及溯源技术。

研究建立实验室内精细化淤泥淤积厚度场，提出满足适航水深的淤积厚度划分和测量方法，研发淤积厚度计量标准装置，提升我国港口航道淤积厚度测量数据准确性，对于航道维护和通航安全具有重要意义。

（3）浅浊水域底物与地质结构精细探测分辨计量标准装置及溯源技术。

研究建立浅浊水域底物与地质结构精细探测分辨计量标准体系，研发底物分辨与水下地层剖面分辨力计量标准装置，提升我国水运工程底物探测相关调查资料的质量和使用价值，为提高探测数据的准确性提供计量技术支撑，保障港口建设、航道疏浚、海底管线布设、海上石油平台建设等工作顺利开展。

（4）水下超短基线定位计量标准装置及量值溯源技术。

构建四自由度空间至六自由度空间量传模型，提出基于声信号模拟的多信标定位实验室校准方法，研发六自由度水下超短基线定位计量标准装置，实现超短基线全量程范围内的准确计量，解决传统水运工程施工受工况影响、工作效率低、定位不准确等问题，为航道铺排施工、抓斗定位、水下作业潜航器定位导航等工程应用提供计量支撑。

1.2 国内外研究现状

1.2.1 含沙量测量仪及校准方法研究现状

含沙量是单位体积水沙混合物内所含有的干泥沙的质量，是研究水流水域、港口运输、水质环境、水土流失等方面的重要参数之一[1,2]。在线式水体含沙量的准确测量问题一直是水运工程领域的关键难题。受我国仪器开发水平限制，在线式高精度含沙量测量仪仍大量依赖进口，国内的相关企业虽然已经开始转向高精度含沙量测量仪的深入研发及制造[3,4]，但是我国目前并没有统一的计量技术规范和计量标准，缺乏对进口含沙量测量仪性能的评判及对国产设备的计量技术支撑。针对国外引进的高精度含沙量测量设备，由于国内无法科学评价其示值误差等指标，只能按照说明书上的标注进行使用。这些仪器在使用时往往是将电压值转化为浊度值或其他中间量，再将中间量转化为含沙量值[5]。在这一步步的转化中都会引入误差，将导致仪器的真实误差与说明书标注的误差之间存在差别，造成含沙量测量不准确。此外，国内许多研究学者为了打破国外在含沙量测量仪器方面的垄断，已经开始了走航式含沙量测量仪器的开发[6,7]。在仪器的开发过程中，评价仪器的性能指标如量程、示值误差等是非常重要的一个环节。然而，目前国内并没有形成统一的检定规程和校准方法，使得开发完成后的仪器出现不被认可的情况。这大大影响了国产含沙量测量仪器的开发进程，限制了国产仪器的应用和推广。

为了研发含沙量测量仪计量标准装置，针对市面上现有的、应用范围较广泛的在线式含沙量测量仪器进行了测量范围和测量误差调查，调查结果如表1-1所示。

表1-1 含沙量测量仪参数表

仪器名称(型号)	线性量程(kg/m^3)	标称示值误差
OBS-3A	0~5	4.5%
OBS300	0~10	5%
OBS3+	0~10	5%
OBS501	0~4	4%
Model3150	0~30	5%
LISST-100X	0~5	—
LISST-200X	0~10	

由调查结果可以看出市面上现有的含沙量测量仪器的线性测量范围均在$30kg/m^3$以下，并且示值误差均在4%以上。所研究的含沙量测量仪计量标准装置需要覆盖现有测量仪器设备的测量范围并且达到更高的精度。由于国内现有的技术水平无法研制出更高精度的在线式含沙量测量仪器设备[8]，因此，通过构建均匀稳定的悬沙场作为含沙量标准场，来建立含沙量测量仪计量标准装置。量程范围设定在$0.1\sim30kg/m^3$的浓度范围内，构建相对标准不确定度小于等于1%的含沙量标准场，以完成对现有含沙量测量仪器的计量校准。

计量是指实现单位统一和量值准确、可靠的活动。通过查阅资料发现，国外在含沙量测量仪计量标准装置方面的研究仍处于一片空白[9-11]。目前国外主要处于含沙量测量仪的应用阶段，虽然国外官方机构并未公布计量标准，但是研究人员在使用含沙量测量仪时慢慢形成了测量方法[12-14]。

目前国外应用最多的是现场校准法。进行现场校准时，利用含沙量测量仪直接对将要被测的水域进行监控，同时采集水样，利用直接烘干称重的方式计算水样的含沙量。通过含沙量测量仪的测量结果与水样的测量结果的对比，得到含沙量测量仪的输出量，如电压、电流等与被监测水体含沙量的拟合关系[15-17]。维也纳自然资源与生命科学大学的Marlene Haimann教授的团队对多瑙河上的含沙量在线监测前利用现场校准的方法进行了校准，指出了河流边缘与河流中心泥沙的差异性会对含沙量评估结果造成较大干扰[18]。英国斯特林大学的I. Grieve和D. Gilvear对苏格兰中部的水域进行含沙量监控时也利用现场校准的方法对含沙量测量仪进行了校准，最终结果表明校准过后的结果存在较小的偏差[19]。但是校准时由于采样位置与仪器监控位置存在空间差异，两者的含沙量并不完全相同，并且针对含沙量变化较大的水体采样与记录的时间差也可能导致标定结果出现偏差。

目前在含沙量测量仪中，光学仪器的精度要比声学的仪器高，而国外的光学含沙量测量仪器的发展相对成熟，因此有时会直接利用光学仪器来校准声学仪器[20,21]。达佩斯大学的 Fleit Gábor 等利用声后向散射传感器（ABS）校准了 ADV 的含沙量测量结果，发现一次谐波对含沙量测量有很大影响[22]。这种方法的问题在于光学仪器本身的不确定度也较高，直接利用其测量结果作为真值容易造成不确定度的缺失。

浊度校准是指利用标准悬浊液对含沙量测量仪器进行校准。标准悬浊液中的固体是由粒径固定、成分单一的微小颗粒构成的，因此可以将浊度值转化为含沙量值。但是当含沙量测量仪的应用场景更换时，被测沙样的成分发生变化会导致测量仪器出现重大偏差[23,24]。例如，法国诺曼底大学的 Flavie Druine 教授的团队在对塞纳河进行含沙量监测时，尽管测量仪器已经按照 Formazin 标准进行了校准，但是随着测量时间和测量位置的改变，测量仪器对悬沙场的响应存在巨大差异[25]。黎巴嫩的黎波里巴拉曼大学的 Terry W. Sturm 等研究了在泥沙粒径分布变化时浊度与含沙量之间的关系，结果表明微小粒径对两者关系的影响很大[26]。奥塔哥大学的 Sarah Mager 等比较研究了水体中其他物质对光学浊度计测量含沙量的影响，结果表明在一些特殊情况（如微生物污染等）下影响很大，此时不能用简单的浊度来校准含沙量测量仪[27,28]。

针对国内含沙量测量仪计量现状，我们首先查阅了国家标准，结果显示目前在国内并没有含沙量测量仪相关的国家标准和校准规范。

在国内含沙量测量仪研发的最后阶段往往需要对开发的仪器进行性能评价，目前大多数使用室内校准方法[29-31]。校准时手动称量干泥沙的质量和水的体积之后利用手动或机械搅拌的方法配比成特定浓度的悬沙溶液，利用含沙量测量仪对溶液进行测量。通过分析测量仪的输出量与悬沙浓度的关系，得到含沙量测量仪的校准曲线[32-34]。西北农林大学赵军所在实验室研究了利用 γ 射线测量水体含沙量的方法，并开发了一套研究设备，利用黄绵土和土娄土对仪器进行了室内校准，结果显示两者的差别很大[35]。中国农业大学雷延武在研制近红外反射高含量泥沙传感器后，利用自行配置的黄河、渭河及天水的悬沙溶液进行了校准，结果表明高含沙量时的误差在 10%左右[36]。水利水电科研所的唐懋官等最早提出了利用超声反射的方式测量水体含沙量，利用手动配置的煤粉和塑料沙等悬沙溶液对仪器进行了评定，基本误差在 10%以内[37]，武汉大学马志敏等研究 B 超成像技术的含沙量测量仪器时利用自行配置的塑料沙溶液和江沙进行了对比校准，结果表明粒径分布对测量结果的影响较大[38]。以上研究人员在对他们开发的测量方法或测量设备进行误差分析时，由于需要操作人员手动添加原料，因此会带来人为干扰，同时研究人员并未对该溶液的含沙量进行准确的测量及不确定度评定，可能存在搅拌不均匀等情况，导致含沙量值的可靠性未知。

长江口水文水资源勘测局的周丰年利用机载双射线的三维点云数据反演水体含沙量，在江苏连云港进行了现场校准，将测量值与实测含沙量值进行了比较，发现模型估计偏差均小于20mg/L[39]。梧州市水文水资源局的杨惠丽等利用ADCP回波强度估算了河流悬移质含沙量，并在梧州水文站附近进行了现场校准，校准结果显示最大误差为10.38%[40]。长江水利委员会的蒋建平等基于Mie激光散射原理，提出了采用激光粒度分析仪转换含沙量的方法，利用长江水样进行了校准分析，指出不同粒径的沙样应当建立不同的含沙量对应关系[41]。三者在野外进行校准评估时，若测量的区域范围很大或者测区的含沙量变化很快，容易导致校准的结果出现误差。

天津水运工程科学研究所的王海申利用OBS3+配合数据接收传输系统研发在线实时含沙量观测系统后，利用浊度与含沙量的相关关系进行了仪器校准[1]。长江上游水文水资源勘测局的勾晶晶对浊度计测量含沙量进行了比测研究，研究发现测量结果的误差主要来源于浊度计本身的系统误差[42]，这说明了浊度校准对含沙量测量的结果并不可靠。

总之，国内外没有系统、完善的含沙量测量设备计量检测方法及溯源技术研究成果，难以对其进行规范、有效的检定，设备的测量数据可靠性有待考察。虽然在实际应用中总结了一些校准方法，但这些方法均存在误差较大、不确定度丢失或者不具有普适性的情况。这极大限制了高精度含沙量设备的设计、研发与应用。因此，迫切需要搭建含沙量测量仪计量标准装置，对这些已有的测量方法进行一致、客观的评定，使含沙量测量仪的测量结果更具有说服力。

1.2.2 港口航道淤积厚度测量设备及测量方法现状

在港口航道区域，泥沙回淤区淤积物从下到上分别由粗砂、细砂、粉砂和浮泥等组成，对于没有浮泥存在的港口航道，泥沙淤积厚度可以用浅地层剖面仪进行探测泥沙淤积厚度[43-45]。在国内的天津港和国外的Thames河[46]中最早发现了浮泥的存在，后来在国内的黄河口、长江口、连云港、广州港等地区也相继发现浮泥[47-53]，国外的纪龙德河口、泰晤士河口、密西西比河口等很多河口地区均发现存在浮泥。浮泥是淤泥质海岸河口地区特有的一种泥沙运动形态，其是半流动状态的泥，常为细粉砂和黏土遇水后形成，是悬沙絮凝沉降于河床形成的高浓度浑水体。在淤泥质港口海岸的港池及浚深的航道内容易产生浮泥层，造成通航水深减小。为了更好地开发和利用浮泥，很多研究者对浮泥的特性进行了研究，主要包括浮泥形成机理、运动特性及变化过程的研究[54-61]。了解浮泥的特性之后，开始研究如何开发和利用浮泥，由此提出了适航水深技术，目前该技术已应用于国内外很多港口。但是浮泥层厚度的测量不准确问题影响了适航水深的判断，严重时会导致船舶搁浅[62]。因此对于泥沙淤积的测量就不能忽略浮泥的存在。

在港口航道水深测量中，泥沙淤积量测量通常以声学淤积厚度测量仪换能器高频声波信号100~800kHz在两个不同时间测量的水深来计算港口航道泥沙淤积厚度，从而计算泥沙淤积量。这种港口航道泥沙淤积厚度测量方法相对比较粗糙，仅适用于定期的港口航道疏浚工作。基于这种水深测量转换为泥沙淤积厚度测量的方式，国家水运工程计量站建立了实验室硬底条件0~40m水深环境下回声测深仪计量标准，可对超声波测深原理的国内外超声波测深仪提供测深量值检定/校准服务[63]。

对于有浮泥存在的淤积厚度测量，国内外常用的探测方法有测深三爪砣法、超声波测量法（声学淤积厚度测量仪）和耦合测量法[64]。超声波测量法是将回波的上、下界面简单考虑为浮泥的上、下界面，从而快速地判断浮泥层的厚度[65]，并且通过船载走航观测实现大范围的测量，由此计算出淤积量。根据市场调研可知，国内外市场主流的声学淤积厚度测量仪的高频频率一般为100~800kHz，低频频率一般为10~50kHz，且分辨力均为1cm，为厘米级的设备，如表1-2所示，其高频频率和低频频率处于一个频率范围内，而现场用于测量淤积厚度的声学淤积厚度测量仪换能器的高低频率都是确定的频率值。在港口航道水深测量中，采用声学淤积厚度测量仪换能器高频率声信号进行水深测量，其深度反射面为水-淤泥的交界面，而不同频率值的低频声信号穿透浮泥的能力不同，穿透的深度也不同，不同深度处浮泥的密度也不同。因此，由声学淤积厚度测量仪测量浮泥淤积厚度的上、下界面浮泥密度值均不同，而且也没有明确的浮泥淤积物各层级关键分界面密度标准。由此，测量浮泥淤积厚度量值的测量准确度就无法进行量化与判定。

表1-2　　　　　　　　　几种常见的双频测深仪的基本参数

型号	高频(kHz)	低频(kHz)	测深范围(m)	分辨力(cm)	精度	生产厂家
HY1602	208	24	高频：0.5~300 低频：1~2000	1	高频 1cm±0.1%×水深值 低频 10cm±0.1%×水深值	无锡市海鹰加科海洋技术有限责任公司
D530	200	24	高频：0.3~300 低频：1~1000	1	±1cm+0.1%×水深值	上海华测导航技术股份有限公司
D580	100~750	20/25	高频：0.3~600 低频：0.5~2000	1	±0.01m+0.1%×水深值	上海华测导航技术股份有限公司

续表

型号	高频(kHz)	低频(kHz)	测深范围(m)	分辨力(cm)	精度	生产厂家
ECHOTRAC CVM	100~340	24~50	高频：0.2~200(33kHz) 低频：0.5~600(210kHz)	1	高频 1cm±0.1%×水深值 低频 10cm±0.1%×水深值	美国ODOM
ECHOTRAC DF3200 MKIII	100~750	10~50	高频：0.2~200 低频：0.5~4000	1	高频 1cm±0.1%×水深值 低频 10cm±0.1%水×深值	美国ODOM
HD280	200	20	高频：0.3~600 低频：0.5~2000	1	±10mm+0.1%×水深值	广州市中海达测绘仪器有限公司
HD-380	100~750	10~50	高频：0.3~600 低频：0.5~2000	1	±1cm+0.1%×水深值	广州市中海达测绘仪器有限公司
SDE-28D	100~800	10~50	高频：0.3~600 低频：0.8~2000	1	±1cm+0.1%×水深值	南方测绘仪器有限公司
Knudsen 320M	200	24	高频：0.2~2000 低频：0.5~5000	1	±0.1%×水深值	加拿大Knudsen

在工程现场进行的淤积厚度测试表明，影响声学淤积厚度测量仪测量成果的最主要的问题是低频信号回波界面与浮泥密度之间难以确定明确的对应关系[66]。后来荷兰STEMA公司基于耦合测量法研发SILAS适航水深测量系统[67]，该系统集合了超声波测量法与音叉密度计法的优点并配合后处理系统进行淤积层浮泥密度确定，该方法与传统的测深三爪砣法相比，测量精度和测量效率都有很大的提升。但由于浮泥淤积物各层级关键分界面无明确划分标准，导致淤积厚度量值测量结果的准确一致性较差，而国内外相关的泥沙淤积厚度计量检测方法的研究较少，尚缺乏泥沙淤积厚度校准方法与规范，不具备对淤积厚度量值的计量能力。

声学淤积厚度测量仪换能器高、低频率超声波测深能力相结合，最小可分辨0.2m左右的淤泥厚度，基于此，项目团队以超声波穿透一定厚度的淤泥为前提，分析超声波反射特性与淤泥淤积物内部反射界面处淤泥密度的关系。通过深入研究淤泥自身特性及形成机理的前提下，在实验室可控环境下，构建包含浮泥在内的淤积厚度场，实现对声学淤积厚度测量设备的实验室测试。开展淤积厚度场构建技术研究和计量检测方法研究，研制淤积厚度计量标准装置，实现对淤积厚度量值的有效溯源和对声学淤积厚度测量设备的实验室校准。

1.2.3 声呐设备校准方法研究现状

声呐设备优秀的底物分辨能力和定位能力是港口建设、航道维护和通航安全的重要保障,目前声呐测量设备精度高且应用广泛,但针对不同厂家和精度的相关设备,当前仍缺乏系统的计量检测方法及溯源技术,通常采取自校和比测的方法进行测试/校准,且无统一标准[68,69,74-75],不利于我国水运工程计量技术水平的提升。为了填补声呐设备计量检测方法的空白,1977年国际电工委员会制定了IEC标准565号《水听器校准》,并逐渐成为国内外水声计量测试的主要参考依据。20世纪80年代,中国科学院声学研究所和国家质量监督检验检疫总局等单位先后制定了《标准水听器》(GB 4128—1984)、《水听器低频校准方法》(GB/T 4130—1984)等相关标准,促进了我国海洋声呐测量仪器计量检测技术体系的形成。

国外声呐设备的检测工作研究较早,相比国内,技术较成熟,在这一领域已经取得很多重要成果。1940年和1941年,Maclean和Cook各自独立地提出了互易原理校准电声换能器的方法,是水下电声换能器测量技术的重大突破和奠基石[71]。Kenneth G. Foote早在20世纪80年代就开始了检定声呐设备的研究,制造了不同型号、不同材质的检定小球,包括不锈钢、铝、铜、碳钨合金、碳钢合金等[71]。详细分析了各检定小球的声学特征和适用范围,初步建立了用于声呐换能器检定的水池。进入21世纪,国外水声检定场飞速发展,其中美国New Hampshire大学建立起具有代表性的检定系统,采用先进的计算机控制技术和工业成果,其换能器固定装置旋转精度小于0.1°,位置精度也达到毫米级别,并且分为室外检定系统和室内检定系统。室外检定系统可以提供最大24m长度的测距范围,其检定平台可以1.5kn的恒速移动。室内检定系统,水池长18m,宽12m,采用高精度匀速转轴和控制器,可以对换能器进行空间位置移动、旋转等操作[71]。Lanzoni和Weber在2010年就在此检定场中利用高精度水听器对双频SeaBat7125多波束进行了指向性检定,得到了理想的指向性图[72,73]。此外,英国国家物理实验室(UPL)建有常压/高压消声水池校准系统,可对1kHz~1MHz范围内的水听器和换能器校准。挪威Kongsberg公司建有水下超短基线检测场与系统应用于该公司的产品出厂检验。

我国从1973年之后着手水听器灵敏度(幅值)的检测技术研究[77-79]。朱厚卿用宽带信号完成了换能器的复数响应校准工作[76];徐唯义、闫福旺用比较校准法及精密的脉冲小相角测试仪完成了水听器相位一致性的检测工作[80]。进入21世纪,我国海洋战略推动声呐技术走向高精尖态势,目前我国已可独立完成电阻抗、声压灵敏度、发送电压响应(级)、发送电流响应(级)、声源级、机械品质因数、指向性、响应带宽及其频谱等所有电声特性参数的检测和校准工作[81]。2002年中国科学院声学研究所建成并启用声学换能器校准系统,可实现换能器阻抗、发射响应、接收灵敏度、指向性等参数测量。该校准系统依托大型消声水池建成,水域空间长22m,宽7m,深5m,沿长度方向分成两部分,大水池长15m,小水池长6.5m。大水池六面铺设消声尖劈,有效消声频率范围为4~200kHz。校准系统配备辅助行车和升降回转装置,可为水声计量测试、设备联调等提供实验平台。

在检定设施建设方面,海军大连舰艇学院在有关课题的资助下,于近期初步建立了我国第一个多波束测深检定系统,并在多波束测深仪波束角、测深精度、稳定性指标方面提出了一系列的检定方法。此外,国内用于声学实验的消声水池已经建设了不少,比如哈尔滨工程大学的水声技术国防科技重点实验室、山东科技大学的海洋测量综合实验场、交通运输部天津水运工程科学研究院国家水运工程检测设备计量站、杭州应用声学研究所的水声换能器设计与检测中心等,以上单位均具备水声换能器检定设施。

总之,国内建立了多个海洋测量综合实验设施,但当前研究多针对声呐设备的阻抗、发射响应、接收灵敏度、指向性等参数测量,而在底物分辨力定量评估方面,已有研究尚未形成标准体系,特别是在不同悬沙、近底淤积环境下,水下声呐探测计量测试等方面存在诸多关键技术问题,无法满足浅浊水域声呐计量检测需求,迫切需要建立严格的浅浊水域声呐计量检测技术和方法体系,为相关设备的测量结果有效性提供保障。

1.3 本书主要研究内容

本书围绕水运工程关键计量标准装置及其溯源技术尚不成熟,在国内外可借鉴的经验较少,相关的计量标准在国内外均为空白,限制了高精度仪器测量设备的研发、制造及应用,面对水运工程领域泥沙淤积的准确测量问题,提出了关键计量标准装置的研发技术和关键量值的溯源技术。

(1)含沙量测量仪计量标准装置及溯源技术。以上层水体含沙量的准确测量问题为导向,本书研究了基于水沙两相流理论的液体场悬沙浓度时空分布模型,研究泥沙级配、盐度、搅拌方式、边界条件等因素与悬沙场内三维水流流速之间的关系,确定稳定悬沙浓度场相关时变参量;基于典型级配沙样的多传感耦合技术,设计了多浓度自动进样搅拌装置,构建了稳定悬沙浓度场计量装置;设计多点同步自动化采样系统配合精密天平,建立了含沙量测量仪计量标准装置;开展含沙量量值的计量检测方法研究,研究了含沙量量值的量传溯源方法。编制含沙量测定仪部门计量检定规程和国家校准规范。该项研究内容技术路线如图1-3所示。

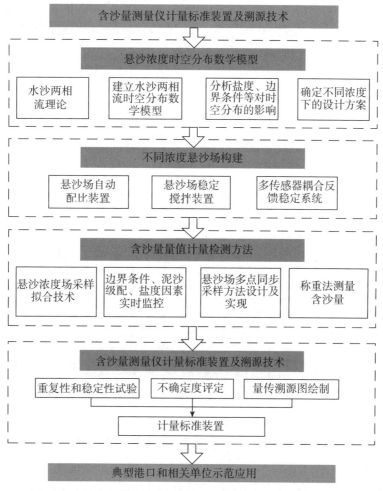

图1-3　含沙量测量仪计量标准装置及溯源技术研究技术路线图

（2）港口航道淤积计量检测方法、计量标准装置及溯源技术。针对泥沙淤积准确测量的实际需求，综合考虑淤积物的类型、颗粒粒径、厚度、密度和流变特性等因素，在实验室中构建基于不同淤积类型与时变参量的淤积厚度场；采用模型试验与数理统计方法，研究水下各淤积层分界面的回波反射强度与淤积层密度梯度的关系，结合前期研究和模型试验成果，界定淤积厚度上界面与下界面密度值；设计多点同步采样器对淤积物各层淤积介质采样方法，研究分析采用替代材料板方法建立声学淤积厚度计量装置；研究淤积厚度计量检测方法及量传溯源技术，完成声学淤积厚度计量标准装置的研制；将声学淤积厚度计量标准装置推广应用于典型港口和水运工程相关单位。编制声学淤泥厚度测量仪部门计量检定规程。该项研究内容技术路线如图1-4所示。

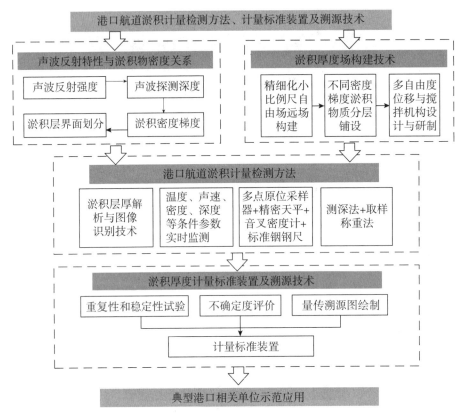

图 1-4　淤积厚度计量标准装置及溯源技术研究技术路线图

（3）基于标准目标块的底物分辨力计量检测技术。研究浅浊水域水下声呐设备几何和声学指标检测技术，保障声呐设备在不同水体浑浊度下工作的稳定性、可靠性。实现对声呐设备的通用几何指标（分辨力、目标位置准确度、扫宽等）与声学指标（发射频率、声源级、波束指向性等）的检测，并形成科学的、权威的计量检测方法。测试分析水体环境参数、声呐声学参数对底物横纵分辨力的协同影响机制，研究声呐设备测量数据处理的新方法。通过室内及室外实验，比对分析各因素对测试评价的影响规律。研究多源数据的融合处理方法，获得误差的综合估计，建立声呐设备测试评价的综合数据处理模型；研制基于标准目标块的底物分辨力计量标准装置，完成声呐设备完整的计量检测流程；编制侧扫声呐部门计量检定规程和国家校准规范。该项研究内容技术路线如图 1-5 所示。

（4）基于地层剖面标准样品的水下地层剖面分辨力计量技术。开展水下地层结构探测精细程度的评判标准及水下分层介质理论应用研究，分析水下地层剖面中的反射、折射及吸声现象的相关参数对剖面精细探测能力的影响，建立水下沉积层声学模型，为水下浅地层剖面精细探测分辨计量标准装置的研制提供理论基础。构建地层剖面标准样品，为水下浅地层剖面分辨计量标准装置的研制提供硬件基础。在水下地层声学参数测量方法与地层剖面标准样品构建技术研究结果的基础上，开展水下浅地层剖面分辨测量系统设计及构成部件设计研究，进行水下浅地层声学参数及地层剖面精细探测实验；建立水下浅地层剖面精细探测分辨计量标准装置。编制浅地层剖面仪部门计量检定规程。该项研究内容技术路线如图1-6所示。

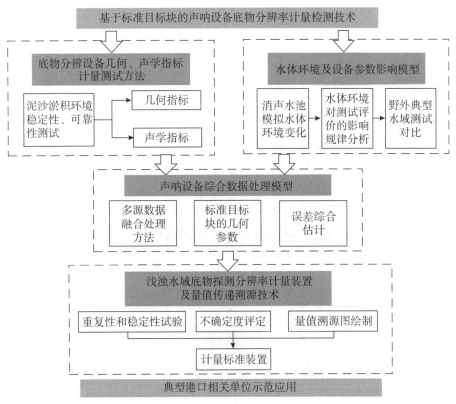

图1-5　浅浊水域底物探测分辨率计量标准装置及溯源技术研究技术路线图

（5）水下超短基线定位计量标准装置及溯源技术。研究水下超短基线定位水声声压量值与导出几何量值的计量测试方法；研究水声声压计量标准装置至水下超短基线定位计量标准装置量值传递方法；研究基于六自由度运行控制平台的水下标准基线场构建方案，研究标准基线场距离量值溯源技术；研究基于目标模拟方法的多信标定位计量校准技术，形成涵盖水下超短基线各技术指标量值的完整计量解决方案。基于此研制水下超短基线定位计量标准装置，形成完整的水下超短基线定位量值溯源方法。编制水下超短基线定位部门计量检定规程和国家校准规范。该项研究内容技术路线如图1-7所示。

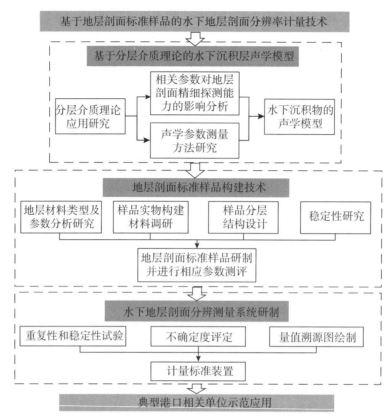

图1-6 基于地层剖面标准样品的水下地层剖面分辨率计量技术研究技术路线图

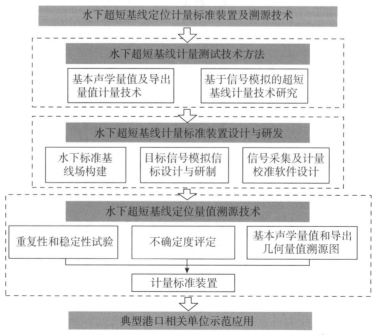

图1-7 水下超短基线定位计量标准装置及溯源技术研究技术路线图

第 2 章　含沙量测量仪计量标准装置及溯源技术

2.1　稳定悬移质泥沙浓度场的数学模型

在水沙混合物中，泥沙的运动受两个方面的影响：一方面是泥沙的重力和水流对泥沙的浮力；另一方面是水流对泥沙的推动力。对于微小颗粒的泥沙来说，泥沙的重力和水对泥沙的浮力均与泥沙的体积有关，如果将泥沙颗粒近似为一个球体，那么在竖直方向上泥沙的重力和水对泥沙的浮力均与泥沙颗粒半径的三次方成正比。而当泥沙竖直下落时会受到水流竖直向上的阻力，阻力的大小与泥沙颗粒半径的二次方成正比。这两个力方向相反，可以相互抵消，因此泥沙的颗粒越小，越可以长时间悬浮在水中。此外，水流对泥沙的推动力远大于泥沙的重力和水流对泥沙的浮力，在选用微小粒径泥沙的条件下，主要考虑水流对泥沙的推动力。因此，将构建均匀、稳定的悬沙浓度场的问题转化为构建均匀、稳定的水流运动场的问题。受到场地和经费的限制，含沙量测量仪计量标准装置需要建立在一个有限的封闭空间中。本研究提出了采用带有圆孔阵列的格栅组作为搅拌元件，使格栅组在横向上进行振动搅拌的方案。格栅组的横向振动更易于产生各向同性的紊流，更符合大自然中江河水流的运动状态，理论上更易于构建均匀、稳定的悬沙浓度场。因此，针对格栅组构建的水流场进行了仿真研究。

项目参加单位长江水利委员会长江科学院具有横向振动格栅紊动试验及数学模型仿真研究基础，本书的稳定悬移质泥沙浓度场数学模型仿真研究是在之前研究的基础上，根据含沙量标准装置的模型设计要求开展的。

2.1.1　水动力模型控制方程

SELFE 模型采用静水压力和 Boussinesq 假定求解 Navier-Stokes（N-S）方程，求解的变量有自由水位高程和三维流速。笛卡儿坐标系下的控制方程形式为

$$\nabla \cdot \boldsymbol{u} + \frac{\partial w}{\partial z} = 0 \qquad (2\text{-}1)$$

$$\frac{\partial \eta}{\partial t} + \nabla \cdot \int_{-h}^{\eta} \boldsymbol{u} \mathrm{d}z = 0 \qquad (2\text{-}2)$$

$$\frac{\mathrm{d}\boldsymbol{u}}{\mathrm{d}t} = \boldsymbol{f} - g\nabla\eta + \frac{\partial}{\partial z}\left(\upsilon\frac{\partial \boldsymbol{u}}{\partial z}\right) \qquad (2\text{-}3)$$

$$\boldsymbol{f} = -f \times \boldsymbol{u} - \frac{1}{\rho_0}\nabla p_A - \frac{g}{\rho_0}\int_z^{\eta}\nabla\rho\mathrm{d}\zeta + \nabla\cdot(\mu\nabla\boldsymbol{u}) \qquad (2\text{-}4)$$

式中，(x, y) 为水平向笛卡儿坐标(m)；z 为垂向坐标(向上为正，m)；∇ 为散度算子 $\left(\frac{\partial}{\partial x}, \frac{\partial}{\partial y}\right)$；$t$ 为时间(s)；η 为自由液面高程(m)；h 为水深(m)；$\boldsymbol{u}$ 为水平流速矢量，分量为 u，v(m/s)；w 为垂向流速(m/s)；f 为科氏力系数(s^{-1})；g 为重力加速度(m/s^2)；ρ_0 为清水密度，标准密度为 1000kg/m^3；p_A 为自由水面处的大气压强(N/m^2)；υ 为垂向黏性系数(m^2/s)；μ 为水平向黏性系数(m^2/s)。

SELFE 模型的数值计算方法考虑了数值求解的计算效率和精度。该模型采用有限单元法和有限体积法求解 N-S 方程组；采用半隐格式求解微分方程组；同时求解连续方程和动量方程(式(2-1)和式(2-2))，该方法降低了 CFL 稳定性条件的限制；SELFE 模型通过底部边界层采用非耦合方式求解连续方程和动量方程(式(2-3)和式(2-4))；SELFE 模型采用欧拉-拉格朗日法(ELM)和有限体积法的迎风格式离散动量方程中的对流项，迎风格式可保证质量守恒。

悬移质泥沙对流扩散模型的控制方程如下：

$$\frac{\mathrm{d}C_i}{\mathrm{d}t} = \frac{\partial C_i}{\partial t} + \frac{\partial(uC_i)}{\partial x} + \frac{\partial(vC_i)}{\partial y} + \frac{\partial(wC_i)}{\partial z} = K_h\left(\frac{\partial^2 C_i}{\partial x^2} + \frac{\partial^2 C_i}{\partial y^2}\right) + K_v\frac{\partial^2 C_i}{\partial z^2} + S_i + W_i + B_i$$

$$(2\text{-}5)$$

式中，C_i 为悬移质泥沙浓度；S_i 为源汇项，主要是泥沙的絮凝沉降等。

2.1.2 数学模型设置

针对以上的横向振动格栅湍流环境下的泥沙絮凝沉降试验，本研究将应用三维水沙数学模型——SCHISM 模型，模拟横向振动格栅在水箱中产生近似各向同性湍流及其中细颗粒泥沙絮凝沉降的过程。侵入边界法中将格栅作为固体，水箱中的水体作为流体，并应用双方程紊流模型，模拟格栅振荡产生的近似各向同性湍流场。格栅在横向上以正弦函数 $L = A \cdot \sin(f \cdot 2\pi t)$ 形式运动(图2-1)，式中，A 为振幅(cm)，f 为振动频率(Hz)，t 为时间(s)，L 为格栅位置(cm)。

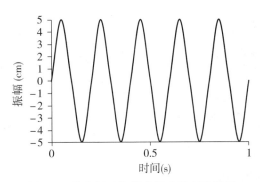

图 2-1　横向振动格栅的振动频率及振幅

2.1.3　数学模型计算结果

图 2-2 为在湍流达到完全发展状态后，每 1.0s 输出一次瞬时纵向流速和横向流速；显示了某测点的模拟和实测流速，时间平均后的纵向和横向流速分别为 0.8m/s 和 0.1m/s；模拟和测量的瞬时速度之间的绝对误差和均方根误差分别低于 0.1m/s 和 0.06m/s，这与基于统计分析的实测流速值一致。

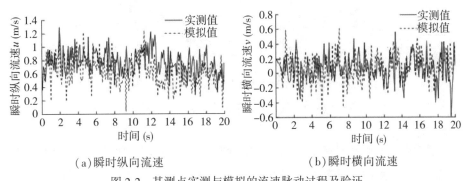

(a) 瞬时纵向流速　　　　　　　　(b) 瞬时横向流速

图 2-2　某测点实测与模拟的流速脉动过程及验证

图 2-3 显示了水箱中水流的三维流态，图 2-3(a) 可以清楚地看到水箱在格栅振动过程中产生的大小不一的涡旋，湍流的脉动过程将对其中的悬移质泥沙的运动产生重要影响。图 2-3(b) 显示了纵向流速 u 的三维分布，在格栅的孔附近将会形成来回振荡的流速，具有正负值交替的现象。图 2-3(c) 通过作纵向流速的等值面图，可以看到水箱的水体中由于带有一定孔径的格栅而形成的涡旋体分布，涡旋的大小与孔径的大小呈一定的比例关系，但水流的涡旋结构、大小和组成更复杂，需要进一步分析。

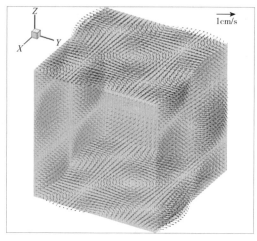
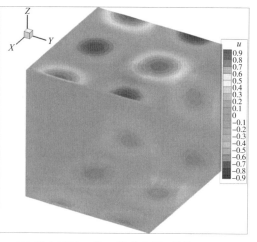

(a)三维流场矢量图　　　　(b)纵向流速 u 的三维分布图(单位：m/s)

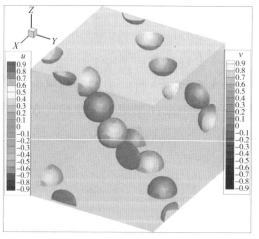

(c)流速的等值面(反应涡旋形态)(单位：m/s)

图 2-3　水箱中的流体特性三维可视化

通过 SCHISM 模型模拟对横向振动格栅产生各向同性紊流场进行模拟，以及横向振动格栅湍流与细颗粒泥沙絮凝沉降的试验，初步研究了格栅搅拌引起的湍流脉动过程及泥沙本身的絮凝现象对装置中悬移质泥沙运动的重要影响，确立了横向格栅搅拌方式的可行性，为横向格栅的设计如开孔的大小与孔的间隔等，提供了一定的理论指导。

此外，除了格栅组的搅拌方案，项目组还提出了螺旋桨搅拌方案，由于螺旋桨的理论已经成熟，因此可以直接搭建模型进行研究。为了对比螺旋桨和格栅组的构建悬沙场能力，建立了以下仿真模型(图 2-4)。

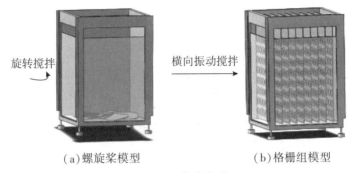

(a)螺旋桨模型　　　　　　(b)格栅组模型

图 2-4　仿真模型

利用自行编写的悬移质泥沙场三维数学模型，对两种结构在构建 $5kg/m^3$ 浓度悬沙场时的含沙量空间分布进行了仿真。格栅组的运动行程为 6.5cm，搅拌频率为 1Hz，计算得出的相同水动力学条件时螺旋桨的搅拌频率应为 1.6Hz，以此作为两者的仿真条件。图 2-5 是对两种搅拌方式的仿真结果，图中不同的颜色代表了不同的含沙量浓度，蓝色的较低，红色的较高。从图中可以看出螺旋桨搅拌方式的中心含沙量浓度较低，且由于动力源在底部，导致上层含沙量低，下层含沙量高。而利用带有圆孔阵列的格栅组搅拌所构建的悬沙场更均匀，更易于构建标准悬沙场。

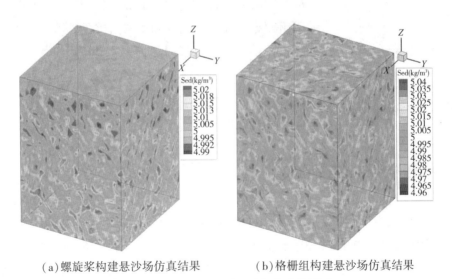

(a)螺旋桨构建悬沙场仿真结果　　(b)格栅组构建悬沙场仿真结果

图 2-5　不同方式构建悬沙场仿真结果图

图 2-6 是两种方法所构建悬沙场中心位置浓度变化的对比图。可以看出螺旋桨构建悬沙场的含沙量脉动值为 $\pm 0.16 kg/m^3$，而格栅组构建悬沙场的含沙量脉动值为 $\pm 0.04 kg/m^3$，格栅组结构所构建的悬沙场更稳定。

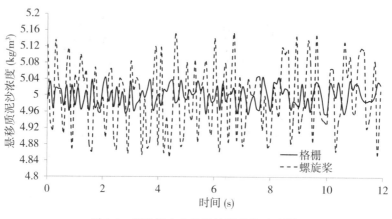

图 2-6 悬沙场中心位置浓度变化对比图

值得说明的是，现有的螺旋桨搅拌模型中，螺旋桨放置在搅拌容器的底部，导致动力源分布不均匀，在搅拌容器体积较大时，会出现上部浓度小、底部浓度大的情况。

另外，现阶段应用最广泛的是以光电测沙为原理的含沙量测量仪，这种测沙仪依靠光学探头进行测量，体积较小。针对这种情况，在考虑到含沙量测量仪计量标准装置的便携性问题后，提出了建立上、下分层的螺旋桨组模型，完成了对螺旋桨模型的改进，改进后的计量装置体积较小，如图 2-7 所示。但是，这种改进完成后的模型由于动力源不单一，现有的水沙数学模型无法完成对其仿真，因此，只能通过搭建完成后实验的方式，验证其有效性。

图 2-7 机械搅拌式方案模型

2.1.4 格栅搅拌结构指标确立

研究指标是含沙量浓度在 0.1kg/m³ 到 30kg/m³ 范围之内，含沙量测量仪计量标准装置样机所构建悬沙场的相对标准不确定度小于 1%。为此长江水利委员会长江科学院仿真了格栅组在不同频率下对 600L 浓度为 30kg/m³ 的水沙混合物的搅拌情况。由表 2-1 可知，格栅运动行程为 6.5cm，振动频率为 1.4Hz 是最低可以将 600L 浓度为 30kg/m³ 的水沙混合物搅拌到不确定度为 1%的条件。而设计时为了留有设计余量，需要将格栅组运动行程为 6.5cm、振动频率为 1.5Hz 作为设计指标。此外，在密闭的空间中动力传输装置只能在格栅组的上方，悬浮在水中的底部受到水的阻力易发生挠度形变，进而影响搅拌效率，因此需要格栅组的形变量小于 1mm。将以上三个方面作为机械结构设计的基础指标，具体参数见表 2-2。

表 2-1 格栅组在不同频率情况下构建 30kg/m³ 悬沙场的不确定度表

格栅组行程(cm)	格栅组振动频率(Hz)	悬沙场不确定度
6.5	1	1.67%
6.5	1.2	1.4%
6.5	1.4	1%
6.5	1.6	0.7%

表 2-2 机械结构指标

性　　能	指　　标
最大运动行程	6.5cm
最大振动频率	1.5Hz
格栅形变量	≤1mm

2.2 格栅式含沙量测量仪计量标准装置设计

在格栅式含沙量测量仪计量标准装置设计方案选择完成后，为使空间内的水沙混合物能够均匀、稳定，必须设计合适、有效的机械结构。此外，为了含沙量测量仪计量标准装置在机械结构搭建完成后能够正常运行，需要设计控制系统使机械结构完成应有的功能。最后为了能够进行量值溯源，需要对悬沙场进行多点取样并计算样品含沙量[47]。因此，本章中设计了格栅式含沙量测量仪计量标准装置及其配套的多点同步采样装置，以便完成装置性能的验证工作。

2.2.1 格栅式含沙量测量仪计量标准装置机械设计

1. 格栅组结构设计

由于格栅组需要在动力装置的带动下将四周密闭容器内的水沙混合物搅拌均匀，因此格栅组只能在容器的顶部连接动力装置。格栅组由两大部分组成，一是上方的固定平台，二是下方的格栅板。固定平台由上孔板、下孔板及夹在两板中间的多根型材组成，每片格栅板利用 4 根角钢加强挠度、防止形变(图 2-8)。

格栅组的顶板如图2-9所示，单位为mm。装置使用时被检仪器从顶板浸入悬沙场中，在顶板的中间位置留出检测空间。由于格栅组在不断左右振动，顶板在振动方向上的开口长度应当大于40cm，加上格栅的最大行程6.5cm，即46.5cm，垂直方向上的开口长度应当大于30cm。由图2-9中可以看出开口大小为47cm×32cm，满足装置的需求。

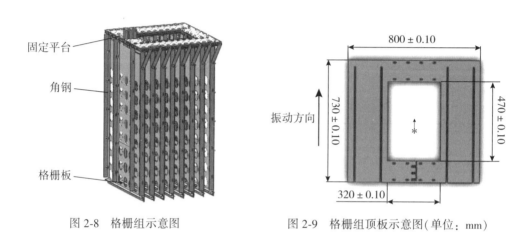

图2-8 格栅组示意图　　　　　　　　图2-9 格栅组顶板示意图(单位：mm)

格栅板如图2-10所示，单位为mm。为了留有采样空间，格栅板采用了U形格栅。格栅板的总高度为120cm，开口深度为80.5cm，当加水深度为1m时，有接近60cm的采样深度，大于30cm，满足采样空间的需求。当在格栅板上开41个孔时，若需要孔的面积占比为50%～55%，则需要孔的直径范围为9.54～10.01cm，因此最终设计了孔直径为10cm的U形格栅板。

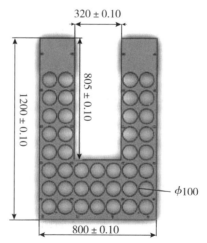

图2-10 U形格栅板示意图(单位：mm)

由于每片格栅的上部固定在平板上,下部悬浮在水中,这就使得格栅在水平运动时会受到力矩的作用。此时格栅相当于悬臂梁,自由端受力时极易发生弯曲变形,这会导致格栅板的底部摆动幅度过小,进而减弱格栅组的搅拌能力。因此在每片格栅板上固定 4 根角钢来增加整体的挠度。另外,当格栅组在运动时运动方向一侧的单片格栅受到的力远大于其他格栅片,其受力发生挠度变形的程度远大于其他格栅。考虑到挠度变形的最大幅度发生在自由端,因此利用在格栅组下方的两根螺丝杆将所有的格栅片串接在一起可以将一侧格栅所受到的力分摊到各个格栅片上,大大减少了受力一侧单片格栅的挠度形变(图 2-11)。

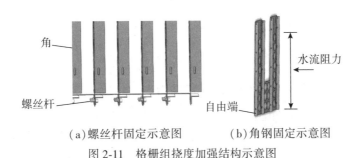

(a)螺丝杆固定示意图　　(b)角钢固定示意图

图 2-11　格栅组挠度加强结构示意图

当进行搅拌时格栅在水沙混合物中运动,此时可以将混合物看作液体。30kg/m^3 水沙混合物的密度约为 $1.03\times10^3\text{kg/m}^3$,物体在液体中运动受到的阻力公式为

$$F = 0.5C\rho Av^2 \tag{2-6}$$

式中,C 为液体中的阻力系数,针对水来说,这里取最大值 2;ρ 为固液混合物的密度;A 为有效横截面投影的面积;v 为物体相对于液体的运动速度。在设计中格栅的尺寸为 $0.76\text{m}\times1.2\text{m}\times2\text{mm}$,其中孔的面积占比约为 55%,水中的格栅长度约为 0.8m,则有效投影面积为 0.27m^2。格栅运动的平均线速度为

$$\bar{v} = 2rf = 2\times0.065\times1.5 = 0.195(\text{m/s})$$

由于水流与格栅的运动方向相反,因此可以将格栅相对于混合物的运动速度放大为 2 倍的平均线速度。单个格栅板受到的最大阻力为

$$F_{单} = 0.5\times2\times1.03\times10^3\times0.27\times0.39^2 = 42.3(\text{N})$$

则 8 个格栅板受到的平均阻力为

$$F_{总} = 42.3\times8 = 338.4(\text{N})$$

需要提供给格栅的最大瞬时功率为

$$P_{总} = F_{总}v = 338\times0.39 = 131.976(\text{W})$$

需要提供给格栅的最大扭矩为

$$T_{总} = 338.4\times0.0325 = 10.998(\text{N·m})$$

假设格栅受到的水的阻力在竖直方向上是均匀分布的,则可以将格栅的受力模型

简化为在自由端的一端添加均匀载荷。这种情况下的最大挠度变形公式为

$$Y_{\max} = \frac{Fl^3}{24EI}\left(3 - 4\frac{b^3}{l^3} + \frac{b^4}{l^4}\right) \tag{2-7}$$

式中，$Y_{\max}$ 为悬臂梁的最大形变位移；l 为悬臂梁的总长度；F 为受力的大小；E 为材料的弹性模量；I 为材料的截面惯性矩；b 为悬臂梁自由端施加均匀载荷的长度。

装置所选用角钢材质为 304 不锈钢，弹性模量为 190GPa，格栅的总长度为 1.2m，受力长度为 0.8m，受力大小为 42.30N，$Y_{\max}$ 为 1mm，将参数代入式(2-7)可得，针对受力方式的截面惯性矩应当大于 $3.06\times10^{-8}\text{m}^4$。查阅材料可得厚度为 4mm 的 3 号角钢的截面惯性矩约为 $3.63\times10^{-8}\text{m}^4$，可以留出约 1.2 倍的设计余量，满足装置需求，因此选用此型号角钢。

2. 动力传输装置设计

在格栅组搭建完成后需要为格栅组提供动力，使格栅组能够往返运动。依据上一节计算出所需的扭矩和功率，搅拌电机选择时代超群的 130AEA23015 型伺服电机，额定功率 2300W，额定转速 1500rpm，配套的伺服驱动器为 DM 系列伺服电机驱动器(图 2-12)。

图 2-12　伺服电机及其驱动器

动力传输装置如图 2-13 所示，依据曲柄连杆和滑块导轨结构为设计来源，将电机轴转动转变为电机的平动。曲柄与电机轴利用键槽配合的方式防止两者发生相对转动。另一端与连杆固定时采用的是齿牙啮合的方式：一方面可以防止固定位置发生相对滑动；另一方面可以调节曲柄的长度，进而改变格栅的运动行程。

连杆与曲柄和格栅组的连接处使用的是鱼眼杆端向心关节轴承，通过转动螺纹可以调节在直杆端的伸长量，进而微量调节整个连杆的长度，改变格栅组的中心位置。

此外连杆是进行动力传输的关键部件，容易在运动过程中发生受力变形，因此需要对连杆的截面惯性矩进行计算验证。假设连杆受到振动时杆的中央发生 1°的形变，那么受到两端力的挤压时会有向下的分量，力的大小为 $338.4\times2\times0.017 = 11.5\text{N}$，连杆

图 2-13 曲柄连杆结构示意图

的最大位移量为 3.196mm，中间受力时连杆的挠度形变公式为

$$Y_{\max} = \frac{Fl^3}{48EI} \tag{2-8}$$

式中，$Y_{\max}$ 为最大形变量；由于电机位置距离水箱的中心位置距离为 376mm，因此 l 为 376mm；E 是不锈钢的弹性模量为 190GPa，则可以计算出需要的最小截面惯性矩为 $2.1 \times 10^{-11} \mathrm{m}^4$。由于需要连接 M10 的鱼眼杆，因此连杆高度与宽度最小为 14mm，则可以求出其截面惯性矩为 $3.2 \times 10^{-9} \mathrm{m}^4$，满足装置需求。

3. 自动进料装置设计

核心格栅组的搭建保障了装置可以构建均匀、稳定的悬沙场，但是传统利用水沙混合物进行校准的工作是通过实验人员称量泥沙的质量及水的体积，倒入容器后搅拌完成的。实验人员在进行读数时容易受到主观因素的影响，使得这种加料方式易受到人为干扰，配置混合物操作的重复性差，对装置进行不确定度评定时会引入不可控的不确定度分量。因此，配置均匀稳定悬沙场所需要的原料需要实现自动化添加。

1) 自动输水装置设计

自动输水装置在结构上由输水管道、涡轮流量计和电磁阀组成（图 2-14）。电磁阀的类型为常闭型。流量计是测量水流量的关键器件，为了使进水的误差小于 1%，选用了基本误差为 ±0.5% 的电磁流量计，当输水总量达到预设总量时，控制电磁阀关闭，即可停止进水。

图 2-14 自动输水装置实物图

在整个进液装置中涡轮流量计是关键的测量元件，但是不能忽略管道对精度的影响。由于管道的柔软性，极易在弯曲处产生液体的滞留，为此需要将电磁阀至搅拌装置这一段的管道向下自然弯曲放置，尽量减少液体的滞留量。

2) 自动进沙装置设计

左侧支架上方所集成的进沙装置如图 2-15 所示，最上方是料斗用于盛放需要进行配比的泥沙。料斗出口处安放插板阀，插板阀一侧的电机可以控制阀口的开口大小，进而控制加入泥沙的流量和质量。由于空间位置关系，泥沙需要经过滑道流入天平上的称量装置中，当泥沙达到精密电子天平量程上限或加入总质量达到预设值时，关闭插板阀，舵机控制称量装置翻转，将称量完毕的泥沙加入搅拌容器中。

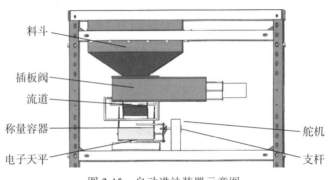

图 2-15 自动进沙装置示意图

进沙料斗的主要作用是盛放需要进行配比的泥沙，在料斗外部的 4 个侧面焊接了角钢，既可以用来加强 4 个侧面的强度，又方便料斗与支架进行连接。漏斗的最下方是法兰接口与插板阀相连，法兰盘上有一圈密封槽，可以用来放置密封垫，保证接口处的密封性(图 2-16)。

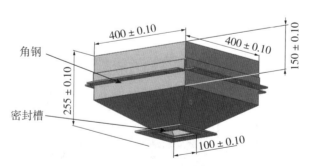

图 2-16 进沙料斗示意图(单位：mm)

插板阀的主要作用是控制进沙的流量和总质量。其主体由 4 部分组成，分别为外框、插板、螺丝杆及电机(图 2-17)。外框的主要作用是与料斗固定连接，为插板及螺丝杆提供固定空间。螺丝杆的一端与电机轴相连，另一端与插板上的螺母相连，当电机轴带动螺丝杆转动时，会将转动传动至插板上，由于外框的约束，插板不会转动而是进行水平方向上的平动，如此就可以控制阀门开口的大小，进而控制进沙的流量。

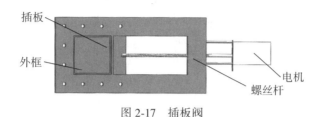

图 2-17 插板阀

称量装置的作用是称量泥沙并将泥沙添加到搅拌容器中。称量装置由天平、称量容器、支架、摆动杆及舵机组成（图 2-18）。当配置浓度为 0.1kg/m³、体积为 1m³ 的悬沙浓度场时，需要加入的泥沙为 0.1kg，若加料的精度小于 1%，天平的最小分度值应小于 1g。在选型时发现最小分度值为 0.1g 和 0.01g 的具有通信功能的电子天平价格差别不大，为了达到更高精度，选择了量程为 1kg、最小分度值为 0.01g 的电子天平。摆动杆的转轴到摆动端的距离为 13cm，可以得出最大扭矩为 13kg·cm。因此舵机选用型号为 DS3225，它的扭矩为 25kg·cm，满足装置需求。

这样，在装置各个部分的配合下可以保证进沙的精度，且由于将自动进沙装置集成到一侧支架的上方（图 2-19），既节省了空间，又增加了这一侧支架的质量，减小了装置的冗余，同时增强了装置的稳定性。

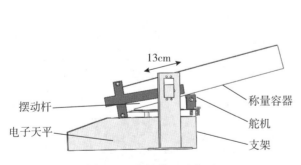

图 2-18 称量装置示意图

图 2-19 自动进沙装置实物图

4. 其他机械结构设计

为了保障机械部分正常工作，除了需要核心的机械零部件以外，还需要其他配套设施。这些配套设施除了本身的功能以外，还需要有一定的强度以保证整个装置可以正常工作。

1）支架设计

为了在格栅组运动时提供固定点，在容器的两侧设计并安装了支架。每一侧的支架均由四根支脚作为骨架，并使用膨胀螺栓将四根支脚固定在地面上。将每个支脚与平面之间利用角钢进行固定，角钢与支架上留有相对垂直的槽口，如图2-20所示。槽口的长度为1cm，在一定范围内保证了平面每一个角落的上、下、左、右均有1cm的调节余量，这样便可以利用水平仪将平面调节水平。

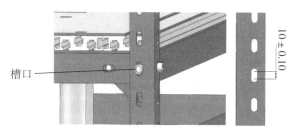

图 2-20　槽口配合示意图（单位：mm）

2）搅拌容器设计

格栅组振动时占有的空间大小为79.5cm×80cm×120cm，容器内壁与格栅组之间的距离不能大于8mm，并且容器需要容纳整个格栅组，因此设计了内部的空间为81.5cm×81.5cm×125.5cm的玻璃水箱作为搅拌容器，如图2-21所示。

至此含沙量测量仪计量标准装置的机械结构搭建完毕，搭建完成后的装置如图2-22所示。

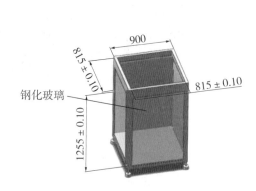

图 2-21　搅拌容器示意图（单位：mm）

图 2-22　含沙量测量仪计量标准装置实物图

2.2.2 格栅式含沙量测量仪计量标准装置控制系统设计

1. 硬件电路设计

在机械及其他硬件装置选型完成后，为了装置能够正常运行，需要设计控制系统对它们进行控制。经过分析控制系统需要具有以下功能：

①与人机交互界面通信；
②读取流量计脉冲并控制电磁阀；
③读取电子天平信息，控制插板阀电机以及舵机；
④控制搅拌电机；
⑤读取3种传感器信息。

硬件电路的总体示意图如图2-23所示。

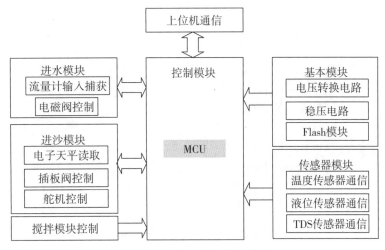

图 2-23　硬件电路总体示意图

在综合考虑功能与实用性等因素后，选用STM32f407ZGT6芯片为MCU，设计了嵌入式控制板完成对整个装置的控制。该芯片包含许多资源，有12个16位定时器、6个串口、2个USB、3个12位ADC，以及112个通用I/O口等，所具有的资源满足对装置硬件控制时的需求。由于芯片已经具备了ADC转换、PWM输出、输入捕获，以及多个I/O口输出等功能，符合电路的需求。

为了方便嵌入式控制系统控制各个模块，需要不断对控制程序进行编写和调试。为了方便程序的修改，设计了Flash电路，原理图如图2-24所示。

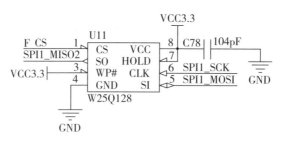

图 2-24　Flash 模块电路原理图

电路中选择了 W25Q128 芯片作为存储芯片,其内部容量有 16MB,能够满足编写和读取程序的需求。芯片使用 SPI 总线通信协议读写程序,利用 3.3V 电压直接进行供电。片选管脚连接在 STM32f407ZGT6 芯片的 PB14 上,SPI1_SCK、SPI1_MOSI、SPI1_MISO 则分别连接在 MCU 的 PB3、PB5、PB4 上,其余管脚正常供电接地即可。

控制系统采用 USB 串口进行供电,但是串口的一对电源线的电压为 5V,而嵌入式系统多个部分需要 3.3V 的电压进行供电,因此需要将供电电平进行转化,供电电路如图 2-25 所示。

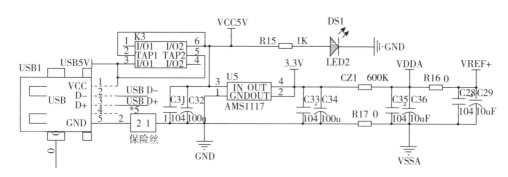

图 2-25　电源模块电路原理图

USB 口引出的 5V 电源线经过 AMS1117 芯片后可以转变为 3.3V 的电压,其中 LED2 是为了防止电压反向接通,C31 和 C32 起到电源输入滤波的作用。VDDA 是模拟电路部分的供电电压,VREF+是嵌入式系统的基准电压。

控制系统与计算机界面通信时使用 USB 接口,因此需要将 USB 接口转为串口。在转化时使用了 CH340G 芯片,将 USB 的两根信号线连接芯片的 D+和 D-管脚,另外的 TXD 和 RXD 管脚连接到 STM32f407ZGT6 芯片的 PA9 和 PA10 管脚,这样便实现了利用 USB 进行串口通信的目的。此外,由于 USB 接口包含一对 5V 的电源线,可以利用其直接对 CH340G 芯片进行供电,在未接太多外设的情况下,甚至可以对整块嵌入式控制系统供电。

另外,电路中 A3 和 A4 部分可以提供程序下载功能。在程序编写完成后,可以利用 Flymcu 软件将编译完成的程序烧录进嵌入式控制系统中，减小了控制系统的体积。

在输水模块中需要读取流量计的信息并控制电磁阀。流量计利用 12V 直流电源供电，并输出峰值为 10mA 的电流脉冲。为了方便 MCU 读取，在输出端串接 500Ω 电阻并接地，将电流脉冲转化为电压脉冲，利用 MCU 的 PA0 管脚可以对脉冲进行捕获。

电磁阀的类型为常闭性，利用 12V 直流电源进行供电，在供电导线上串接继电器，MCU 便可以通过控制继电器进而控制电磁阀的开关状态。

对进沙模块的电子天平进行通信时使用 RS232 接口。由于电平不匹配的原因，需要利用 SP3232 芯片进行电平转换，将 RS232 电平转换为 TTL 电平。选择母口上的 2、3、5 管脚连接 DOUT1、RIN1 和 GND，另一端 DOUT2、RIN2 连接 PA 和 PA3 管脚。这样便实现了利用 RS232 接口进行串口通信的目的。

此外，MCU 还需要控制插板阀的步进电机和舵机。步进电机的驱动器需要外接驱动电源并利用 PWM 波和一组高低电平控制电机的转速和转动方向。而舵机需用 5V 直流电源供电，并且需要利用 PWM 波进行旋转角度控制，接线方式如图 2-26 所示。

温度传感器选用的型号是 DS18B20，它是一种利用"一线总线"接口进行通信的数字化温度传感器。使用 STM32f407ZGT6 芯片的 PG9 管脚来连接温度传感器的 DQ 引脚来读取温度传感器信息，另外的两个管脚直接连接 VCC 及 GND 即可。

液位传感器的输出为标准的串口信号，因此只需要将地线接地，并将 RXD 与 TXD 连接在 MCU 的 PC10 与 PC11 管脚即可。

TDS 传感器的输出为模拟信号，因此直接连接 MCU 的 PA5 管脚进行模数转换，再读取即可。

搅拌模块主要控制伺服电机，在转速控制模式下，其与步进电机的控制方式类似。驱动器利用交流 220V 进行供电，利用 MCU 的 PF9 管脚产生的 PWM 波进行转速控制，电路原理图如图 2-27 所示。

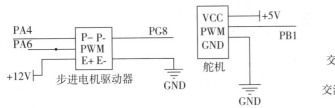

图 2-26 步进电机和舵机电路原理图

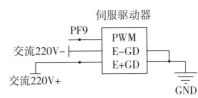

图 2-27 伺服驱动器电路原理图

2. 软件设计

在硬件电路搭建完成后，为嵌入式控制系统编写程序以控制装置完成悬沙场配比工作，控制流程如图 2-28 所示。

计算机交互界面软件通过浓度、体积等参数计算得到本次均匀场搅拌实验应当加入水的体积与泥沙的质量，并通过串口传输给控制系统。控制系统接收到指令后开始自动工作，依次完成自动输水、进沙和搅拌等步骤。经过大量的测试实验，搅拌约 10min 后容器内部的水沙混合物已经基本搅匀。在整个过程中嵌入式控制系统不断接收 3 种传感器的测量信息，并将信息发送给交互界面显示。

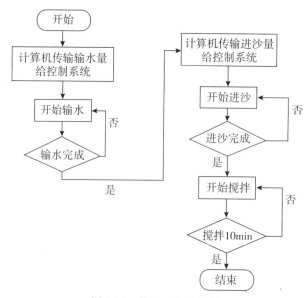

图 2-28　装置工作流程图

由于嵌入式控制系统本身过小，不利于操作，因此需要设计并编写人机交互界面。人机交互界面依托 Windows10 操作系统使用 Python 语言进行编写，可以与嵌入式系统进行通信，将其作为上位机对装置信息进行显示，并将对装置的操作内容传输到嵌入式控制系统。可以使操作人员对装置的操作更加简便、直观。

人机交互界面的主要作用是便于操作员使用计量标准装置，并对装置的实时状态进行监控。进入操作界面左上角可以看到水压、漏斗中的沙量，电机的状态等指示信息，绿色代表对应状态完好，红色代表状态有差错，需要进行检查。中间是含沙量测量仪计量标准装置的示意图（图 2-29），可以显示各个传感器的测量数据，包括液位、温度及水中可溶解固体的浓度，方便掌握搅拌容器内的各项参数。界面的右方是用于操作的按钮具体包括"登录""设置""开始""退出登录"等。由于计量标准装置需要专员进行操作，因此在进行其他操作之前需要进行登录。点击"登录"，在弹出的登录界面正确输入账号和密码，登录成功以后可以进行设置和装置操作。

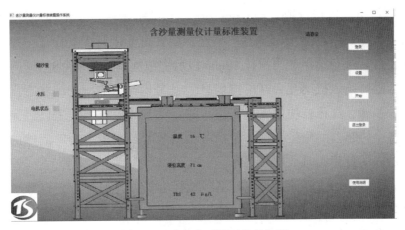

图 2-29 人机交互界面的主界面

点击主界面的"开始"按钮会进入装置操作界面，如图 2-30 所示，在界面中可以设置输水量及配置的含沙量。设计上采取滚动滑条和加减按键结合的方式进行调节，进水量的调节分度值为 1L，配置含沙量上限由设置界面设定，调节分度值为 0.1kg/m³，点击"确认"完成设置操作。

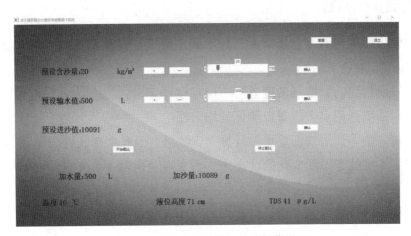

图 2-30 人机交互界面的装置操作界面

含沙量的定义为单位体积水沙混合物内干泥沙的质量，而泥沙本身占有一定的体积，在设置完成输水量和配置的含沙量浓度后，结合石英砂的晶格密度，见下式：

$$s = \frac{2650ab}{2650 - a} \tag{2-9}$$

计算得出所需加入泥沙的质量。式中，s 为所需加入泥沙的质量(g)；a 为所需配比的浓度(kg/m³)；b 为所加入的水的体积(L)。当设置好的参数需要进行修改时，点击

"重置"按钮可以重新进行设置。

当参数设置完成后点击"开始配置"按钮，装置自动进行配置操作，操作顺序是先输水再加沙，最后进行搅拌。当搅拌10min以后完成配置操作。在这四步操作过程中，嵌入式系统会随时给人机交互界面反馈信息，表明装置当前所处的状态，黑色方块代表尚未进行的步骤，红色方块代表正在进行的步骤，绿色方块代表已经完成步骤。同时可以显示各个传感器的测量数据，包括液位、温度及水中可溶解固体的浓度，方便掌握搅拌容器内的各项实时数据。

在实验完成后返回主界面，当进行清理搅拌容器操作时，首先打开水缸下方的阀门，混合物从出口处流出，但由于泥沙的沉降作用，会有大量泥沙淤积在水缸底部无法排出，因此在废液排除时仍需要点击"开始搅拌"按钮，启动搅拌电机使混合物中的泥沙处于悬浮状态，尽可能排出更多的泥沙。后续沉积在底部的少量泥沙通过加清水重复上面的操作排出。

2.2.3 多点同步采样装置设计

1. 采样装置总体设计

通过对装置所构建的悬沙场浓度进行不确定度评定过程的分析，采样装置需要满足以下需求：

①对装置所构建的悬沙场浓度进行不确定度评定时需要多次重复性采样，因此对悬沙场采样时需要选用多个位置以验证其均匀性；

②对于每一个采样点均需要单独计算其含沙量，因此采样装置需要进行单独拆卸；

③悬沙场本身处于不断变化的状态中，为了避免时间累积效应，需要几个采样点的采样器能够快速、同步地完成采样工作；

④由于构建的悬沙场的本质是构建均匀、稳定的流速场，因此采样装置不能对水沙流动造成很大的干扰；

⑤采样完成后需要对样品烘干称重，对泥沙进行称量的电子天平最大允许误差为0.5mg，当样品中的含沙量为$0.1kg/m^3$时，若想通过电子天平测量出样品中泥沙含量的1%变化，则采样容器的体积须在1L以上。

经过调研，现有的采样装置中没有任何一种装置能够完成以上5种功能。功能较接近的是一种横式采样器，可以完成快速采样，但是这种采样器一般应用于单个采样，无法进行同步采样。因此为了完成悬沙场不确定度评定工作，需要设计一种多点同步采样装置，装置的性能指标如表2-3所示。

表 2-3　　　　　　　　　　　　　　采样器性能指标

性　　能	指　　标
易于悬挂固定	是
采样容器易于拆卸	是
采样器容器数量	5 个
容器容积	≥1000mL
装置闭合时长	≤1s
单个容器闭合时长	≤0.5s
不对悬沙场造成干扰	是
密封性良好	是

2. 采样装置机械设计

多点同步采样装置如图 2-31 所示，受制于格栅组检测空间大小，采样装置支撑骨架的外尺寸为 30cm×30cm×80cm。装置的外部使用铝合金型材作为支撑骨架，减轻了骨架的质量以便于操作人员将采样装置放入和取出。核心采样部件位于骨架的内部，从之前的仿真结果来看，格栅组所构建的悬沙场在水平方向呈对称，竖直方向略有差异，因此设计了由上至下排列的 5 个采样容器，容器的材质为铝合金，主体呈圆柱状。采样容器后侧为采样装置的传动机构，由链条和控制手柄组成，前侧为容器密封盖的夹紧结构，用于确保密封盖的密封性能良好。

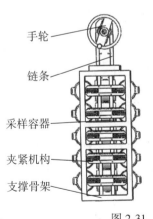

图 2-31　采样装置

单个采样器如图 2-32 所示。下方是采样容器，上方是闭合机构，容器的外表面开 M5 螺纹孔方便容器在支撑骨架上的安装与固定。密封盖打开过程中，容器内部的 T

型块会在压簧和销钉的作用下弹至两根齿条中间,阻止齿条弹回,实现卡位的目的,使密封盖固定在张开位置。同时与T型块相连接的外部销钉会阻止T型块弹至底部,以免对两根齿条之间的拉簧造成影响。当需要采样时,开关控制装置的牵引块带动T型块向外运动,不再对齿条进行阻挡,齿条在拉簧的作用下向中间运动,通过齿轮带动密封盖闭合,完成采样(图2-32)。

图2-32 采样器示意图

由之前的设计可知采样容器的闭合动作由牵引块拉动T型块触发,因此在操作前将每一个采样器牵引轴所对应螺栓在外露出的螺纹数目调节一致,使每一个采样器的T型块所处的初始位置相同。齿轮片中心的牵引块与齿轮通过螺纹连接,当齿轮片转动时牵引块会发生移动,移动距离与齿轮片旋转的圆周数成正比。当操作人员旋转手柄时链条带动齿轮片转动,每片齿轮转动的角度相等,带动每个牵引块移动的位移也相等,如此每一个T型块发生相对的移动也就相同。所有的T型块可以一起移动至使得采样器密封盖闭合的位置,从而带动所有采样容器的密封盖同时闭合,达到同步性的目的(图2-33)。

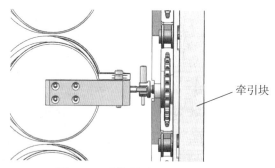

图2-33 采样器同步控制原理图

为了达到多次重复采样的目的,在装置设计时采样容器的容积需要保持相等且固定不变。因此在容器的密封盖与容器之间的连接采用了端面密封,如图2-34所示。在密封盖端面的边缘位置加密封胶圈,当密封盖闭合时,密封圈受到容器内壁的挤压发生弹性压缩,压缩后的密封垫会与容器内壁紧紧贴合在一起达到密封的目的。

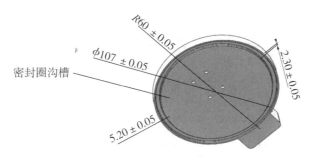

图 2-34 密封圈设计(单位：mm)

此外，由于密封盖的面积较大，当闭合作用力仅施加在密封盖的一侧时，极易导致密封盖的另一侧翘起，从而导致漏水。因此需要在密封盖的另一侧设计夹紧机构来保障采样容器的密封性。

夹紧机构如图 2-35 和图 2-36 所示。在密封盖打开后向两侧拉动机构的销钉，摁下机构的开关，将机构的夹紧钩打开，使机构处于准备状态。当容器的密封盖在进行闭合动作时会触发夹紧机构的开关，夹紧钩在橡皮筋的作用下闭合，将密封盖的自由端一侧夹紧。需要取下采样容器对样品进行称量时，利用橡皮筋代替夹紧机构。

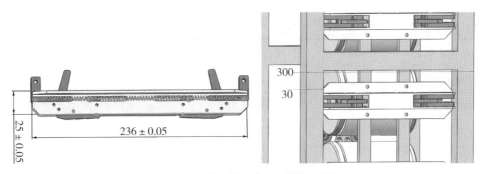

图 2-35 夹紧机构示意图(单位：mm)

(a) 夹紧机构准备状态　　(b) 夹紧机构闭合状态

图 2-36 夹紧机构工作演示图

2.3 格栅式含沙量测量仪计量标准装置研制及计量检测方法

在完成了格栅式含沙量测量仪计量标准装置的构建工作之后，还需对格栅式含沙量测量仪计量标准装置构建的悬沙场的均匀性、稳定性及含沙量测量仪计量标准装置的合成相对不确定度进行评测，并在此基础上通过对市面上常用的含沙量测量仪进行实际的标定校准实验来验证装置的实际性能指标。

2.3.1 悬沙场均匀性分析

首先，使用中值粒径 80μm 的石英砂，通过格栅式含沙量测量仪标准计量装置构建 $0.1kg/m^3$ 的悬沙场；然后，通过多点同步采样装置对此悬沙场内的含沙液体进行采样，得到从悬沙场底部到顶部均匀分布的 5 个采样点的样品。将采样得到的样品送交具有检测资质的第三方检测机构——天津地质矿产研究所进行检测，得到下面的测量原始数据（表2-4～表2-7）。

表2-4　　　　　　　　　　$0.1kg/m^3$ 悬沙场第三方采样记录表

试验室编号	孔号及样号	平均总质量(g)	平均容器质量(g)	平均干土质量(g)
TG210026001	1	3461.07	2404.38	0.1048
TG210026002	2	3461.77	2404.67	0.1046
TG210026003	3	3459.93	2403.89	0.1054
TG210026004	4	3461.66	2404.35	0.1048
TG210026005	5	3460.47	2404.54	0.1033
备注		称量总质量、容器质量时室内环境温度为19.7℃，湿度为40%；称量干土质量时室内环境温度为20.0℃，湿度为41%		

表2-5　　　　　　　　　　$10kg/m^3$ 悬沙场第三方采样记录表

试验室编号	孔号及样号	平均总质量(g)	平均容器质量(g)	平均干土质量(g)
TG210021001	1	3465.69	2404.51	10.580
TG210021002	2	3467.33	2404.73	10.403
TG210021003	3	3465.20	2403.87	10.463

续表

试验室编号	孔号及样号	平均总质量(g)	平均容器质量(g)	平均干土质量(g)
TG210021004	4	3467.03	2404.08	10.443
TG210021005	5	3465.30	2403.88	10.433
备注		称量总质量、容器质量时室内环境温度为19.3℃，湿度为40%；称量干土质量时室内环境温度为20.0℃，湿度为41%		

表 2-6　　20kg/m³ 悬沙场第三方采样记录表

试验室编号	孔号及样号	平均总质量(g)	平均容器质量(g)	平均干土质量(g)
TG210023001	1	3477.59	2404.80	21.323
TG210023002	2	3474.93	2404.00	21.311
TG210023003	3	3474.49	2404.20	21.365
TG210023004	4	3477.78	2404.54	21.375
TG210023005	5	3473.41	2403.99	21.364
备注		称量总质量、容器质量时室内环境温度为19.3℃，湿度为40%；称量干土质量时室内环境温度为20.0℃，湿度为41%		

表 2-7　　30kg/m³ 悬沙场第三方采样记录表

试验室编号	孔号及样号	平均总质量(g)	平均容器质量(g)	平均干土质量(g)
TG210024001	1	3492.14	2404.65	31.788
TG210024002	2	3489.39	2403.88	32.025
TG210024003	3	3489.41	2404.05	32.068
TG210024004	4	3492.51	2404.36	32.113
TG210024005	5	3485.68	2403.91	31.844
备注		称量总质量、容器质量时室内环境温度为20℃，湿度为36%；称量干土质量时室内环境温度为21.0℃，湿度为23%		

根据以上的原始数据，计算得出格栅式含沙量测量仪标准计量装置构建的悬沙场浓度最大偏差如表 2-8 所示。

表 2-8　　　　　　　　　　　　悬沙场浓度最大偏差对照表

浓度（kg/m³）	均匀性偏差
0.1	0.51%
10	0.30%
20	0.25%
30	0.53%

根据实验数据可以得出结论：格栅式含沙量测量仪标准计量装置构建的悬沙场在 0.1~30kg/m³ 的量程内浓度最大误差不超过 1%，均匀性满足仪器设计要求。

2.3.2　悬沙场稳定性分析

首先，使用中值粒径 80μm 的石英砂，通过格栅式含沙量测量仪标准计量装置构建 0.1kg/m³ 的悬沙场。由于之前的实验已经验证了悬沙场的均匀性，当前的研究专注于测试悬沙场的稳定性指标，因此只使用快速采样装置采集悬沙场中部的样品用于稳定性研究。在标准计量装置配置好 0.1kg/m³ 的标准悬沙场并稳定运行 10min 后，关闭搅拌装置。然后从 0 时刻开始，每隔 2min 使用快速采样装置从悬沙场中部采集 1 次样品，采集到第 10min，一共采集 6 次。先对采集到的样品使用标准量筒进行体积测量，然后将样品送入烤箱蒸干液体后，得到固体泥沙。使用高精度电子天平对蒸干得到的泥沙质量进行称量。使用与上述步骤相同的方法，构建 30kg/m³ 悬沙场，并完成采样和测量，得到如表 2-9 所示的含沙量浓度及浓度相对偏差数据。

表 2-9　　　　　　　　　　　　悬沙场稳定性数据

计时时刻	0.1kg/m³		30kg/m³	
	悬沙场浓度（kg/m³）	悬沙场浓度相对偏差（%）	悬沙场浓度	悬沙场浓度相对偏差（%）
第 0min	0.0999	0.1	29.989	0.037
第 2min	0.0999	0.1	29.915	0.28
第 4min	0.0995	0.5	29.797	0.68
第 6min	0.0992	0.8	29.589	1.37
第 8min	0.0986	1.4	28.315	5.62
第 10min	0.0982	1.8	27.567	8.11

根据实验数据绘制悬沙场浓度随时间变化曲线如图 2-37~图 2-40 所示。

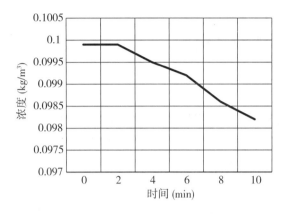

图 2-37 0.1kg/m³ 悬沙场浓度随时间变化图   图 2-38 30kg/m³ 悬沙场浓度随时间变化图

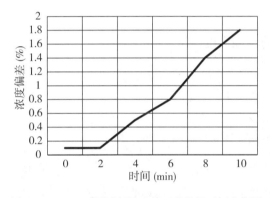 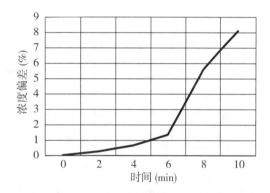

图2-39 0.1kg/m³悬沙场浓度相对偏差随时间变化图   图2-40 30kg/m³悬沙场浓度相对偏差随时间变化图

根据实验数据得出结论：在 0.1~30kg/m³ 浓度范围内，格栅式含沙量测量仪标准计量装置构建的悬沙场在格栅停止搅拌的 4min 内，浓度的相对变化量不超过 1%。实际使用时应在 4min 内完成对被测仪器的计量校准操作。如停止时间超过 4min，应再次开启格栅驱动电机，搅拌 10min 后，停止搅拌，再次开始计量校准操作。

2.3.3 格栅式含沙量测量仪计量标准装置不确定度分析

首先需要建立数学模型确定实验方案，之后在 0.1~30kg/m³ 的浓度范围内通过间断性验证的方式对装置所构建的悬沙场进行了不确定度实验研究，计算了悬沙场的相对标准不确定度。含沙量的定义是单位体积水沙混合物中含有干泥沙的质量，根据这一定义可以知道需要测量水沙混合物的体积及干泥沙的质量，以下是建立的数学模型。

1. 数学模型建立

依据实验过程及实验目标建立的数学模型如下式所示：

$$\rho = \frac{m_{沙}}{V_{总}} + S_{温} + S_{TDS} + S_{气} \tag{2-10}$$

式中，ρ 为含沙量测量仪计量标准装置所构建的悬沙场的浓度；$m_{沙}$ 为每次采样测得的泥沙质量；$V_{总}$ 为每组采样得到的水沙混合物的体积；$S_{温}$ 为环境温度对含沙量测量结果的影响因子；$S_{气}$ 为大气压对含沙量测量结果的影响因子。

2. 不确定度来源分析

通过对化简后的数学模型进行分析可以得到，含沙量测量结果的不确定度来源于以下几个方面：

①测量样品中水沙混合物的体积时引入的不确定度；
②测量样品中沙子质量时引入的不确定度；
③环境温度对含沙量测量结果引入的不确定度；
④大气压对含沙量测量结果引入的不确定度。

因此悬沙场浓度的相对标准不确定度可以由下式得到：

$$u_c^2(\rho) = c_{总}^2 u^2(V_{总}) + c_{沙}^2 u^2(m_{沙}) + c_{温}^2 u^2(S_{温}) + c_{气}^2 u^2(S_{气}) \tag{2-11}$$

式中，$u_c(\rho)$ 为悬沙场浓度的合成标准不确定度；$u(\Delta m)$ 为水沙混合物体积的不确定度；$u(m_{沙})$ 为泥沙质量的不确定度；$u(S_{温})$ 为环境温度引入的不确定度；$u(S_{气})$ 为大气压引入的相对不确定度；$c_{总}$ 为水沙混合物质量 $V_{总}$ 的灵敏系数；$c_{沙}$ 为沙子质量 $m_{沙}$ 的灵敏系数；$c_{温}$ 为环境温度对含沙量测量结果的影响因子 $S_{温}$ 的灵敏系数；$c_{气}$ 为大气压对含沙量测量结果的影响因子 $S_{气}$ 的灵敏系数。

$$c_{总} = \frac{\partial \rho}{\partial V_{总}} = -\frac{m_{沙}}{V_{总}^2}$$

$$c_{沙} = \frac{\partial \rho}{\partial m_{沙}} = \frac{1}{V_{总}}$$

$$c_{温} = 1$$

$$c_{气} = 1 \tag{2-12}$$

由式（2-12）可知只需要计算出水沙混合物总质量的不确定度、泥沙质量的不确定度、环境温度引入的不确定度、大气压引入的不确定度，便可以得到悬沙场浓度的标准不确定度。

2.3.4 格栅式含沙量测量仪计量标准装置不确定度实验

在模型建立完成后明确了测量方式及实验方式。对装置进行不确定度评定时，首先检查装置各部分器件的连接与安装，确保装置可以正常工作；其次将管道连接在可以抽取纯水的水泵的出水口，出水端放置入搅拌容器中。根据我国《河流泥沙颗粒分析规程》(SL 42—2010)沙粒和粉砂的界限是 $62\mu m$，而一般水域中上层悬浮泥沙多为粉砂或更细的黏粒，因此泥沙的原料选用的是中值粒径 $80\mu m$ 的石英砂。在加沙前需要将泥沙放进烘干箱进行烘干，一方面干燥的泥沙不容易发生絮凝现象，有利于提高加沙的精度；另一方面对泥沙进行烘干可以防止泥沙中的水分对进沙结果造成干扰。

由于加工工艺的原因，每个采样容器之间的质量和容积等参数之间存在微小的差异。前面提到需要将采样容器作为标准容器，这些微小的差异可能会对最终的采样结果造成极大的影响。因此先对每一个采样容器的容积进行校准，再对每一个采样容器的质量进行校准，并对容器进行编号。

由于在搅拌完成后放入采样装置会对已经构建完成的泥沙场造成干扰，因此需要在装置启动前将采样装置提前放置到采样空间中。采样装置放置前需要将采样容器两侧的密封盖打开至水平位置，向采样空间放置时，采样容器的轴线方向与格栅组的振动方向要一致，最后将采样装置的外骨架固定在上方的平台上。

准备工作完成后接通电源，打开人机交互界面检查人机交互界面上的温度、水位等指示信息。检查准确无误后，操作员进行账号密码登录，进入开始界面进行装置不确定度的评定实验。首先设定输水量及需要配置的含沙量，等待系统计算出所需要添加的泥沙的质量；然后按照操作步骤向搅拌容器中添加水和泥沙，等待添加完成后，进行搅拌，等待 10min 左右即可认为搅拌均匀。此时便可以转动采样器的手轮完成对装置所构建完悬沙场的采样。

采样完成后关闭搅拌电机，等稳定后将已经闭合的采样装置从采样空间中取出，使用螺丝刀将采样容器从采样装置的外骨架上取下。由于整个采样容器都浸润在采样空间中，因此采样容器的外表不可避免地沾有水沙混合物，这会对采样结果造成干扰，需要使用干毛巾将外表的水沙擦干净。

将采样容器中的水沙混合物通过漏斗分批次倒入 250mL 的量筒中量取体积，记录量取结果以及温度信息。将量筒内部的水沙混合物倒入干净的托盘中，并使用蒸馏水将量筒内部的泥沙冲洗干净，冲洗的水同样倒入托盘中过滤，将托盘放入恒温烘干箱中设置温度为 120℃，烘干时长为 16h。将烘干后的泥沙进行称重并记录结果(图 2-41)。

(a)量取体积　　(b)烘干样品

(c)烘干后的样品　　(d)样品称重

图 2-41　烘干称重图

2.3.5　格栅式含沙量测量仪计量标准装置不确定度实验结果分析

1. 实验结果记录

经过采样实验后，各个浓度悬沙场的质量测量结果如表 2-10~表 2-17 所示。

表 2-10　　　　　　　　　　**0.1kg/m³ 悬沙场采样称重记录表**

编号	水沙混合物体积（mL）	泥沙质量（g）	含沙量（kg/m³）	平均含沙量（kg/m³）	温度（℃）
1	1061	0.1059	0.0998		20
2	1062	0.1058	0.0996		20
3	1060	0.1061	0.1001	0.0999	20
4	1063	0.1061	0.0998		20
5	1062	0.1064	0.1002		20

表 2-11　　　　　　　　　　1kg/m³ 悬沙场采样称重记录表

编号	水沙混合物体积（mL）	泥沙质量（g）	含沙量（kg/m³）	平均含沙量（kg/m³）	温度（℃）
1	1063	1.0599	0.997		20
2	1062	1.0597	0.998		20
3	1062	1.0602	0.998	0.9988	20
4	1063	1.0626	1.000		20
5	1060	1.0610	1.001		20

表 2-12　　　　　　　　　　5kg/m³ 悬沙场采样称重记录表

编号	水沙混合物体积（mL）	泥沙质量（g）	含沙量（kg/m³）	平均含沙量（kg/m³）	温度（℃）
1	1062	5.3208	5.010		20
2	1062	5.3178	5.007		20
3	1060	5.3313	5.030	5.0156	20
4	1061	5.3238	5.018		20
5	1063	5.3289	5.013		20

表 2-13　　　　　　　　　　10kg/m³ 悬沙场采样称重记录表

编号	水沙混合物体积（mL）	泥沙质量（g）	含沙量（kg/m³）	平均含沙量（kg/m³）	温度（℃）
1	1061	10.5793	9.97		20
2	1063	10.6237	9.99		20
3	1061	10.6292	10.01	10.008	20
4	1063	10.6539	10.02		20
5	1061	10.6636	10.05		20

表 2-14　　　　　　　　　　15kg/m³ 悬沙场采样称重记录表

编号	水沙混合物体积（mL）	泥沙质量（g）	含沙量（kg/m³）	平均含沙量（kg/m³）	温度（℃）
1	1062	15.8942	14.97		20
2	1062	16.0125	15.08		20
3	1061	16.0022	15.08	15.036	20
4	1060	15.9435	15.04		20
5	1061	15.9223	15.01		20

表 2-15　　　　　　　　　　20kg/m³ 悬沙场采样称重记录表

编号	水沙混合物体积（mL）	泥沙质量（g）	含沙量（kg/m³）	平均含沙量（kg/m³）	温度（℃）
1	1063	21.2232	19.96	20.018	20
2	1061	21.2141	19.99		20
3	1060	21.2648	20.06		20
4	1063	21.2761	20.02		20
5	1060	21.2657	20.06		20

表 2-16　　　　　　　　　　25kg/m³ 悬沙场采样称重记录表

编号	水沙混合物体积（mL）	泥沙质量（g）	含沙量（kg/m³）	平均含沙量（kg/m³）	温度（℃）
1	1060	26.4452	24.95	25.018	20
2	1062	26.6456	25.09		20
3	1063	26.5963	25.02		20
4	1061	26.5144	24.99		20
5	1061	26.5674	25.04		20

表 2-17　　　　　　　　　　30kg/m³ 悬沙场采样称重记录表

编号	水沙混合物体积（mL）	泥沙质量（g）	含沙量（kg/m³）	平均含沙量（kg/m³）	温度（℃）
1	1063	31.8022	29.92	30.084	20
2	1062	31.8827	30.02		20
3	1063	32.0544	30.15		20
4	1064	32.1318	30.19		20
5	1062	32.0134	30.14		20

2. 相对标准不确定度评定

由不确定度模型分析可知，在计算悬沙场浓度的相对标准不确定度时，需要先计算出水沙混合物体积的相对不确定度和泥沙质量的相对不确定度。以 $0.1g/m^3$ 时的测量结果为例，展示悬沙场浓度相对标准不确定度计算过程。

1）水沙混合物体积测量时的相对不确定度评定

(1)由多次采样测量水沙混合物体积测量引入的 A 类不确定度。

贝塞尔法是应用范围最广的方法，本研究利用贝塞尔公式计算 n 次测量结果平均值的实验标准差表示 A 类不确定度，计算结果如下式所示：

$$u_A(V_{总}) = s(\overline{V}_{总}) = \frac{s(V_{总i})}{\sqrt{n}} = \sqrt{\frac{\sum_{i=1}^{n}(V_{总i} - \overline{V}_{总})^2}{n(n-1)}} = 0.510\text{mL}$$

式中，$u_A(V_{总})$ 为多次水沙混合物质量测量的标准不确定度；$s(\overline{V}_{总})$ 为水沙混合物质量测量算数平均值的实验标准差；$s(V_{总i})$ 为水沙混合物质量测量单次测量结果的实验标准差；n 为实验次数，为 5。

(2)水沙混合体积测量时测量仪器引入的 B 类不确定度。

水沙混合体积测量时采用 250mL 量筒进行称量，查看检定证书可知，量筒的允差为±1mL，估计其为均匀分布，在测量的 5 次中认为完全正相关，因此由量筒所引入的不确定度估计为

$$u_B(V_{总}) = \frac{1\text{mL}}{\sqrt{3}} \times 5 = 2.89\text{mL}$$

在计算出两个不确定度分量后，利用方均根的形式将两者合成为水沙混合物体积测量的不确定度，利用不确定度除以水沙混合物质量的平均值得到水沙混合物质量测量的相对不确定度。

$$u(V_{总}) = \sqrt{u_A^2(V_{总}) + u_B^2(V_{总})} = \sqrt{0.510\text{mL}^2 + 2.89\text{mL}^2} = 2.95\text{mL}$$

$$|c_{总}u(V_{总})| = 2.95 \times 10^{-6}\text{m}^3 \times 94.25\text{kg/m}^6 = 2.78 \times 10^{-4}\text{kg/m}^3$$

2)泥沙质量测量时相对不确定度评定

泥沙质量测量的相对不确定度与水沙混合物质量测量的相对标准不确定度评定过程类似，因此不再赘述原理。

(1)多次采样测量泥沙质量测量时引入的 A 类不确定度。

贝塞尔法的计算结果为

$$u_A(m_{沙}) = s(\overline{m}_{沙}) = \frac{s(m_{沙i})}{\sqrt{n}} = \sqrt{\frac{\sum_{i=1}^{n}(m_{沙i} - \overline{m}_{沙})^2}{n(n-1)}} = 0.000103\text{g}$$

(2)泥沙量测量时测量仪器引入的不确定度分量。

对采样烘干后的泥沙样采用更高精度的电子天平进行称重，电子天平的最小分度值为 0.0001g，示值误差为±0.0005g，估计其为均匀分布。因此由电子天平所引入的不确定度估计为

$$u_B(m_{沙}) = \frac{0.0005g}{\sqrt{3}} = 0.00029g$$

在计算出两个不确定度分量后利用方均根的形式将两者合成为泥沙质量测量的不确定度，利用不确定度除以泥沙质量的平均值得到泥沙质量测量的相对不确定度。

$$u(m_{沙}) = \sqrt{u_A^2(m_{沙}) + u_B^2(m_{沙})} = \sqrt{0.000103g^2 + 0.00029g^2} = 0.000312g$$

$$c_{沙}\, u(m_{沙}) = 942.5m^{-3} \times 3.12 \times 10^{-7}kg = 2.94 \times 10^{-4}kg/m^3$$

3）环境温度对含沙量测量结果引入的不确定度

采样实验在常温下进行，温度主要影响了水的密度。在实验过程中温度的变化范围为 19~21℃，水的密度变化范围为 998.433~998.021kg/m³，相对变化比为

$$\frac{998.433kg/m^3 - 998.021kg/m^3}{998.433kg/m^3} = 0.0413\%$$

$$\frac{0.0413\% \times 0.0999kg/m^3}{\sqrt{3}} = 0.00002382kg/m^3$$

在计算出所有影响量引入的相对标准不确定度后，将结果代入公式，即可求出含沙量测量的相对标准不确定度。

$$u_c(\rho) = \frac{u(\rho)}{\rho} = 0.41\%$$

基于上述方法对 8 组采样结果进行了计算，如表 2-18 所示是装置所构建的 8 种浓度悬沙场的相对标准不确定度。

表 2-18　　　　　　　　　　　悬沙场浓度相对标准不确定度对照表

浓度（kg/m³）	相对标准不确定度
0.1	0.41%
1	0.32%
5	0.29%
10	0.35%
15	0.35%
20	0.29%
25	0.34%
30	0.39%

由不确定度评定结果可以看出，含沙量测量仪计量标准装置在 0.1~30kg/m³ 的浓度范围内，所构建悬沙场浓度的相对标准不确定度小于 1%，满足设计要求。

2.3.6　格栅式含沙量测量仪计量标准装置含沙量示值误差校准试验

在含沙量测量仪计量标准装置的不确定度指标验证完成后,需要利用含沙量测量仪在量程范围内进行校准实验(图 2-42),观察含沙量测量仪计量标准装置在实际使用中的工作情况。

进行校准实验时,首先应配制不同浓度的悬沙浓度场,搅拌 5~10min,将含沙量测量仪放置在含沙量标准场中,连续记录 30 个输出电压数据,根据率定曲线换算为含沙量测量值,作为重复性测量结果,分别计算出平均值和重复性标准差。

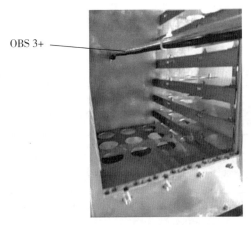

图 2-42　OBS 3+校准实验图

本次校准试验选用的含沙量测量仪为 OBS 3+。这种含沙量测量仪的测量原理为,在使用前需对其输出值(通常为电流值或电压值)与含沙量标准值之间建立数学关系,将含沙量测定仪放入含沙量标准场中,在仪器的测量范围内,采用分段线性拟合方法建立数学模型,得到含沙量测量拟合值关系式如下:

$$S_n = ax + b \tag{2-13}$$

式中,S_n 为含沙量拟合值,单位为 kg/m^3;a 为斜率,单位为 $(kg/m^3)/mA$ 或 $(kg/m^3)/V$;x 为含沙量测定仪输出电流值或电压值,单位为 mA 或 V;b 为截距,单位为 kg/m^3。

实验时,采用含沙量标准值与含沙量测量拟合值进行比对的方法对含沙量测定仪进行校准。含沙量标准值由含沙量标准场提供,含沙量标准场在含沙量标准场容器中配制得到,含沙量量值等于预设值。

2.3.7 含沙量示值误差校准试验结果分析

1. 实验结果记录

在含沙量示值误差校准试验中,主要针对 $0.1 \sim 10 \text{kg/m}^3$ 范围内多个浓度进行了对比实验,实验结果如表 2-19~表 2-29 所示。

表 2-19　　　　　　　　　　　0.1kg/m^3 校准实验结果

序号	1	2	3	4	5	6	7	8	9	10
电压值(V)	0.012	0.012	0.011	0.01	0.012	0.014	0.01	0.011	0.013	0.012
序号	11	12	13	14	15	16	17	18	19	20
电压值(V)	0.013	0.013	0.009	0.014	0.011	0.012	0.014	0.011	0.013	0.013
序号	21	22	23	24	25	26	27	28	29	30
电压值(V)	0.012	0.014	0.012	0.011	0.01	0.012	0.014	0.012	0.013	0.011

表 2-20　　　　　　　　　　　1kg/m^3 校准实验结果

序号	1	2	3	4	5	6	7	8	9	10
电压值(V)	0.102	0.107	0.109	0.103	0.108	0.108	0.106	0.107	0.106	0.107
序号	11	12	13	14	15	16	17	18	19	20
电压值(V)	0.107	0.104	0.104	0.105	0.102	0.106	0.108	0.107	0.109	0.104
序号	21	22	23	24	25	26	27	28	29	30
电压值(V)	0.105	0.102	0.103	0.105	0.105	0.105	0.103	0.104	0.106	0.106

表 2-21　　　　　　　　　　　2kg/m^3 校准实验结果

序号	1	2	3	4	5	6	7	8	9	10
电压值(V)	0.207	0.212	0.21	0.211	0.21	0.215	0.214	0.216	0.22	0.21
序号	11	12	13	14	15	16	17	18	19	20
电压值(V)	0.22	0.218	0.222	0.218	0.219	0.218	0.22	0.216	0.21	0.209
序号	21	22	23	24	25	26	27	28	29	30
电压值(V)	0.212	0.205	0.209	0.215	0.221	0.217	0.208	0.216	0.218	0.212

表 2-22				3kg/m³ 校准实验结果						
序号	1	2	3	4	5	6	7	8	9	10
电压值(V)	0.38	0.361	0.373	0.373	0.379	0.36	0.367	0.37	0.369	0.382
序号	11	12	13	14	15	16	17	18	19	20
电压值(V)	0.405	0.44	0.39	0.375	0.378	0.375	0.356	0.373	0.357	0.355
序号	21	22	23	24	25	26	27	28	29	30
电压值(V)	0.404	0.372	0.362	0.368	0.353	0.371	0.373	0.378	0.375	0.388

表 2-23				4kg/m³ 校准实验结果						
序号	1	2	3	4	5	6	7	8	9	10
电压值(V)	0.558	0.553	0.533	0.555	0.537	0.533	0.525	0.535	0.519	0.541
序号	11	12	13	14	15	16	17	18	19	20
电压值(V)	0.537	0.548	0.531	0.529	0.537	0.525	0.536	0.536	0.525	0.544
序号	21	22	23	24	25	26	27	28	29	30
电压值(V)	0.541	0.558	0.53	0.528	0.522	0.526	0.535	0.541	0.547	0.506

表 2-24				5kg/m³ 校准实验结果						
序号	1	2	3	4	5	6	7	8	9	10
电压值(V)	0.634	0.638	0.663	0.688	0.71	0.71	0.68	0.67	0.662	0.614
序号	11	12	13	14	15	16	17	18	19	20
电压值(V)	0.613	0.638	0.626	0.656	0.644	0.678	0.658	0.676	0.638	0.635
序号	21	22	23	24	25	26	27	28	29	30
电压值(V)	0.625	0.649	0.657	0.65	0.66	0.696	0.643	0.679	0.657	0.659

表 2-25				6kg/m³ 校准实验结果						
序号	1	2	3	4	5	6	7	8	9	10
电压值(V)	0.842	0.85	0.861	0.877	0.875	0.869	0.86	0.853	0.89	0.875
序号	11	12	13	14	15	16	17	18	19	20
电压值(V)	0.878	0.866	0.867	0.881	0.867	0.887	0.869	0.907	0.859	0.889
序号	21	22	23	24	25	26	27	28	29	30
电压值(V)	0.868	0.862	0.866	0.865	0.845	0.887	0.898	0.875	0.882	0.876

表2-26　　　　　　　　　　　7kg/m³ 校准实验结果

序号	1	2	3	4	5	6	7	8	9	10
电压值(V)	1.064	1.021	1.015	1.052	1.062	1.01	1.026	1.047	1.007	1.009
序号	11	12	13	14	15	16	17	18	19	20
电压值(V)	1.06	1.06	1.027	1.031	1.032	1.019	1.007	1.042	1.009	1.04
序号	21	22	23	24	25	26	27	28	29	30
电压值(V)	1.045	1.043	1.02	1.009	1.016	1.028	1.02	1.04	1.043	1.018

表2-27　　　　　　　　　　　8kg/m³ 校准实验结果

序号	1	2	3	4	5	6	7	8	9	10
电压值(V)	1.247	1.238	1.208	1.238	1.231	1.227	1.212	1.219	1.238	1.183
序号	11	12	13	14	15	16	17	18	19	20
电压值(V)	1.209	1.184	1.233	1.231	1.256	1.261	1.23	1.218	1.247	1.26
序号	21	22	23	24	25	26	27	28	29	30
电压值(V)	1.245	1.214	1.241	1.256	1.216	1.217	1.223	1.227	1.205	1.224

表2-28　　　　　　　　　　　9kg/m³ 校准实验结果

序号	1	2	3	4	5	6	7	8	9	10
电压值(V)	1.484	1.521	1.499	1.482	1.423	1.491	1.453	1.463	1.485	1.467
序号	11	12	13	14	15	16	17	18	19	20
电压值(V)	1.457	1.481	1.468	1.461	1.482	1.468	1.468	1.46	1.482	1.419
序号	21	22	23	24	25	26	27	28	29	30
电压值(V)	1.516	1.456	1.487	1.461	1.482	1.478	1.446	1.484	1.498	1.464

表2-29　　　　　　　　　　　10kg/m³ 校准实验结果

序号	1	2	3	4	5	6	7	8	9	10
电压值(V)	1.678	1.752	1.673	1.668	1.613	1.673	1.639	1.647	1.685	1.648
序号	11	12	13	14	15	16	17	18	19	20
电压值(V)	1.64	1.663	1.676	1.658	1.643	1.689	1.675	1.664	1.636	1.717
序号	21	22	23	24	25	26	27	28	29	30
电压值(V)	1.682	1.644	1.651	1.685	1.672	1.694	1.681	1.669	1.638	1.604

2. 实验结果分析

针对上一小节中每一个含沙量测量仪测得浓度的电压数据,求出电压的平均值后,结合之前使用过程中得到的含沙量测量拟合值关系可以计算出仪器测得的含沙量。将此含沙量量值与含沙量计量标准装置的预设含沙量进行比较,可以计算出相对误差。以 OBS 3+在 0.1kg/m³ 的测量数据为例展示计算过程。

首先计算出 OBS 3+在 0.1kg/m³ 测量时的电压平均值:

$$\overline{V} = \frac{\sum_{i=1}^{n} V_i}{n} = 0.01203$$

通过查找之前使用过程中的拟合对应关系可知其对应的含沙量拟合值为 0.1051kg/m³,则可以求出仪器的示值误差与相对误差分别为 0.0051kg/m³ 和 5.07%。那么仪器在 0.1~10kg/m³ 范围内的校准结果如表 2-30 所示。

表 2-30　　仪器校准结果表

浓度(kg/m³)	电压平均值(V)	含沙量拟合值(kg/m³)	示值误差(kg/m³)	相对误差
0.1	0.1203	0.1051	0.0051	5.07%
1	0.1054	1.0967	0.0967	9.67%
2	0.2143	1.8606	-0.0697	-6.97%
3	0.3991	3.1577	0.0526	5.26%
4	0.5357	4.1168	0.0292	2.92%
5	0.6569	4.9672	-0.0066	-0.66%
6	0.8715	6.1143	0.0190	1.90%
7	1.0307	6.9074	-0.0132	-1.32%
8	1.2279	7.8898	-0.0138	-1.38%
9	1.4729	9.1100	0.0122	1.22%
10	1.6652	10.0683	0.0068	0.68%

由表中相对误差的结果显示,在 0.1~10kg/m³ 的浓度范围内被检仪器 OBS 3+的相对误差均小于 10%,符合含沙量测量仪器的使用需求。

2.4　机械搅拌式含沙量测量仪计量标准装置研制及计量检测方法

由于格栅式含沙量测量仪标准装置搭建完成后,装置的整体尺寸长 2m,宽 1m,

高2.5m(有效测试空间尺度长42cm，宽36cm，深55cm)，相对较大，前期考虑的是该装置可同时对光电测沙原理和声学测沙原理的含沙量测量设备开展校准试验。装置研制完成后发现，在含沙量场浓度较高的环境下，格栅振动频率较大，对声学测沙原理的含沙量测量设备影响较大，测量数据偏差较大。

格栅式含沙量测量仪标准装置不确定度评定是以采样得到的5个样品代表含沙量场进行的，该过程采用实验前取样验证的方式，效率较低，对于后期的计量标准建设和示范应用试验，成本过高。

基于此，项目组提出了小尺度的基于圆柱形含沙量场容器和机械搅拌的含沙量测量仪计量标准装置构建的方案，配合电子天平和量筒套组可配制不同浓度范围的含沙量场。基于该装置需要同时研制配套的多点同步采样器，对含沙量场内多个测量点进行水样的同步取样。对采集后的水样进行体积测量、水沙分离和烘干称重，最终可得到各采样点的含沙量值。由各采样点的含沙量计算结果分析含沙量场的均匀度，验证含沙量测量仪计量标准装置的含沙量测量的不确定度指标。

2.4.1 机械搅拌式含沙量测量仪计量标准装置研制

1. 含沙量标准场容器及搅拌装置研制

根据上述分析，机械搅拌式计量标准装置主要是对光电测沙原理的含沙量测量仪进行校准服务。经过前期调研可知，光电测沙原理的含沙量测量仪为圆柱形，几种常见的含沙量测定仪的基本参数见表2-31。从表中可以看出，含沙量测量仪最大直径为87mm，因此含沙量标准场容器设计直径包括搅拌装置、被检设备和边壁影响空间三部分的宽度，含沙量标准场容器设计高度要保证搅拌装置高度空间和水样不能溅出搅拌桶外。这里确定被检设备空间直径为10cm，搅拌装置的搅拌轴和搅拌扇叶直径为12cm，边壁预留3cm空间，基于上述分析得到搅拌桶直径为38cm。含沙量标准场容器中的水位空间与搅拌扇叶的位置和数量应有机结合。从表2-31中可以看出，常见的含沙量测量仪的长度不大于40cm，含沙量标准场容器内含沙量场水深为40cm左右，换算成体积量为45L左右，考虑搅拌扇叶和搅拌杆所占的空间，最终确定水样体积为44L。搅拌装置通过支撑板固定设置于含沙量标准场容器的上方，并伸入含沙量标准场容器内设置，用于搅拌含沙量标准场溶液。微型交流减速电机配合直流无刷驱动控制器控制搅拌装置转轴以不同的转速运动，搅拌转轴上配制4层搅拌扇叶，每层间隔10cm，最下层距底面2cm，将含沙量标准场容器中的水沙混合物搅拌均匀。含沙量标准场容器的高度为60cm，搅拌桶及搅拌装置如图2-43所示。

表2-31　　　　　　　　　几种常见的含沙量测量仪的基本参数

仪器名称	指 标 参 数
OBS-3A	测量范围：0~5kg/m³（泥土）。测量精度：0.001kg/m³（泥土）。耐压等级：0~10m，0~20m，0~50m，0~100m，0~200m。测量温度：0~35℃。供电电源：6~18VDC。产品长度和直径：36.2mm，7.6mm
OBS 300	测量范围：0~10kg/m³（泥土）。测量精度：0.001kg/m³（泥土）。耐压等级：0~500m（不锈钢筒体），0~1500m（钛合金筒体）。测量温度：0~40℃。供电电源：5~15VDC（电压信号输出）。产品长度和直径：131mm，25mm
OBS 3+	测量范围：0~10kg/m³（泥土）。测量精度：0.001kg/m³（泥土）。耐压等级：0~500m（不锈钢筒体），0~1500m（钛合金筒体）。测量温度：0~40℃；供电电源：5~15VDC（电压信号输出）。9~15VDC（电流信号输出）。产品长度和直径：141mm，2.5mm
OBS 501	测量范围：0~10kg/m³（泥土）。测量精度：±3%读数。耐压等级：100m。测量温度：0~40℃。产品长度和直径：27.54mm，4.76mm
Model3150	测量范围：0~1kg/m³，0~30kg/m³。灵敏度：0.001kg/m³（1kg/m³以下），0.01kg/m³（1~10kg/m³），0.1kg/m³（10kg/m³以上）。工作温度：−20~70℃
LISST-100X	测量范围：0.001~5kg/m³。分辨力：0.001kg/m³。耐压等级：300m。供电电源：8~24VDC。光透度：0~100%。产品长度和直径：13.3mm，87mm
LISST-200X	测量范围：0.001~10kg/m³。分辨力：0.001kg/m³。耐压等级：600m。供电电源：10~24VDC（电压信号输出）。光透度：0~100%。产品长度和直径：10mm，64mm

2. 采样器研制

采样器采用负压真空的方法，对含沙量标准场中的8个点进行同步采样，如图2-44所示。

图2-43　含沙量标准场容器及搅拌装置

图2-44　采样器

3. 抽滤装置

抽滤装置用于采样器采样后的水样进行水沙分离试验,如图 2-45 所示。

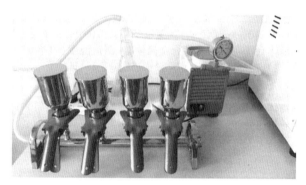

图 2-45 抽滤装置

4. 测量标准器

电子天平和量筒套组作为测量标准器进行含沙量场配制,如图 2-46 所示。

(a)电子天平　　　　　　　(b)量筒套组

图 2-46 测量标准器

2.4.2 含沙量测量仪计量检测方法

1. 含沙量标准场均匀性分析

由研制的含沙量测量仪计量标准装置可知,在含沙量标准场容器中配制含沙量标准场，复现含沙量标准值为含沙量计量检测的核心，含沙量标准值通过电子天平和量筒套组进行干沙样和水样称量计算得到。通过测试试验得到含沙量标准场均匀度偏差，得到具有一定不确定度的含沙量标准值。

而含沙量测量仪在使用前需对其输出值（通常为电流值或电压值）与含沙量标准值之间建立数学关系，将含沙量测量仪放入含沙量标准场中，在 $0.1\sim30\mathrm{kg/m^3}$ 测量范围内，采用分段线性拟合方法建立数学模型，得到含沙量测量拟合值关系式，如式（2-13）所示。

采用含沙量标准值与含沙量测量拟合值进行比对的方法对含沙量测量仪进行校准。

含沙量标准场配制及均匀度试验步骤如下：

（1）分别用电子天平和量筒套组称量泥沙样和纯水，在容器中配制含沙量标准值为 $0.1\mathrm{kg/m^3}$ 的含沙量标准场，含沙量标准值计算见式（2-14），打开搅拌装置开关使含沙量标准场中泥沙样与纯水均匀混合：

$$S = \frac{m}{V} \tag{2-14}$$

式中，S 为含沙量标准值（$\mathrm{kg/m^3}$）；m 为配制含沙量标准场需称量的干泥沙质量（kg）；V 为配制含沙量标准场需量取的纯水和干泥沙体积（$\mathrm{m^3}$）。

（2）在实际工作区域的上限（水面下 3cm 位置）和下限（距搅拌桶底部 3cm 位置）选取采样点来验证含沙量标准场均匀度，采样点的位置一般选取在工作区域上、下水平面上均匀分布的位置，可参考图 2-47 中点 A、B、C、D、E、F、G 和 H（距搅拌桶边壁 6cm）的位置。

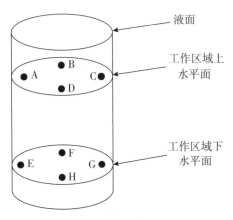

图 2-47　含沙量标准场均匀度采样点示意图

(3)用采样器在各采样点位置同时采样,用量筒套组量出采样水样的体积。

(4)用抽滤装置分离出水样中的泥沙,将电热干燥箱调至120℃,烘烤泥沙30min,用电子天平称量分离出干泥沙的质量。

(5)按式(2-15)计算每个水样的含沙量值;

$$S_{syi} = \frac{m_{syi}}{V_{syi}} \tag{2-15}$$

式中,S_{syi} 为第 i 个水样的含沙量值(kg/m³);m_{syi} 为第 i 个水样中干泥沙质量(kg);V_{syi} 为第 i 个水样的体积(m³)。

(6)按式(2-16)计算含沙量标准场的均匀度。

$$E_s = \frac{S_{max} - S_{min}}{S} \times 100\% \tag{2-16}$$

式中,E_s 为含沙量标准场均匀度;S_{max} 为所有水样中的含沙量最大值(kg/m³);S_{min} 为所有水样中的含沙量最小值(kg/m³)。

(7)按步骤(1)~(6)的方法,在容器中分别配制含沙量标准值为0.5kg/m³、1kg/m³、3kg/m³、5kg/m³、7kg/m³、10kg/m³、15kg/m³、25kg/m³和30kg/m³的含沙量标准场进行均匀度试验。天然沙试验记录见表2-32,人工沙试验记录见表2-33。

表2-32　　　　　　　　　　天然沙试验记录及计算

0.1kg/m³						
采样样品序号 i	滤膜质量(g)	水的体积(mL)	泥膜质量(g)	泥的质量(g)	含沙量(kg/m³)	含沙量标准场均匀度
A	0.1312	98	0.1409	0.0097	0.0990	
B	0.1332	97	0.1429	0.0097	0.1000	
C	0.1323	99	0.1421	0.0098	0.0990	
D	0.1322	98	0.1419	0.0097	0.0990	1.0%
E	0.1313	98	0.1411	0.0098	0.1000	
F	0.1277	97	0.1373	0.0096	0.0990	
G	0.1283	96	0.1379	0.0096	0.1000	
H	0.1334	98	0.1431	0.0097	0.0990	

续表

	0.5kg/m³					
采样样品序号 i	滤膜质量（g）	水的体积（mL）	泥膜质量（g）	泥的质量（g）	含沙量（kg/m³）	含沙量标准场均匀度
A	0.1311	97	0.1800	0.0489	0.5046	1.2%
B	0.1342	96	0.1827	0.0485	0.5052	
C	0.1321	98	0.1820	0.0499	0.5089	
D	0.1325	94	0.1801	0.0476	0.5066	
E	0.1363	95	0.1841	0.0478	0.5029	
F	0.1271	92	0.1736	0.0465	0.5049	
G	0.1280	95	0.1759	0.0479	0.5043	
H	0.1312	96	0.1799	0.0487	0.5072	

	1kg/m³					
采样样品序号 i	滤膜质量（g）	水的体积（mL）	泥膜质量（g）	泥的质量（g）	含沙量（kg/m³）	含沙量标准场均匀度
A	0.1241	98	0.2226	0.0985	1.0053	1.0%
B	0.1322	94	0.2266	0.0944	1.0045	
C	0.1413	95	0.2362	0.0949	0.9989	
D	0.1272	97	0.2241	0.0969	0.9987	
E	0.1291	92	0.2219	0.0928	1.0083	
F	0.1243	95	0.2196	0.0953	1.0034	
G	0.1315	96	0.2283	0.0968	1.0087	
H	0.1293	93	0.2222	0.0929	0.9993	

	3kg/m³					
采样样品序号 i	滤膜质量（g）	水的体积（mL）	泥膜质量（g）	泥的质量（g）	含沙量（kg/m³）	含沙量标准场均匀度
A	0.1324	94	0.4150	0.2826	3.0068	0.8%
B	0.1419	95	0.4273	0.2854	3.0045	
C	0.1201	97	0.4117	0.2916	3.0065	
D	0.1061	98	0.3987	0.2926	2.9859	
E	0.1206	94	0.4031	0.2825	3.0053	
F	0.1323	95	0.4180	0.2857	3.0071	
G	0.1301	96	0.4191	0.2890	3.0099	
H	0.1371	97	0.4278	0.2907	2.9972	

续表

5kg/m³						
采样样品序号 i	滤膜质量（g）	水的体积（mL）	泥膜质量（g）	泥的质量（g）	含沙量（kg/m³）	含沙量标准场均匀度
A	0.1472	95	0.6217	0.4745	4.9952	0.8%
B	0.1368	96	0.6194	0.4826	5.0268	
C	0.1243	98	0.6158	0.4915	5.0154	
D	0.1300	95	0.6037	0.4737	4.9868	
E	0.1452	94	0.6168	0.4716	5.0172	
F	0.1242	97	0.6082	0.4840	4.9892	
G	0.1295	96	0.6108	0.4813	5.0131	
H	0.1350	93	0.6006	0.4656	5.0064	

7kg/m³						
采样样品序号 i	滤膜质量（g）	水的体积（mL）	泥膜质量（g）	泥的质量（g）	含沙量（kg/m³）	含沙量标准场均匀度
A	0.1432	96	0.8117	0.6685	6.9634	0.9%
B	0.1281	98	0.8114	0.6833	6.9722	
C	0.1365	94	0.7875	0.6510	6.9254	
D	0.1341	93	0.7804	0.6463	6.9495	
E	0.1290	96	0.7948	0.6658	6.9358	
F	0.1310	97	0.8058	0.6748	6.9565	
G	0.1235	95	0.7817	0.6582	6.9288	
H	0.1315	97	0.8094	0.6779	6.9884	

10kg/m³						
采样样品序号 i	滤膜质量（g）	水的体积（mL）	泥膜质量（g）	泥的质量（g）	含沙量（kg/m³）	含沙量标准场均匀度
A	0.1332	94	1.0763	0.9431	10.0328	0.7%
B	0.1270	97	1.0965	0.9695	9.9953	
C	0.1414	93	1.0767	0.9353	10.0569	
D	0.1342	96	1.0940	0.9598	9.9983	
E	0.1381	95	1.0869	0.9488	9.9869	
F	0.1293	98	1.1106	0.9813	10.0126	
G	0.1315	95	1.0666	0.9351	10.0322	
H	0.1362	94	1.0803	0.9441	10.0441	

续表

15kg/m³						
采样样品序号 i	滤膜质量（g）	水的体积（mL）	泥膜质量（g）	泥的质量（g）	含沙量（kg/m³）	含沙量标准场均匀度
A	0.1351	96	1.5670	1.4319	14.9156	0.8%
B	0.1282	93	1.5174	1.3892	14.9378	
C	0.1228	94	1.4894	1.3666	15.0178	
D	0.1371	98	1.5991	1.4620	14.9182	
E	0.1325	97	1.5852	1.4527	14.9764	
F	0.1334	98	1.6069	1.4735	15.0356	
G	0.1225	95	1.5496	1.4271	15.0226	
H	0.1283	92	1.5070	1.3787	14.9861	

20kg/m³						
采样样品序号 i	滤膜质量（g）	水的体积（mL）	泥膜质量（g）	泥的质量（g）	含沙量（kg/m³）	含沙量标准场均匀度
A	0.1321	97	2.0607	1.9286	19.8825	0.9%
B	0.1285	98	2.0718	1.9433	19.8296	
C	0.1272	95	2.0192	1.8920	19.9158	
D	0.1245	93	1.9720	1.8475	19.8658	
E	0.1306	94	1.9915	1.8609	19.7966	
F	0.1235	98	2.0576	1.9341	19.7358	
G	0.1294	96	2.0285	1.8991	19.7825	
H	0.1323	93	1.9718	1.8395	19.7796	

30kg/m³						
采样样品序号 i	滤膜质量（g）	水的体积（mL）	泥膜质量（g）	泥的质量（g）	含沙量（kg/m³）	含沙量标准场均匀度
A	0.1301	96	3.0103	2.8802	30.0019	0.7%
B	0.1305	92	2.8745	2.7440	29.8262	
C	0.1278	95	2.9726	2.8448	29.9456	
D	0.1298	96	3.0112	2.8814	30.0148	
E	0.1305	94	2.9539	2.8234	30.0362	
F	0.1303	98	3.0689	2.9386	29.9861	
G	0.1296	95	2.9724	2.8428	29.9243	
H	0.1313	93	2.9106	2.7793	29.8847	

表2-33　　　　　　　　　　　人工沙试验记录及计算

			0.1kg/m³			
采样样品序号 i	滤膜质量（g）	水的体积（mL）	泥膜质量（g）	泥的质量（g）	含沙量（kg/m³）	含沙量标准场均匀度
A	0.1085	98	0.1183	0.0098	0.1000	1.0%
B	0.1144	97	0.1240	0.0096	0.0990	
C	0.1122	99	0.1220	0.0098	0.0990	
D	0.1098	98	0.1196	0.0098	0.1000	
E	0.1066	97	0.1163	0.0097	0.1000	
F	0.1077	98	0.1174	0.0097	0.0990	
G	0.1083	98	0.1180	0.0097	0.0990	
H	0.1116	98	0.1213	0.0097	0.0990	
			0.5kg/m³			
采样样品序号 i	滤膜质量（g）	水的体积（mL）	泥膜质量（g）	泥的质量（g）	含沙量（kg/m³）	含沙量标准场均匀度
A	0.1095	97	0.1582	0.0487	0.5023	0.94%
B	0.1142	98	0.1636	0.0493	0.5031	
C	0.1121	96	0.1602	0.0481	0.5013	
D	0.1125	93	0.1589	0.0464	0.4984	
E	0.1063	95	0.1541	0.0478	0.5029	
F	0.1071	94	0.1541	0.0470	0.4995	
G	0.1080	97	0.1567	0.0487	0.5016	
H	0.1112	93	0.1576	0.0464	0.4986	
			1kg/m³			
采样样品序号 i	滤膜质量（g）	水的体积（mL）	泥膜质量（g）	泥的质量（g）	含沙量（kg/m³）	含沙量标准场均匀度
A	0.1041	96	0.2004	0.0963	1.0034	1.0%
B	0.1122	94	0.2060	0.0938	0.9975	
C	0.1113	95	0.2061	0.0948	0.9984	
D	0.1072	96	0.2035	0.0963	1.0027	
E	0.1091	93	0.2018	0.0927	0.9968	
F	0.1043	97	0.2018	0.0975	1.0056	
G	0.1115	98	0.2101	0.0986	1.0068	
H	0.1093	96	0.2056	0.0963	1.0033	

续表

3kg/m³						
采样样品序号 i	滤膜质量(g)	水的体积(mL)	泥膜质量(g)	泥的质量(g)	含沙量(kg/m³)	含沙量标准场均匀度
A	0.1031	95	0.3883	0.2852	3.0026	
B	0.1019	94	0.3845	0.2826	3.0064	
C	0.1101	93	0.3902	0.2801	3.0122	
D	0.1061	98	0.3986	0.2925	2.9852	0.9%
E	0.1106	97	0.4008	0.2902	2.9927	
F	0.1023	94	0.3849	0.2826	3.0065	
G	0.1101	96	0.3990	0.2889	3.0097	
H	0.1071	97	0.3991	0.2920	3.0103	

5kg/m³						
采样样品序号 i	滤膜质量(g)	水的体积(mL)	泥膜质量(g)	泥的质量(g)	含沙量(kg/m³)	含沙量标准场均匀度
A	0.1072	94	0.5788	0.4716	5.0165	
B	0.1068	92	0.5699	0.4631	5.0337	
C	0.1013	95	0.5760	0.4747	4.9969	
D	0.1110	97	0.5955	0.4845	4.9952	0.8%
E	0.1042	93	0.5717	0.4675	5.0274	
F	0.1042	98	0.5936	0.4894	4.9937	
G	0.1095	96	0.5900	0.4805	5.0049	
H	0.1050	97	0.5908	0.4858	5.0081	

7kg/m³						
采样样品序号 i	滤膜质量(g)	水的体积(mL)	泥膜质量(g)	泥的质量(g)	含沙量(kg/m³)	含沙量标准场均匀度
A	0.1131	92	0.7556	0.6425	6.9840	
B	0.1128	95	0.7740	0.6612	6.9600	
C	0.1036	93	0.7511	0.6475	6.9622	
D	0.1034	94	0.7561	0.6527	6.9438	0.7%
E	0.1029	94	0.7568	0.6539	6.9560	
F	0.1131	93	0.7618	0.6487	6.9758	
G	0.1123	98	0.7919	0.6796	6.9350	
H	0.1031	97	0.7769	0.6738	6.9459	

续表

10kg/m³						
采样样品序号i	滤膜质量（g）	水的体积（mL）	泥膜质量（g）	泥的质量（g）	含沙量（kg/m³）	含沙量标准场均匀度
A	0.1013	93	1.0243	0.9230	9.9243	0.8%
B	0.1127	97	1.0707	0.9580	9.8768	
C	0.1041	92	1.0179	0.9138	9.9322	
D	0.1034	95	1.0456	0.9422	9.9180	
E	0.1038	94	1.0362	0.9324	9.9195	
F	0.1029	98	1.0684	0.9655	9.8522	
G	0.1031	93	1.0253	0.9222	9.9166	
H	0.1036	97	1.0611	0.9575	9.8710	

15kg/m³						
采样样品序号i	滤膜质量（g）	水的体积（mL）	泥膜质量（g）	泥的质量（g）	含沙量（kg/m³）	含沙量标准场均匀度
A	0.1035	95	1.5199	1.4164	14.9092	0.9%
B	0.1138	93	1.4965	1.3827	14.8678	
C	0.1032	94	1.5055	1.4023	14.9181	
D	0.1037	98	1.5528	1.4491	14.7865	
E	0.1032	92	1.4760	1.3728	14.9215	
F	0.1033	96	1.5342	1.4309	14.9048	
G	0.1032	95	1.5193	1.4161	14.9063	
H	0.1028	97	1.5465	1.4437	14.8836	

20kg/m³						
采样样品序号i	滤膜质量（g）	水的体积（mL）	泥膜质量（g）	泥的质量（g）	含沙量（kg/m³）	含沙量标准场均匀度
A	0.1042	95	2.0283	1.9241	20.2540	0.7%
B	0.1078	96	2.0434	1.9356	20.1620	
C	0.1022	94	2.0040	1.9018	20.2320	
D	0.1061	92	1.9723	1.8662	20.2850	
E	0.1012	97	2.0595	1.9583	20.1890	
F	0.1039	98	2.0781	1.9742	20.1450	
G	0.1124	94	2.0169	1.9045	20.2610	
H	0.1136	93	1.9993	1.8857	20.2760	

续表

采样样品序号 i	30kg/m³					
	滤膜质量（g）	水的体积（mL）	泥膜质量（g）	泥的质量（g）	含沙量（kg/m³）	含沙量标准场均匀度
A	0.1045	92	2.7698	2.6653	28.9710	
B	0.1068	96	2.8680	2.7612	28.7620	
C	0.1024	94	2.8150	2.7126	28.8570	
D	0.1075	98	2.9231	2.8156	28.7310	0.8%
E	0.1022	97	2.8952	2.7930	28.7940	
F	0.1036	95	2.8486	2.7450	28.8950	
G	0.1127	94	2.8294	2.7167	28.9010	
H	0.1134	93	2.8035	2.6901	28.9260	

2. 含沙量标准场稳定性分析

使用天然沙作为实验沙，通过机械搅拌式含沙量测量仪标准计量装置构建 0.1kg/m³ 的含沙量场。2.3.1 小节中已经验证了含沙量标准场的均匀性，当前的研究专注于测试含沙量标准场的稳定性指标，因此使用采样器在含沙量标准场中进行采样验证。在含沙量标准值为 0.1kg/m³ 的含沙量标准场中进行搅拌，含沙量标准场搅拌均匀后，从 0 时刻开始，每隔 2min 使用采样器从悬沙场中采样一次，采集到第 10min，一共采集 6 次。采用烘干称重法进行各采样点的含沙量计算，以 8 个点采样样品含沙量的平均值作为含沙量测量数据，测量数据见表 2-34。30kg/m³ 的含沙量标准场稳定性数据见表 2-35。

表 2-34　　含沙量标准场稳定性计算试验数据（0.1kg/m³）

含沙量标准值	0.1kg/m³	稳定后运行时间		0min
采样样品序号 i	滤膜质量（g）	水的体积（mL）	泥膜质量（g）	泥的质量（g）	含沙量（kg/m³）
A	0.1309	97	0.1406	0.0097	0.1000
B	0.1327	98	0.1424	0.0097	0.0990
C	0.1330	98	0.1427	0.0097	0.0990
D	0.1312	97	0.1408	0.0096	0.0990
E	0.1333	99	0.1431	0.0098	0.0990
F	0.1275	97	0.1371	0.0096	0.0990
G	0.1293	96	0.1389	0.0096	0.1000
H	0.1344	97	0.1441	0.0097	0.1000
平均值					0.0994

续表

含沙量标准值		0.1kg/m³	稳定后运行时间		2min
采样样品序号 i	滤膜质量（g）	水的体积（mL）	泥膜质量（g）	泥的质量（g）	含沙量（kg/m³）
A	0.1318	99	0.1416	0.0098	0.0990
B	0.1337	97	0.1433	0.0096	0.0990
C	0.1320	98	0.1418	0.0098	0.1000
D	0.1325	97	0.1422	0.0097	0.1000
E	0.1329	99	0.1427	0.0098	0.0990
F	0.1275	97	0.1372	0.0097	0.1000
G	0.1301	96	0.1397	0.0096	0.1000
H	0.1344	97	0.144	0.0096	0.0990
平均值					0.0995
含沙量标准值		0.1kg/m³	稳定后运行时间		4min
采样样品序号 i	滤膜质量（g）	水的体积（mL）	泥膜质量（g）	泥的质量（g）	含沙量（kg/m³）
A	0.1320	97	0.1416	0.0096	0.0990
B	0.1326	98	0.1423	0.0097	0.0990
C	0.1319	98	0.1416	0.0097	0.0990
D	0.1330	96	0.1426	0.0096	0.1000
E	0.1312	98	0.1409	0.0097	0.0990
F	0.1284	96	0.138	0.0096	0.1000
G	0.1305	97	0.1402	0.0097	0.1000
H	0.1344	99	0.1442	0.0098	0.0990
平均值					0.0994
含沙量标准值		0.1kg/m³	稳定后运行时间		6min
采样样品序号 i	滤膜质量（g）	水的体积（mL）	泥膜质量（g）	泥的质量（g）	含沙量（kg/m³）
A	0.1318	97	0.1415	0.0097	0.1000
B	0.1338	98	0.1435	0.0097	0.0990
C	0.1314	97	0.1411	0.0097	0.1000
D	0.1298	97	0.1394	0.0096	0.0990
E	0.1321	98	0.1418	0.0097	0.0990
F	0.1310	97	0.1407	0.0097	0.1000
G	0.1287	97	0.1384	0.0097	0.1000
H	0.1321	98	0.1419	0.0098	0.1000
平均值					0.0996

续表

含沙量标准值		0.1kg/m³	稳定后运行时间		8min
采样样品序号 i	滤膜质量 (g)	水的体积 (mL)	泥膜质量 (g)	泥的质量 (g)	含沙量 (kg/m³)
A	0.1320	97	0.1417	0.0097	0.1000
B	0.1329	98	0.1427	0.0098	0.1000
C	0.1323	98	0.1420	0.0097	0.0990
D	0.1311	97	0.1408	0.0097	0.1000
E	0.1289	99	0.1387	0.0098	0.0990
F	0.1295	98	0.1392	0.0097	0.0990
G	0.1340	97	0.1437	0.0097	0.1000
H	0.1331	98	0.1429	0.0098	0.1000
平均值					0.0996
含沙量标准值		0.1kg/m³	稳定后运行时间		10min
采样样品序号 i	滤膜质量 (g)	水的体积 (mL)	泥膜质量 (g)	泥的质量 (g)	含沙量 (kg/m³)
A	0.1315	97	0.1411	0.0096	0.0990
B	0.1334	99	0.1432	0.0098	0.0990
C	0.1319	98	0.1417	0.0098	0.1000
D	0.1287	96	0.1383	0.0096	0.1000
E	0.1313	98	0.1410	0.0097	0.0990
F	0.1296	98	0.1393	0.0097	0.0990
G	0.1332	97	0.1429	0.0097	0.1000
H	0.1336	98	0.1433	0.0097	0.0990
平均值					0.0994

表2-35 **含沙量标准场稳定性计算试验数据(30kg/m³)**

含沙量标准值		30kg/m³	稳定后运行时间		0min
采样样品序号 i	滤膜质量 (g)	水的体积 (mL)	泥膜质量 (g)	泥的质量 (g)	含沙量 (kg/m³)
A	0.1309	95	2.9801	2.8492	29.9916
B	0.1305	93	2.9185	2.7880	29.9785
C	0.1289	95	2.9797	2.8508	30.0084
D	0.1309	96	3.0053	2.8744	29.9417
E	0.1305	96	3.0139	2.8834	30.0354
F	0.1311	98	3.0696	2.9385	29.9847
G	0.1301	95	2.9732	2.8431	29.9274
H	0.1294	94	2.9337	2.8043	29.8330
平均值					29.9626

续表

含沙量标准值		$30kg/m^3$	稳定后运行时间		2min
采样样品序号 i	滤膜质量 (g)	水的体积 (mL)	泥膜质量 (g)	泥的质量 (g)	含沙量 (kg/m^3)
A	0.1310	96	3.0106	2.8796	29.9958
B	0.1303	97	3.0389	2.9086	29.9856
C	0.1272	95	2.9748	2.8476	29.9747
D	0.1306	96	3.0045	2.8739	29.9365
E	0.1305	96	2.9939	2.8634	29.8271
F	0.1305	94	2.9385	2.8080	29.8723
G	0.1294	96	3.0139	2.8845	30.0469
H	0.1308	94	2.9362	2.8054	29.8447
平均值					29.9354

含沙量标准值		$30kg/m^3$	稳定后运行时间		4min
采样样品序号 i	滤膜质量 (g)	水的体积 (mL)	泥膜质量 (g)	泥的质量 (g)	含沙量 (kg/m^3)
A	0.1287	96	3.0101	2.8814	30.0146
B	0.1304	95	2.9710	2.8406	29.9011
C	0.1309	95	2.9735	2.8426	29.9221
D	0.1307	93	2.9117	2.7810	29.9032
E	0.1288	96	3.0122	2.8834	30.0354
F	0.1301	94	2.9630	2.8329	30.1372
G	0.1303	92	2.8817	2.7514	29.9065
H	0.1312	95	2.9757	2.8445	29.9421
平均值					29.9743

含沙量标准值		$30kg/m^3$	稳定后运行时间		6min
采样样品序号 i	滤膜质量 (g)	水的体积 (mL)	泥膜质量 (g)	泥的质量 (g)	含沙量 (kg/m^3)
A	0.1311	94	2.9371	2.8060	29.8511
B	0.1309	95	2.9695	2.8386	29.8800
C	0.1294	94	2.9400	2.8106	29.9000
D	0.1305	96	2.9895	2.8590	29.7813
E	0.1293	95	2.9827	2.8534	30.0358
F	0.1308	97	3.0307	2.8999	29.8959
G	0.1301	97	3.0295	2.8994	29.8907
H	0.1312	94	2.9387	2.8075	29.8670
平均值					29.8907

续表

含沙量标准值		30kg/m³	稳定后运行时间		8min
采样样品序号 i	滤膜质量（g）	水的体积（mL）	泥膜质量（g）	泥的质量（g）	含沙量（kg/m³）
A	0.1304	98	3.0664	2.9360	29.9592
B	0.1312	93	2.9098	2.7786	29.8774
C	0.1307	92	2.8863	2.7556	29.9522
D	0.1299	96	2.9889	2.8590	29.7813
E	0.1293	95	2.9827	2.8534	30.0358
F	0.1311	95	2.9640	2.8329	29.8200
G	0.1302	97	3.0296	2.8994	29.8907
H	0.1309	94	2.9484	2.8175	29.9734
平均值					29.9024
含沙量标准值		30kg/m³	稳定后运行时间		10min
采样样品序号 i	滤膜质量（g）	水的体积（mL）	泥膜质量（g）	泥的质量（g）	含沙量（kg/m³）
A	0.1314	93	2.9068	2.7754	29.8430
B	0.1309	95	2.9795	2.8486	29.9853
C	0.1312	98	3.0638	2.9326	29.9245
D	0.1305	94	2.9515	2.8210	30.0106
E	0.1307	96	3.0141	2.8834	30.0354
F	0.1299	95	2.9628	2.8329	29.8200
G	0.1295	96	3.0109	2.8814	30.0146
H	0.1308	92	2.8783	2.7475	29.8641
平均值					29.9476

绘制含沙量平均值随运行时间变化如图2-48~图2-51所示。

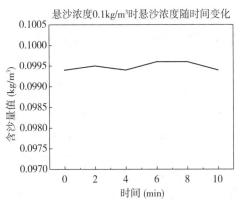

图2-48 含沙量标准场稳定性（0.1kg/m³）

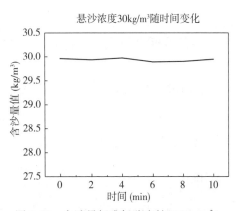

图2-49 含沙量标准场稳定性（30kg/m³）

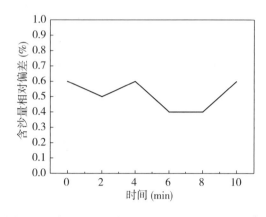 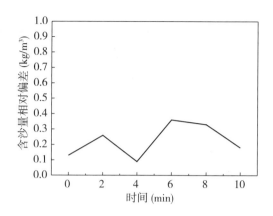

图 2-50 含沙量相对偏差随时间的变化(0.1kg/m³)　图 2-51 含沙量相对偏差随时间的变化(30kg/m³)

表 2-36　　　　　　　　　　含沙量标准场稳定度试验数据

计时时刻	0.1kg/m³		30kg/m³	
	悬沙场浓度(kg/m³)	含沙量相对偏差(%)	悬沙场浓度(kg/m³)	含沙量相对偏差(%)
第0min	0.0994	0.6	29.9626	0.13
第2min	0.0995	0.5	29.9354	0.26
第4min	0.0994	0.6	29.9743	0.09
第6min	0.0996	0.4	29.8907	0.36
第8min	0.0996	0.4	29.9024	0.33
第10min	0.0994	0.6	29.9476	0.18

根据实验数据(表2-36)得出结论：在0.1~30kg/m³浓度范围内，机械搅拌式含沙量测量仪标准计量装置构建的含沙量标准场的含沙量偏差在10min内均不超过1%，由此可知，含沙量标准场的稳定性很好，均能满足对被检含沙量测量仪的计量校准工作。

2.4.3　机械搅拌式含沙量测量仪计量标准装置合成标准不确定度评定

淤积厚度计量标准装置的淤积厚度测量不确定度评定依据《测量不确定度评定与表示》(JJF 1059.1—2012)，经过分析不确定度来源、建立满足测量不确定度评定所需的测量模型、确定各输入量的估值等工作，对本装置测量不确定度进行科学评定。

1. 概述

含沙量测量仪计量标准装置合成标准不确定度：$u \leqslant 1\%$，这里的合成标准不确定度为相对合成标准不确定度。

含沙量测量仪计量标准装置是用于校准含沙量测量仪。含沙量测量仪计量标准装置的含沙量标准场提供含沙量标准值,含沙量标准场在含沙量标准场容器中配制得到,含沙量标准场的配制需要精确地知道含沙量场中干泥沙样的质量和水样的体积,干泥沙样的质量采用电子天平测得,水样的体积采用量筒套组测量得到。这里对含沙量测量仪标准装置相对合成标准不确定度评定,采用人工沙样进行含沙量标准场配制及计算。

2. 测量模型

$$S = \frac{m}{V} + S_J + \Delta S_T \tag{2-17}$$

式中,S 为含沙量测量示值误差(kg/m^3);m 为干泥沙样的质量(kg);V 为水样的总体积(m^3);S_J 为含沙量标准场均匀性测量引入的示值偏差(kg/m^3);ΔS_T 为由于温度变化引入的含沙量测量仪示值误差(kg/m^3);

3. 不确定度来源分析

含沙量测量仪计量标准装置的含沙量量值测量不确定度主要由含沙量标准场配制及测量引入和水的温度变化引入。

4. 合成灵敏度系数

式(2-17)中,S、m、V、S_J、ΔS_T 间相互独立,合成标准不确定度为

$$u_c^2(S) = c^2(m)u^2(m) + c^2(V)u^2(V) + c^2(S_J)u^2(S_J) + c^2(\Delta S_T)u^2(\Delta S_T) \tag{2-18}$$

灵敏系数为

$$c(m) = \frac{\partial(S)}{\partial(m)} = \frac{1}{V} = \frac{1}{44} = 0.023 \mathrm{m}^{-3}$$

$$c(V) = \frac{\partial(S)}{\partial(V)} = -\frac{m}{V^2} = -\frac{m}{1936} = -\frac{m}{1936} \mathrm{kg/m^6}$$

$$c(S_J) = \frac{\partial(S)}{\partial(S_J)} = 1$$

$$c(\Delta S_T) = \frac{\partial(S)}{\partial(\Delta S_T)} = 1$$

5. 计算分量不确定度

在$[0.1\sim1]kg/m^3$、$(1\sim5]kg/m^3$、$(5\sim10]kg/m^3$、$(10\sim15]kg/m^3$、$(15\sim30]kg/m^3$

范围内以 0.1kg/m³、1kg/m³、3kg/m³、7kg/m³、10kg/m³、15kg/m³、20kg/m³、30kg/m³ 的含沙量标准值为例进行不确定度评定计算。

(1) 由泥沙样质量测量引入的测量不确定度分量 $u(m)$。

含沙量标准场配制采用电子天平称量泥沙样，1kg/m³ 以下的含沙量标准场的配制选择Ⅰ级电子天平，其最大允许误差为±0.0005g，1kg/m³ 以上的含沙量标准场的配制选择Ⅲ级电子天平，其最大允许误差为±0.05g，估计其为均匀分布。因此，由电子天平所引入的测量不确定度估计为

$$u(m) = \frac{5 \times 10^{-7}}{\sqrt{3}} = 2.887 \times 10^{-7} \text{kg}（Ⅰ级电子天平）$$

$$u(m) = \frac{5 \times 10^{-5}}{\sqrt{3}} = 2.887 \times 10^{-5} \text{kg}（Ⅲ级电子天平）$$

(2) 由体积测量引入的测量不确定度分量 $u(V)$。

含沙量标准场配制采用量筒组合（2000mL、250mL 和 10mL 滴定管）称量纯净水，配制的含沙量标准场需要将近 44L 纯净水。2000mL 量筒的最大允许误差为±10mL，估计其为均匀分布。实验过程中，2000mL 量筒称量纯净水 22 次，因此由量筒所引入的测量不确定度估计为

$$u(V) = \frac{10 \times 22}{\sqrt{3}} = 127.021 \text{mL} = 1.27 \times 10^{-4} \text{m}^3$$

(3) 由含沙量标准场均匀性测量引入的不确定度分量 $u(S_J)$。

含沙量标准值 S 分别为 0.1kg/m³、0.5kg/m³、1kg/m³、3kg/m³、7kg/m³、10kg/m³、15kg/m³、20kg/m³、30kg/m³，相应的含沙量均匀场最大允许误差 E 分别为 1.0%、1.0%、1.0%、0.9%、0.8%、0.7%、0.8%、0.9%、0.7% 和 0.8%，估计其为均匀分布。因此，由含沙量标准场均匀性测量引入的测量不确定度估计为

$$u(S_J) = \frac{S}{\sqrt{3}} \times E \tag{2-19}$$

(4) 由水样的温度变化引入的不确定度分量 $u(\Delta S_T)$。

水样的温度变化对含沙量量值的影响很小，这里忽略不计。

测量不确定度一览表如表 2-37~表 2-46 所示。

表 2-37　　含沙量测量不确定度分量一览表（0.1kg/m³）

不确定度分量	不确定度来源	类型	相对不确定度	灵敏度系数
$u(V)$	纯净水体积测量引入的测量不确定度分量	B 类评定	1.27×10^{-4}m³	-2.273kg/m⁶

续表

不确定度分量	不确定度来源	类型	相对不确定度	灵敏度系数
$u(m)$	泥样质量测量引入的测量不确定度分量	B类评定	$2.887×10^{-7}$kg	$22.73m^{-3}$
$u(S_J)$	含沙量场均匀性测量引入的测量不确定度分量	B类评定	0.000578kg/m^3	1
$u(\Delta S_T)$	水样的温度变化引入的测量不确定度分量	B类评定	0	1

表 2-38　　　　　　　　含沙量测量不确定度分量一览表(0.5kg/m^3)

不确定度分量	不确定度来源	类型	相对不确定度	灵敏度系数
$u(V)$	纯净水体积测量引入的测量不确定度分量	B类评定	$1.27×10^{-4}$m^3	-11.364kg/m^6
$u(m)$	泥样质量测量引入的测量不确定度分量	B类评定	$2.887×10^{-7}$kg	$22.73m^{-3}$
$u(S_J)$	含沙量场均匀性测量引入的测量不确定度分量	B类评定	0.002886kg/m^3	1
$u(\Delta S_T)$	水样的温度变化引入的测量不确定度分量	B类评定	0	1

表 2-39　　　　　　　　含沙量测量不确定度分量一览表(1kg/m^3)

不确定度分量	不确定度来源	类型	相对不确定度	灵敏度系数
$u(V)$	纯净水体积测量引入的测量不确定度分量	B类评定	$1.27×10^{-4}$m^3	-22.73kg/m^6
$u(m)$	泥样质量测量引入的测量不确定度分量	B类评定	$2.887×10^{-7}$kg	$22.73m^{-3}$
$u(S_J)$	含沙量场均匀性测量引入的测量不确定度分量	B类评定	0.005774kg/m^3	1
$u(\Delta S_T)$	水样的温度变化引入的测量不确定度分量	B类评定	0	1

表2-40 含沙量测量不确定度分量一览表(3kg/m³)

不确定度分量	不确定度来源	类型	相对不确定度	灵敏度系数
$u(V)$	纯净水体积测量引入的测量不确定度分量	B类评定	$1.27\times10^{-4}\mathrm{m}^3$	$-68.182\mathrm{kg/m}^6$
$u(m)$	泥样质量测量引入的测量不确定度分量	B类评定	$2.887\times10^{-5}\mathrm{kg}$	$22.73\mathrm{m}^{-3}$
$u(S_J)$	含沙量场均匀性测量引入的测量不确定度分量	B类评定	$0.015588\mathrm{kg/m}^3$	-1
$u(\Delta S_T)$	水样的温度变化引入的测量不确定度分量	B类评定	0	1

表2-41 含沙量测量不确定度分量一览表(5kg/m³)

不确定度分量	不确定度来源	类型	相对不确定度	灵敏度系数
$u(V)$	纯净水体积测量引入的测量不确定度分量	B类评定	$1.27\times10^{-4}\mathrm{m}^3$	$-113.636\mathrm{kg/m}^6$
$u(m)$	泥样质量测量引入的测量不确定度分量	B类评定	$2.887\times10^{-5}\mathrm{kg}$	$22.73\mathrm{m}^{-3}$
$u(S_J)$	含沙量场均匀性测量引入的测量不确定度分量	B类评定	$0.023094\mathrm{kg/m}^3$	1
$u(\Delta S_T)$	水样的温度变化引入的测量不确定度分量	B类评定	0	1

表2-42 含沙量测量不确定度分量一览表(7kg/m³)

不确定度分量	不确定度来源	类型	相对不确定度	灵敏度系数
$u(V)$	纯净水体积测量引入的测量不确定度分量	B类评定	$1.27\times10^{-4}\mathrm{m}^3$	$-159.091\mathrm{kg/m}^6$
$u(m)$	泥样质量测量引入的测量不确定度分量	B类评定	$2.887\times10^{-5}\mathrm{kg}$	$22.73\mathrm{m}^{-3}$
$u(S_J)$	含沙量场均匀性测量引入的测量不确定度分量	B类评定	$0.02829\mathrm{kg/m}^3$	1
$u(\Delta S_T)$	水样的温度变化引入的测量不确定度分量	B类评定	0	1

表 2-43　　　　　　　　含沙量测量不确定度分量一览表（10kg/m³）

不确定度分量	不确定度来源	类型	相对不确定度	灵敏度系数
$u(V)$	纯净水体积测量引入的测量不确定度分量	B 类评定	$1.27 \times 10^{-4} \text{m}^3$	-227.27kg/m^6
$u(m)$	泥样质量测量引入的测量不确定度分量	B 类评定	$2.887 \times 10^{-5} \text{kg}$	-22.73m^{-3}
$u(S_J)$	含沙量场均匀性测量引入的测量不确定度分量	B 类评定	0.046189kg/m^3	1
$u(\Delta S_T)$	水样的温度变化引入的测量不确定度分量	B 类评定	0	1

表 2-44　　　　　　　　含沙量测量不确定度分量一览表（15kg/m³）

不确定度分量	不确定度来源	类型	相对不确定度	灵敏度系数
$u(V)$	纯净水体积测量引入的测量不确定度分量	B 类评定	$1.27 \times 10^{-4} \text{m}^3$	-340.91kg/m^6
$u(m)$	泥样质量测量引入的测量不确定度分量	B 类评定	$2.887 \times 10^{-5} \text{kg}$	-22.73m^{-3}
$u(S_J)$	含沙量场均匀性测量引入的测量不确定度分量	B 类评定	0.077945kg/m^3	1
$u(\Delta S_T)$	水样的温度变化引入的测量不确定度分量	B 类评定	0	1

表 2-45　　　　　　　　含沙量测量不确定度分量一览表（20kg/m³）

不确定度分量	不确定度来源	类型	相对不确定度	灵敏度系数
$u(V)$	纯净水体积测量引入的测量不确定度分量	B 类评定	$1.27 \times 10^{-4} \text{m}^3$	-454.55kg/m^6
$u(m)$	泥样质量测量引入的测量不确定度分量	B 类评定	$2.887 \times 10^{-5} \text{kg}$	-22.73m^{-3}
$u(S_J)$	含沙量场均匀性测量引入的测量不确定度分量	B 类评定	0.040416kg/m^3	1
$u(\Delta S_T)$	水样的温度变化引入的测量不确定度分量	B 类评定	0	1

表2-46　　　　　　含沙量测量不确定度分量一览表($30kg/m^3$)

不确定度分量	不确定度来源	类型	相对不确定度	灵敏度系数
$u(V)$	纯净水体积测量引入的测量不确定度分量	B类评定	$1.27×10^{-4}m^3$	$-227.3kg/m^6$
$u(m)$	泥样质量测量引入的测量不确定度分量	B类评定	$2.887×10^{-5}kg$	$22.73m^{-3}$
$u(S_J)$	含沙量场均匀性测量引入的测量不确定度分量	B类评定	$0.138568kg/m^3$	1
$u(\Delta S_T)$	水样的温度变化引入的测量不确定度分量	B类评定	0	1

6. 相对合成标准不确定度

$$u_c^2(S) = c^2(m)u^2(m) + c^2(V)u^2(V) + c^2(S_J)u^2(S_J) + c^2(\Delta S_T)u^2(\Delta S_T) \quad (2-20)$$

相对合成标准不确定度为：$u_r = \dfrac{u_c(S)}{|S|}$。

相对合成标准不确定度如表2-47所示。

表2-47　　　　　　含沙量测量相对合成标准不确定度

含沙量标准值(kg/m^3)	合成标准不确定度$u_c(S)$(kg/m^3)	相对合成标准不确定度u_r
0.1	0.00065	0.7%
0.5	0.0033	0.7%
1	0.0065	0.7%
3	0.0179	0.6%
5	0.0273	0.6%
7	0.0348	0.5%
10	0.0545	0.6%
15	0.0892	0.6%
20	0.0994	0.5%
30	0.1634	0.6%

由表 2-47 计算结果可以看出，相对合成标准不确定度为 0.7%，满足 1% 的设计要求。

2.4.4　机械搅拌式含沙量测量仪计量标准装置重复性和稳定性试验

1. 机械搅拌式含沙量测量仪计量标准装置重复性试验

在含沙量测定仪计量检定装置中配制含沙量标准值为 0.5kg/m³、1kg/m³、3kg/m³、7kg/m³、10kg/m³ 的含沙量标准场，打开搅拌装置使水沙均匀混合，待稳定 2min 后，将含沙量测量仪放置在含沙量标准场中，连续记录 30 个输出电压数据，根据率定曲线换算为含沙量测量值，作为重复性测量结果，分别计算出平均值和重复性标准差（表 2-48～表 2-52）。

表 2-48　含沙量测定仪计量检定装置重复性试验结果统计表（日期：2020 年 3 月 7 日）

含沙量设定值	0.500kg/m³									
序号	1	2	3	4	5	6	7	8	9	10
测量值（V）	0.0507	0.0503	0.0501	0.0503	0.0499	0.0505	0.0500	0.0505	0.0501	0.0507
含沙量拟合值（kg/m³）	0.5083	0.5033	0.5000	0.5033	0.4968	0.5049	0.4984	0.5049	0.5000	0.5083
平均值	0.50282									
重复性标准差	0.00396									

表 2-49　含沙量测定仪计量检定装置重复性试验结果统计表（日期：2020 年 3 月 10 日）

含沙量设定值	1.000kg/m³									
序号	1	2	3	4	5	6	7	8	9	10
测量值（V）	0.087	0.086	0.086	0.085	0.085	0.085	0.085	0.084	0.084	0.085
含沙量拟合值（kg/m³）	0.9892	0.9759	0.9759	0.9627	0.9627	0.9627	0.9627	0.9494	0.9494	0.9627
平均值	0.9639									
重复性标准差	0.00233									

表2-50 含沙量测定仪计量检定装置重复性试验结果统计表（日期：2020年3月12日）

含沙量设定值	3.000kg/m³									
序号	1	2	3	4	5	6	7	8	9	10
测量值(V)	0.372	0.370	0.371	0.365	0.364	0.370	0.370	0.375	0.372	0.370
含沙量拟合值（kg/m³）	3.0246	3.0065	3.0175	2.9719	2.9672	3.0065	3.0065	3.0424	3.0246	3.0065
平均值	3.00742									
重复性标准差	0.00771									

表2-51 含沙量测定仪计量检定装置重复性试验结果统计表（日期：2020年3月15日）

含沙量设定值	7.000kg/m³									
序号	1	2	3	4	5	6	7	8	9	10
测量值(V)	1.100	1.110	1.141	1.131	1.119	1.102	1.104	1.115	1.110	1.102
含沙量拟合值（kg/m³）	6.9200	6.9600	7.0900	7.0500	7.0000	6.9300	6.9350	6.9840	6.9600	6.9300
平均值	6.9759									
重复性标准差	0.0168									

表2-52 含沙量测定仪计量检定装置重复性试验结果统计表（日期：2020年3月17日）

含沙量设定值	10.000kg/m³									
序号	1	2	3	4	5	6	7	8	9	10
测量值(V)	1.5757	1.5786	1.5762	1.5756	1.5785	1.5831	1.5836	1.5796	1.5824	1.5827
含沙量拟合值（kg/m³）	10.0042	10.0197	10.0068	10.0036	10.0192	10.0438	10.0465	10.0250	10.0400	10.0416
平均值	10.0250									
重复性标准差	0.0170									

2. 机械搅拌式含沙量测量仪计量标准装置稳定性试验

新建计量标准，每隔一段时间（大于1个月），用该计量标准对核查标准进行一组 n 次的重复测量，取其算术平均值作为该组的测量结果。共观测 m 组（$m \geqslant 4$），取 m 个测量结果中的最大值和最小值之差，作为新建计量标准在该时间段内的稳定性。

对于已建计量标准，每年用被考核的计量标准对核查标准进行一组 n 次的重复测量，取其算术平均值作为测量结果。以相邻两年的测量结果之差作为该时间段内计量标准的稳定性。

在含沙量稳定性核查的过程中，电子天平和量筒套组作为核查标准，在核查的过程中，需要至少提供 4 个月的数据，核查的方法与重复性的核查方法相同。含沙量标准场稳定性的核查点分别选择 4 个含沙量标准值：$0.5kg/m^3$、$1kg/m^3$、$3kg/m^3$、$10kg/m^3$。

在进行稳定性试验中，使用Ⅰ级电子天平和量筒套组作为核查标准。具体的测量数据如表 2-53 所示，汇总数据如表 2-54 所示。

表 2-53　　　　含沙量测定仪计量检定装置稳定性测量数据统计表　　　（单位：kg/m^3）

日期		含沙量值				
	组次	0.5	1	3	7	10
2018 年 12 月 10—14 日	示值	0.5083	1.0034	3.0246	6.920	10.0225
		0.5033	1.0083	3.0062	6.960	10.0246
		0.5049	1.0100	3.0175	7.090	10.0236
		0.5000	0.9823	2.9719	7.050	10.0266
		0.5049	0.9967	2.9672	7.000	10.0243
		0.4984	0.9951	3.0065	6.930	10.0305
		0.5033	1.0034	3.0097	6.935	10.0268
		0.4968	1.0017	3.0424	6.984	10.0279
		0.5000	1.0033	3.0246	6.960	10.0256
		0.5049	0.9967	3.0065	6.930	10.0256
	平均值	0.50248	1.00009	3.00771	6.9759	10.0258
日期		含沙量值				
	组次	0.5	1	3	7	10
2019 年 2 月 25 日—3 月 1 日	示值	0.4968	1.0083	3.0246	6.935	10.0356
		0.5033	1.0017	3.0097	6.984	10.0363
		0.4984	1.0033	3.0424	7.090	10.0352
		0.5083	0.9967	3.0246	6.930	10.0378
		0.5033	0.9823	3.0065	7.000	10.0382
		0.4984	0.9967	3.0175	6.930	10.0354
		0.5083	0.9951	3.0062	6.920	10.0375
		0.5000	1.0034	3.0175	6.960	10.0363
		0.5033	1.0083	2.9719	7.090	10.0364
	平均值	0.5049	1.0100	2.9672	7.050	10.0373

续表

日期	组次	含沙量值				
		0.5	1	3	7	10
2019年4月1—5日	示值	0.5083	1.0034	2.9719	6.920	10.0241
		0.5033	0.9951	3.0062	7.090	10.0243
		0.5049	1.0017	3.0175	6.930	10.0232
		0.5033	0.9823	2.9719	7.050	10.0248
		0.5083	0.9967	2.9672	7.000	10.0252
		0.5000	1.0017	3.0175	7.050	10.0254
		0.5033	1.0034	3.0097	6.935	10.0245
		0.4984	0.9967	3.0424	6.984	10.0263
		0.5049	1.0083	3.0246	6.960	10.0264
		0.4968	1.0100	3.0065	7.090	10.0248
	平均值	0.50315	0.99993	3.00354	7.0009	10.0249

日期	组次	含沙量值				
		0.5	1	3	7	10
2019年5月6—10日	示值	0.5083	0.9967	3.0097	6.935	10.0172
		0.5033	0.9823	3.0424	7.000	10.0173
		0.5000	1.0034	3.0246	7.050	10.0171
		0.5033	0.9967	3.0065	6.935	10.0169
		0.4968	1.0083	2.9719	6.984	10.0172
		0.5049	1.0100	3.0062	6.960	10.0154
	平均值	0.4984	1.0017	3.0175	7.090	10.0174

日期	组次	含沙量值				
		0.5	1	3	7	10
2019年6月10—14日	示值	0.5033	0.9823	2.9719	7.090	10.0343
		0.4984	1.0034	3.0062	6.920	10.0331
		0.5049	0.9951	3.0175	7.090	10.0323
		0.4968	0.9967	2.9719	6.930	10.0354
		0.5049	1.0083	2.9672	7.050	10.0351
		0.5033	1.0100	3.0065	7.000	10.0343
		0.5083	1.0017	3.0097	6.960	10.0332
		0.4984	0.9967	3.0424	6.935	10.0349
		0.5033	0.9951	3.0246	6.984	10.0359
		0.5000	1.0034	3.0065	6.960	10.0365
	平均值	0.50216	0.99927	3.00244	6.9919	10.0345

续表

日期	含沙量值					
	组次	0.5	1	3	7	10
2019年7月15—19日	示值	0.5049	1.0100	3.0246	7.090	10.0138
		0.4968	1.0017	3.0065	6.930	10.0123
		0.5049	0.9967	2.9719	7.050	10.0112
		0.5033	1.0100	3.0062	7.000	10.0148
		0.5000	0.9823	3.0424	6.920	10.0122
		0.5083	1.0034	2.9719	7.050	10.0124
		0.5033	0.9951	2.9672	6.935	10.0115
		0.5000	0.9967	3.0175	6.984	10.0102
		0.4984	1.0083	3.0097	6.960	10.0144
		0.4968	1.0034	3.0424	6.930	10.0112
	平均值	0.50167	1.00076	3.00603	6.9849	10.0124

表2-54　　　　　　含沙量测定仪计量检定装置稳定性数据汇总表　　　（单位：kg/m³）

日期/示值	频率值 平均值	0.5	1	3	7	10
2018年12月10—14日		0.50248	1.00009	3.00771	6.9759	10.0258
2019年2月25—3月1日		0.5025	1.00058	3.00881	6.9889	10.0366
2019年4月1—5日		0.50315	0.99993	3.00354	7.0009	10.0249
2019年5月6—10日		0.50282	0.99799	3.01059	6.9894	10.0168
2019年6月10—14日		0.50216	0.99927	3.00244	6.9919	10.0345
2019年7月15—19日		0.50167	1.00076	3.00603	6.9849	10.0124
$F_{max}-F_{min}$		0.00148	0.00277	0.00815	0.025	0.0242
允许变化量		±0.014	±0.033	±0.092	±0.207	±0.181
结论		合格	合格	合格	合格	合格

结论：由表2-54可知，计量检定装置中含沙量计量标准稳定性小于计量标准最大

允许误差的绝对值。

2.4.5 机械搅拌式含沙量测量仪计量标准装置进行含沙量示值误差校准试验

选取测量范围为 0~10kg/m³ 的 OBS 3+浊度传感器作为样机以天然沙作为泥沙样进行示值误差试验,该 OBS 3+传感器为只有传感器探头无采集系统,采用自行编制采集卡程序进行数据采集得到电流数据。选取测量范围为 0~10kg/m³ 的 OBS 3+和 OBS 300 浊度传感器作为样机以人工沙作为泥沙样进行示值误差试验,该 OBS 3+和 OBS 300 浊度传感器为带采集系统的测量设备,可直接采集电压数据。

以天然沙作为泥沙样进行示值误差检定步骤如下。

(1) 在 0.1~1kg/m³ 范围内选取不少于 3 个含沙量测量值,并配制与其相应的含沙量标准场,按式(2-21)计算含沙量标准值:

$$S_i = \frac{m_i}{V_i} \tag{2-21}$$

式中,S_i 为第 i 个含沙量标准场的含沙量标准值(kg/m³);m_i 为配制第 i 个含沙量标准场需称量干泥沙样的质量(kg);V_i 为配制第 i 个含沙量标准场需称量纯净水和干泥沙样的体积(m³)。

(2) 将含沙量测量仪放入含沙量标准场工作区域内,运行 3min 后连续记录不少于 30 个电流信号值。

(3) 采用 3σ 准则剔除粗大误差,剔除粗大误差后的数据数量应不少于原数据的 90%,若少于应重新测量和记录,取有效数据平均值作为该含沙量测量仪输出的电流信号值。

(4) 对电流信号值与含沙量标准值进行线性拟合。

(5) 按拟合式(2-13)计算含沙量测量仪的含沙量拟合值,计算结果见表 2-55。

(6) 按式(2-22)计算含沙量测量仪的相对误差,计算结果见表 2-55。

$$\Delta_i = \frac{S_{ni} - S_i}{S_i} \times 100\% \tag{2-22}$$

式中,Δ_i 为第 i 个含沙量标准场中含沙量测量仪相对误差;S_{ni} 为第 i 个含沙量标准场中含沙量测量仪的含沙量拟合值(kg/m³);S_i 为第 i 个含沙量标准场中含沙量标准值(kg/m³)。

表 2-55　　　　　　　　　含沙量测量仪相对误差（OBS 3+）

分段	序号	含沙量标准值 （kg/m³）	含沙量测量仪电流值 （mA）	含沙量拟合值 （kg/m³）	相对误差
0.1~1 kg/m³	1	0.1	4.301	0.0981	-1.9%
	2	0.2	4.507	0.1943	-2.85%
	3	0.3	4.688	0.3128	4.27%
	4	0.4	4.855	0.4221	5.53%
	5	0.5	5.005	0.5203	4.06%
	6	0.6	5.157	0.6198	3.3%
	7	0.7	5.312	0.7212	3.03%
	8	0.8	5.457	0.8162	2.03%
	9	0.9	5.525	0.8607	-4.37%
	10	1.0	5.692	0.9700	-3.0%
1~5 kg/m³	1	1.5	6.266	1.4040	-6.40%
	2	2	6.793	1.9810	-0.95%
	3	2.5	7.341	2.5809	3.24%
	4	3	7.784	3.0659	2.20%
	5	3.5	8.218	3.5411	1.17%
	6	4	8.658	4.0228	0.57%
	7	4.5	9.117	4.5253	0.56%
	8	5	9.440	4.8789	-2.42%
5~10 kg/m³	1	5.5	9.9255	5.3709	2.35%
	2	6	10.171	5.8313	-2.81%
	3	6.5	10.5879	6.6133	1.74%
	4	7	10.911	7.2193	3.13%
	5	7.5	11.2012	7.7636	3.51%
	6	8.5	11.490	8.3052	-2.29%
	7	9	11.951	9.1699	1.89%
	8	9.5	12.0821	9.4158	-0.89%
	9	10	12.295	9.8151	-1.85%

（7）按步骤（1）~（6）的方法，在 1~5kg/m³ 和 5~10kg/m³ 范围内分别选取不少于 3 个含沙量测量值进行试验；试验结果见图 2-52~图 2-54。

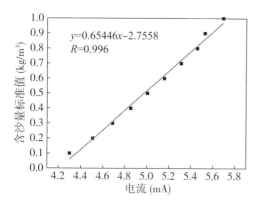

图 2-52　0.1~1kg/m³ 电流测量值与含沙量标准值拟合曲线

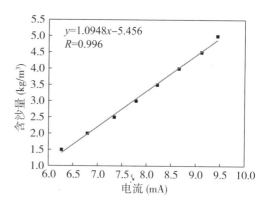

图 2-53　1~5kg/m³ 电流测量值与含沙量标准值拟合曲线

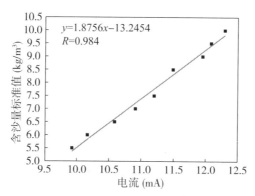

图 2-54　5~10kg/m³ 电流测量值与含沙量标准值拟合曲线

以人工沙作为泥沙样进行示值误差检定步骤如下所示。

(1) 在 0.01~0.1kg/m³ 范围内选取不少于 3 个含沙量测量值，并配制与其相应的含沙量标准场，按式(2-21)计算含沙量标准值。

(2) 将含沙量测量仪放入含沙量标准场工作区域内，运行 3min 后连续记录不少于 30 个输出电压值。

(3) 采用 3σ 准则剔除粗大误差，剔除粗大误差后的数据数量应不少于原数据的 90%，若少于应重新测量和记录，取有效数据平均值作为该含沙量测量仪的输出电压值。

(4) 对电压值与含沙量标准值进行线性拟合，拟合结果见图 2-55 和图 2-56。

(5) 按拟合式(2-21)计算含沙量测量仪的含沙量拟合值，计算结果见表 2-56。

(6) 按式(2-13)计算含沙量测量仪的相对误差，计算结果见表 2-56。

(7) 按步骤(1)~(6)的方法，在 0.1~1kg/m³、1~5kg/m³ 和 5~10kg/m³ 范围内分别选取不少于 3 个含沙量测量值进行试验；试验结果见图 2-57~图 2-62。

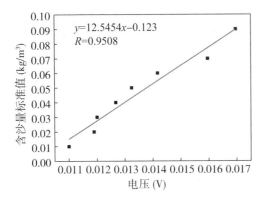

图 2-55　0.01~0.1kg/m³ OBS 3+电压测量值与含沙量标准值拟合曲线

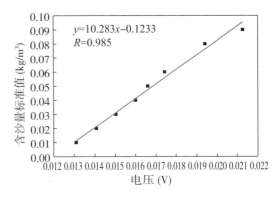

图 2-56　0.01~0.1kg/m³ OBS 300 电压测量值与含沙量标准值拟合曲线

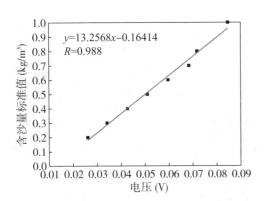

图 2-57　0.1~1kg/m³ OBS 3+电压测量值与含沙量标准值拟合曲线

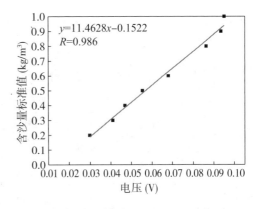

图 2-58　0.1~1kg/m³ OBS 300 电压测量值与含沙量标准值拟合曲线

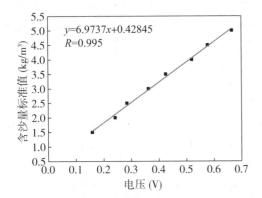

图 2-59　1~5kg/m³ OBS 300 电压测量值与含沙量标准值拟合曲线

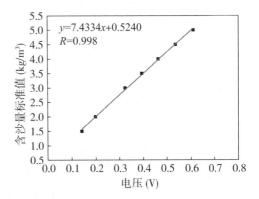

图 2-60　1~5kg/m³ OBS 3+电压测量值与含沙量标准值拟合曲线

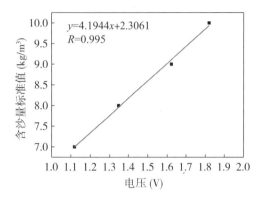

图 2-61 5~10kg/m³ OBS 300 电压测量值与含沙量标准值拟合曲线

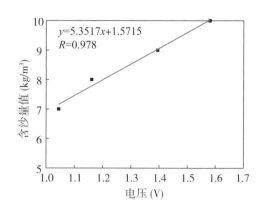

图 2-62 5~10kg/m³ OBS 3+浊度测量值与含沙量标准值拟合曲线

表 2-56 含沙量测量仪相对误差（OBS 3+和 OBS 300）

分段	序号	OBS 300				OBS 3+			
		含沙量标准值 (kg/m³)	电压值 (V)	含沙量拟合值 (kg/m³)	相对误差	含沙量标准值 (kg/m³)	电压值 (V)	含沙量拟合值 (kg/m³)	相对误差
0.1~1 kg/m³	1	0.2	0.0297	0.1886	−5.69%	0.2	0.0260	0.1810	9.51%
	2	0.3	0.0410	0.3182	6.05%	0.3	0.0341	0.2879	−4.03%
	3	0.4	0.0469	0.3858	−3.55%	0.4	0.0427	0.4019	−0.48%
	4	0.5	0.0554	0.4828	−3.43%	0.5	0.0510	0.5124	2.48%
	5	0.6	0.0681	0.6288	4.80%	0.6	0.0597	0.6273	4.55%
	6	0.8	0.0863	0.8367	4.58%	0.7	0.0684	0.7431	6.15%
	7	0.9	0.0936	0.9207	2.30%	0.8	0.0718	0.4881	−1.48%
	8	1.0	0.0952	0.9387	−6.13%	1.0	0.0843	0.9530	−4.70%
1~5 kg/m³	1	1.5	0.1589	1.5368	2.45%	1.5	0.1410	1.5721	4.81%
	2	2	0.2416	2.1132	5.66%	2	0.1979	1.9953	−0.23%
	3	2.5	0.2845	2.4124	−3.51%	3	0.3241	2.9331	−2.23%
	4	3	0.3626	2.9574	−1.42%	3.5	0.3940	3.4528	−1.35%
	5	3.5	0.4255	3.3961	−2.97%	4	0.4645	3.9769	−0.58%
	6	4	0.5204	4.0572	1.43%	4.5	0.5363	4.5102	0.23%
	7	4.5	0.5777	4.4574	−0.95%	5	0.6101	5.0593	1.19%
	8	5	0.6655	5.0693	1.39%				

续表

分段	序号	OBS 300				OBS 3+			
		含沙量标准值 （kg/m³）	电压值 （V）	含沙量拟合值 （kg/m³）	相对 误差	含沙量标准值 （kg/m³）	电压值 （V）	含沙量拟合值 （kg/m³）	相对 误差
5~10 kg/m³	1	7	1.1187	6.9982	-0.025%	7	1.0441	7.1592	2.27%
	2	8	1.3473	7.9572	-0.54%	8	1.1605	7.7821	-2.72%
	3	9	1.6219	9.1091	1.21%	9	1.3942	9.0330	-0.37%
	4	10	1.8190	9.9357	-0.64%	10	1.5797	10.0258	0.26%

2.5 本章小结

本章开展了含沙量测量仪计量装置的数学模型仿真、机械结构设计、计量方法及溯源技术研究等工作；研制了含沙量测量仪计量标准装置2套，验证了计量标准装置在0.1~30kg/m³浓度范围内的相对不确定度优于1%。具体情况如下：

（1）比较确立了通过建立均匀、稳定的悬沙场作为含沙量标准场用于计量，通过仿真计算得到的结果，选定确立了利用格栅组搅拌的方式作为实施方案来构建悬沙场。围绕装置进行了机械设计，具体包括格栅组自动输水装置、自动进沙装置、动力传输装置、支架和搅拌容器等，并对设计结果进行了实验验证。实验结果表明格栅组的振动可以达到6.5cm的运动行程和1.5Hz的振动频率，格栅组的形变量不小于1mm，机械结构满足装置需求。

（2）完成控制系统硬件电路设计和软件程序。具体包括人机交互界面、自动输水模块、自动进沙模块、搅拌模块，以及三种传感器通信模块。控制系统设计完成后对整个装置进行了实验验证，实验结果表明机械结构与控制系统配合可以使含沙量测量仪计量标准装置加料的误差在1%以内，并且装置可以根据不同的配比浓度将搅拌频率在1.5Hz和1Hz之间切换，具有配置均匀、稳定悬沙场的能力，满足装置需求。

（3）设计了一种新的多点同步采样装置，满足多点与同步的需求。采样具有灵活性、快速性、同步性、分立性及密封性等优点。经过实验研究证明了采样装置在满足采样需求的条件下可以正常工作。

（4）搭建的两套含沙量测量仪计量标准装置进行了均匀性和稳定性试验的验证，对两套装置进行了不确定度评定。不确定度评定结果表明在0.1~30kg/m³的含沙量浓度范围内，格栅式和机械搅拌式两套含沙量测量仪计量标准装置相对合成标准不确定度均小于1%。

（5）2套含沙量测量仪计量标准装置完成了对OBS系列传感器的校准，校准结果显示在含沙量浓度$0.1\sim10\text{kg/m}^3$的范围内，被检仪器的相对误差小于10%，符合含沙量测量仪器的使用需求。

第 3 章 港口航道淤积计量检测方法、计量标准装置及溯源技术

3.1 声波特性与淤积物密度关系

淤泥质海岸是由淤泥或杂以粉砂的淤泥(主要指粒径为 0.01~0.05mm 的泥沙)组成,多分布在输入细颗粒泥沙的大河入海口沿岸。我国淤泥质海岸主要分布在辽东湾、渤海湾、莱州湾、苏北、长江口、浙闽港湾和珠江口外等岸段,是我国大陆海岸的重要组成部分,长 4000 多千米,约占我国大陆海岸的 22%。归纳起来,淤泥质海岸大体可分为三类:淤泥质河口三角洲海岸、淤泥质平原海岸、淤泥质港湾海岸。

声波反射特性与淤积物密度关系研究旨在探究声学淤积厚度测量仪换能器低频声波信号在淤泥质海岸淤泥淤积厚度测量时,低频声波信号回波处淤积物的密度值与声波反射特性的关系。由于不同的厂家及型号的声学淤积厚度测量仪换能器的高低频率信号不同,因此低频声波信号回波处淤积物的密度值也不同,这将导致不同生产厂家的声学淤积厚度测量仪设备在同一浮泥厚度场中进行浮泥淤积厚度测量时,测得的淤积厚度测量结果不同,即淤积厚度量值的准确一致性较差,不能实现单位统一,量值准确、可靠。基于此,首先要分析超声波反射特性与淤泥淤积物内部反射界面处淤泥密度的关系;其次要研究浮泥淤积物的关键分界面密度值确定方法;最后根据构建的淤泥淤积场,定量分析声学淤积厚度测量设备声波发射特性与淤积物密度关系。

3.1.1 声波反射特性与淤积物密度关系分析

声波能量在介质中的传播主要包括声波反射、声波透射和声损失三部分。一般对于声波的反射、透射行为,我们分为两大类:分层介质界面的反射、透射行为与介质层的反射、透射行为。分层介质界面的声波行为只考虑不同介质间特性阻抗的差异导致的反射、透射现象,同向声波间不存在声波间的干涉,如图 3-1 所示,分界面的反射、透射系数是固定的,与声波的长短、频率无关。介质层的声波行为则至少涉及两

个分层介质界面，声波会在两个分层介质界面间往复运动，并在每一次接触分层介质界面时发生反射、透射，这时介质层的反射、透射系数是声波在单一频率且声场达到稳态时得到的，如图3-2所示。

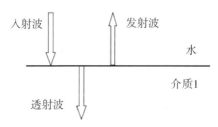

图3-1 声波接触分层介质界面的反射、透射行为示意图

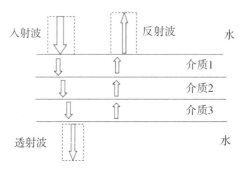

图3-2 介质层的反射、透射行为示意图

从声波的反射理论来看，声波的反射强度(I_r)与反射系数(R)具有一定的关系。

$$I_r = aR \tag{3-1}$$

式中，a 为与声波发射强度(I_i)相关的系数。

当声波(I_i)由介质Ⅰ(密度较小)入射到介质Ⅱ(密度较大)，一部分声压(P_r)在交界面处发生反射，另一部分声压(P_t)会透射到介质Ⅱ内部，如图3-3所示。声波在介质Ⅰ与介质Ⅱ界面处的反射系数为 R。

$$R = \frac{P_r}{P_t} \tag{3-2}$$

$$R = \left(\frac{\rho_2 c_2 - \rho_1 c_1}{\rho_2 c_2 + \rho_1 c_1} \right)^2 \tag{3-3}$$

通过电信号转换，可得声压与声反射界面深度 h 的关系式：

$$P = f(h) \tag{3-4}$$

结合式(3-1)~式(3-4)，可得

$$I_r = f(a, c_1, c_2, \rho_1, \rho_2) \tag{3-5}$$

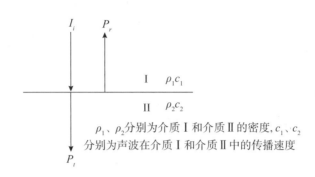

图 3-3 声波在介质中传播情况示意图

式中，a 为与发射声强相关的系数；h 为反射界面的深度；ρ_1、ρ_2 分别为介质Ⅰ和Ⅱ的密度，可以通过密度计测量得到；c_1、c_2 分别为声波在介质Ⅰ和Ⅱ中的传播速度，可以通过声速仪测量得到。

对于已知的淤积厚度分层介质模型，可得到反射声强与分层介质模型中反射界面深度的定量关系：

$$I_r = f(h) \tag{3-6}$$

使用音叉密度计可实时测量模型内的不同分界面处的淤积层密度，得到声波反射界面深度与淤积层密度关系曲线：

$$\rho = f(h) \tag{3-7}$$

综合式(3-6)和式(3-7)，可得声波反射强度与反射界面密度的定量关系。根据后文表3-1中的适航淤泥密度值，可得适航淤积密度值确定的声波反射强度：

$$I_r(a) = \rho \tag{3-8}$$

以上从理论的角度分析了实验模型中声波反射特性与模型淤积物关键层位密度关系，得到了声波反射特性与适航淤积密度值的对应关系。现从实验模型的角度定量分析声波发射特性与适航淤积密度值的对应关系，该方法将对港口航道声学淤积物厚度测量设备的研发测试具有重要意义。

3.1.2 浮泥淤积物的关键分界面密度值确定方法

在港口航道通航领域，通常使用超声波测深仪换能器高频声波信号(100~800kHz)测量港口航道水深，其水深反射面为水-淤泥的交界面，经大量实测资料证实这一反射面淤泥密度约为 1050kg/m³。因此，作为港口通航使用依据的图载水深(h)，是指当地理论基面至密度 1050kg/m³ 淤泥面的距离。而港口航道适航水深技术是利用自然资源，节省港口综合费用的一项技术,即在超声波测深仪换能器高频声波信号所测水深加上其反射面以下能确保船舶安全航行与停泊作业的小密度回淤层下界面的厚度。小密度回淤层的厚度称为适航厚度,如图3-4所示。

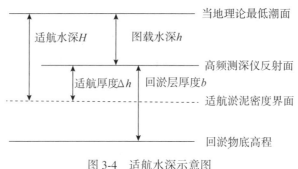

图3-4 适航水深示意图

适航厚度可作为不影响船舶通航的水深,适航厚度的确定既可以增大适航水深,同时也可以节省每年的航道清淤的费用。而适航淤泥密度值的确定是确定适航厚度的依据,也是解决适航水深技术的核心,该适航淤泥密度值即为浮泥淤积物关键分界面密度值。

适航淤泥密度值确定以后,适航厚度为密度 1050kg/m³ 淤泥面至适航淤泥密度值位置处的厚度。基于此,本章开展适航淤泥密度值的确定方法研究。

在港池航道中的淤泥,有不同的物理、力学、流变等工程地质性质,不同的工程领域应选用最具代表性的参数来分析淤泥的基本性质与变化规律。适航水深技术问题是研究船舶底部与淤泥层的作用(剪切或扰动),因此各国学者多用淤泥的流变参数如淤泥黏性、应力等来研究确定适航临界淤泥密度值。

目前,主要通过淤泥流变试验和船模阻力试验来综合确定适航临界淤泥密度值,以课题承担单位已有的厦门港海沧港区所取的淤泥为例进行适航临界淤泥密度值确定试验研究。

1. 流变试验

流变特性是淤泥的基本力学特性之一,是正确估计与合理预测航道、港湾泥沙冲淤和航道适航厚度的重要参数,是淤泥在外载荷(通常是剪切力)作用下变形和流动的特性,是表征淤泥细颗粒泥沙之间多种物理化学内聚力和斥力的综合参数。

河口及海洋环境中的黏性泥沙随水体含沙量不同而表现出不同的流变特性,呈现出从黏性流体到黏塑性流体、黏弹性流体和弹性固体逐步变化的力学状态(行为),这种力学状态的变化通过流变模型(本构方程)加以描述。通常,低浓度悬沙水体可视为黏性系数高于水的牛顿流体；随着含沙量增加，可以观测到凝胶现象的出现，即流体开始具有可测量的屈服应力，从而转化为浮泥。浮泥在脱水固结过程中，随着密度的增加由黏塑性状态(淤泥)过渡到黏弹性状态(软泥)，最终成为弹性固体的固结海床。

交通运输部天津水运工程科学研究院配置的流变仪为 R/S-cc 型流变仪(图 3-5)。其测量杯内径为 48.8mm，转子外径为 45mm，转子与测量杯缝隙为 1.9mm。该仪器通过一个经校验过的铍-铜合金的弹簧带动一个转子在液体中持续旋转，旋转扭矩传感器测得弹簧的扭变程度即扭矩，它与浸入样品中的转子被黏性拖拉形成的阻力成比例，因而扭矩与液体的黏度也成正比。流变仪采用液晶显示，显示信息包括黏度、温度、剪切应力/剪切率、扭矩、转子号/转速，以及程序运行跟踪等。其测量的数字信号输出接口则可以用于连接电脑等外围数据处理系统。同时，还配备了一套数据处理软件，可计算并显示某些关系曲线图。

图 3-5 R/S-cc 型流变仪

试验用泥沙样品配制应注意以下事项：

(1)视泥沙样品情况进行预处理，配制淤泥的流变试验样品需将淤泥结块充分打散、筛除贝壳等；而原状淤泥的流变试验样品则无须处理。

(2)配制多组不同密度的淤泥样品，密度范围一般可取 1050~1600kg/m^3，密度间隔尽量均匀，可取 20~50kg/m^3；原状淤泥的流变试验样品宜选取小部分用于密度测量，其密度值代表流变试验样品的密度值。泥样的密度测量须准确，可通过测量三次以上求算术平均值得出。

(3)每种密度的淤泥样品量至少应满足开展 3 组试验所需淤泥量。

(4)当采用从泥沙样品当地采集的天然水配制淤泥时，可直接与淤泥混合配制样品；当采用纯净水或自来水作为试验用水配制淤泥时，淤泥样品的盐度应尽量与取泥区的泥沙盐度相同。

(5)控制泥样的温度为要求温度，不同组样品的温度应相同。

试验开展步骤如下所示：

(1) 将适量配制好的泥样装入流变仪测量杯内，并注意排出空气；静置 3~5min，使装筒过程中受扰动的淤泥结构得以恢复。

(2) 样品应保持在设定的恒温条件下进行静置、测试。

(3) 根据试验目的选取控制剪切率或控制剪应力的模式，设定相应的剪切率或剪应力测量范围，以及剪切率或剪应力的增加方式，然后开展试验。

(4) 测量结束后，导出测量数据；然后将测量杯中的泥样倒入专用回收容器，并清洗测量杯。

(5) 用干布擦干测量杯内外壁，再装入同组泥样进行第二次、第三次测量。每次测量前都应重新装泥，不可一次装泥重复测量，而且测量后的泥样应倒入回收容器，不可倒入待测泥样中重复使用。

(6) 将 3 次测量数据进行对比，若重复性很好，则进行下一组泥样的测量；否则，应再次装入泥样测量以保证试验结果的稳定性。

(7) 针对不同密度泥样的试验数据，分别绘制剪应力与剪切率的关系曲线及黏度与剪切率曲线。为了显示低剪切率时的数据，可采用对数坐标。

(8) 根据泥样密度及流变曲线选用合理的流变基本模型，拟合出剪应力-剪切率、黏度-剪切率的关系式，进而得到相关流变参数。

(9) 屈服应力的测定方法主要有直接法和间接法两种。直接法是对泥沙样本施加逐渐增加的应力直到泥沙开始屈服产生流动，泥沙开始流动时相应的应力值即为屈服应力值；此外，还可以通过十字板法等测量泥沙的屈服应力值。间接法可通过对所测得的流变曲线外推到零剪切速率时对应的应力值来确定，也可对流变曲线进行模型拟合，如宾汉屈服应力等。

利用试验所测定的试验数据，绘制淤泥剪应力与剪切率关系，并采用宾汉模型研究流变特性，得出屈服应力，进而绘制屈服应力与泥沙密度的关系，图 3-6 为屈服应力与泥沙密度关系曲线图示例。由图可知，当泥沙密度较小时，随密度变化，屈服应力并无明显变化，但当泥沙密度增加到一定数值时，密度再增加，则屈服应力迅速增加，根据国内外经验，这个临界值可以作为适航淤泥密度值。从图 3-6 中可以判定，临界值在 1203~1244kg/m³ 之间。

2. 船模阻力试验

在不具备进行实船试验的条件，而采用船模在实际淤泥中运动，进行阻力变化测量，是一种较直观的试验方法，为合理确定适航水深的标准密度提供了更可信赖的依据。船模阻力试验设备由船模、动力系统、泥浆搅拌器、测力系统及数据处理软件等

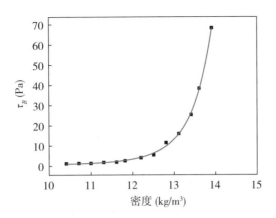

图 3-6　泥沙样品的屈服应力和淤泥密度关系

构成。在实验室内将从现场采集的数吨泥沙充分混合并搅拌均匀。配制不同密度的淤泥 10 组以上，密度一般介于 1060～1427kg/m³ 之间，其中每组淤泥的密度差值可为 30.6kg/m³。为了相互对比，试验时采用不同的船模速度，分别为 10cm/s、20cm/s、30cm/s、40cm/s、55cm/s、60cm/s。试验时，首先配制某一密度的泥样，并借助泥浆搅拌器进行搅拌，然后对放置在泥样中的船模进行配载，使之达到预定的吃泥深度，再按不同级船速进行试验。当该密度淤泥的试验完成后，再向淤泥中加入定量的清水配制成不同密度的泥样，即试验从大密度淤泥开始，逐组减小泥样密度。

实验测量了船模在不同密度淤泥中以不同船速运行时受到的阻力，并绘制各船速时阻力与淤泥密度的关系曲线，如图 3-7～图 3-12 所示。通过实验可以看出，无论船模是以何种速度运动，在淤泥密度较小时，阻力的变化都很缓慢，当淤泥密度达到某一临界值后，随密度增大而迅速增大。经图 3-7～图 3-12 可查泥沙的临界密度值变化范围介于 1213～1244kg/m³ 之间。

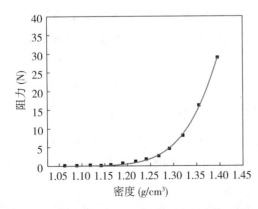

图 3-7　船模速度为 10cm/s 时阻力与密度的关系曲线

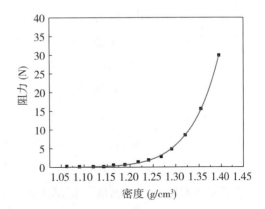

图 3-8　船模速度为 20cm/s 时阻力与密度的关系曲线

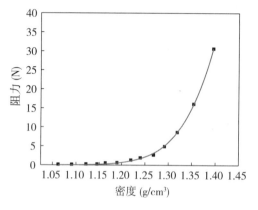
图 3-9 船模速度为 30cm/s 时阻力与密度的关系曲线

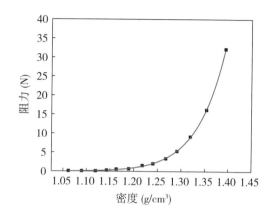
图 3-10 船模速度为 40cm/s 时阻力与密度的关系曲线

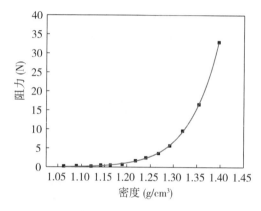
图 3-11 船模速度为 55cm/s 时阻力与密度的关系曲线

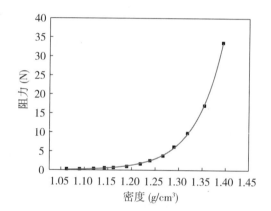
图 3-12 船模速度为 60cm/s 时阻力与密度的关系曲线

3. 适航淤泥密度值的确定

对于适航淤泥密度值的确定，主要是通过淤泥流变试验和船模阻力试验这两种室内试验来确定，即建立屈服应力与淤泥密度的关系曲线、船模阻力与淤泥密度的关系曲线，进而以曲线中的拐点作为适航淤泥密度值。我们全面分析流变试验和船模阻力试验确定的结果，流变试验确定的适航淤泥密度值介于 1213~1244kg/m³ 之间，船模阻力试验确定的适航淤泥密度值介于 1203~1244kg/m³ 之间，参照国内外类似港口的标准值(表 3-1)，从保证船舶航行的安全考虑，得到适航淤泥密度为 1233kg/m³。

国内外使用适航水深技术的港口，对应的适航淤泥密度值并不完全相同，将目前各港口使用的适航淤泥密度值汇总于表 3-1。

适航淤积密度值的确定能够很好地指导声学淤积厚度测量设备的改进，下一小节从理论的角度分析实验模型中声波反射特性与模型淤积物关键层位密度的关系。

表3-1　　　　　　　　　　国内外有关港口适航淤泥密度值

国家	港口名称	标准值	
		重度（kN/m³）	密度（kg/m³）
英国	英国标准《海工建筑》（BS6349）	11.8	1203
荷兰	鹿特丹	11.8	1203
法国	波尔多	11.8	1203
	南特·圣纳泽尔	11.8	1203
	敦刻尔克	11.8	1203
德国	埃母登	12.0~12.2	1223~1244
	威廉	12.0	1223
委内瑞拉	马拉开波	11.8	1203
苏里南	帕拉马里博	12.1	1233
印度	科钦	11.8	1203
中国	天津港	12.7	1295
	国华台山电厂煤港	12.3	1254
	连云港	12.2（港池泊位12.4）	1244（港池泊位1264）
	深圳港大铲湾港区	12.2（主要用于港池）	1244（主要用于港池）
	广州港南沙港区一二期港池	12.3（主要用于港池）	1254（主要用于港池）
	深圳西部港区	航道11.8，港池12.2	航道1203，港池1244
	厦门港海沧港区	12.1	1233
	珠海电厂	12.3	1254
	苍南电厂	12.0	1223

3.1.3 声波特性与淤积物密度关系定量分析

1. 试验装置及测试环境构建

试验装置与测试环境是声波特性与淤积物密度关系定量分析的基础。根据初步不确定度评定要求，试验水池应至少满足2.5m的水深条件，考虑实际淤积厚度测量设备的工作条件、考核指标及经费预算，原计划改造的试验水池施工难度较大、工程周期较长，因此新建了试验水池，配合试验水池研制了搅拌装置、位移机构及控制系统，以满足设计指标要求。

1）试验水池设计

新建尺寸为 4m（长）×4m（宽）×3m（高）的试验水池一座，在两面墙壁上设计 4 个透明玻璃观察窗，便于对试验过程进行观察与控制，如图 3-13 所示。

图 3-13　试验水池建成图

对水池进行升级改造，在水池内拉钢筋打隔断，将水池分成 4 个功能区域，淤泥质淤积物试验区、替代材料试验区、粉砂质淤积物和砂质淤积物试验区，如图 3-14 所示。淤泥质淤积物试验区用于完成声波发射特性与淤积物密度关系定量分析，替代材料试验区用于完成替代材料标准样板淤积厚度场构建，备用区粉砂质淤积物和沙质淤积物试验区用于粉砂质和砂质类型淤积厚度场构建。为了防止声波反射对测量结果的干扰，替代材料试验区改造成六面消声水池，水池结构实拍图见图 3-15，在该水池中进行替代材料标准样板淤积厚度场构建和声学淤积厚度测量仪示值误差试验。

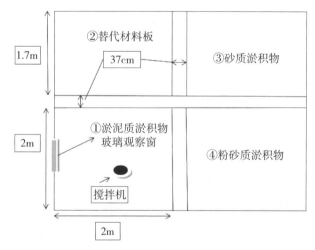

图 3-14　试验水池改造及分区示意图

图 3-15　六面消声水池实拍图

2) 搅拌装置设计及试验

针对原有装置功率不足、转速过慢、无法在试验水池内形成均匀淤积场的不足，将原有的 1.5kW 电机与减速比为 1∶23 的减速机升级为 4kW 电机及减速比为 1∶11 的减速机并配备变频器，提高了装置的搅拌功率、转速，实现了装置转速的实时调整。2 套搅拌装置在 2.7m 水深条件下淤泥进行搅拌试验，2 套搅拌装置每套都是 2 层搅拌叶片，搅拌时间为 7 天，搅拌后的水和淤泥混合物的平均密度为 1050kg/m³。试验结果表明升级后的 2 套搅拌装置能够满足均匀搅拌的试验需求。

搅拌均匀后的水和淤泥混合物采用自然沉降方式进行落淤，4 天后开始对形成浮泥淤积厚度场进行监测，同时采用声学淤积厚度测量仪进行淤积厚度测量，从测量结果可以看出，自然沉降 26 天后，声学淤积厚度测量仪换能器低频信号声波依然能够穿透淤积厚度，在浮泥和水池底面混凝土处返回，这个结果不太理想。因此，需要继续对搅拌装置进行改造。

改造水池后，同时对搅拌装置进行改造，搅拌装置保留 1 套，搅拌扇叶去掉一层并调整扇叶位置到距水池底面 0.8m，目的是更真实地模拟天然航道中的淤泥淤积物。通过搅拌扇叶的改造，搅拌机搅拌一段时间后，水池底部一部分淤积没有被搅拌起来，一部分淤积被搅拌起来，通过声学淤积厚度测量仪测试试验，其换能器低频信号在淤积厚度场中间层位某处返回，符合现场淤积厚度测试环境要求。搅拌扇叶及位置纵剖面如图 3-16 所示。

3) 垂直升降系统

为了实现对淤积场的测量，在测试平台沿平行导轨 2 侧需要设计加工 2 套精密垂直升降机构，分别用于安装双频测深仪换能器及音叉密度计等设备沿池面垂直方向的精密运动。垂直升降机构采用 PLC 模块对其进行实时位置控制与运行状态监测，通过液晶屏幕进行升降机构参数设置并实时显示运动位置信息。

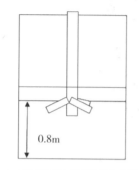
(a)搅拌扇叶纵剖面示意图

(b)搅拌扇叶实物图

图 3-16 搅拌扇叶纵剖面示意图

垂直升降机构共设计 2 套,每套装置由 110BYG 单相混合式伺服电机、LGK 系列开放式精密钢带光栅尺、编码器和丝杠等组成。110BYG 单相混合式伺服电机可驱动搭载测量设备升降,其转速可达 600 转/s,静态转矩可达 20N·m,满足搭载测量设备质量和升降速度。LGK 系列开放式精密钢带光栅尺是一种数字化关键功能部件或高精度测量基准器,被广泛用于各种数控或智能装备、系统、仪器运行位置的精准测量、定位及控制反馈。LGK 系列开放式精密钢带光栅尺(以下简称"光栅尺")和编码器可实时反馈数据形成闭环控制,控制精度为 0.5mm,由于被检双频测深仪为厘米级的设备,分辨力为 1cm,因此选择的控制双频测深仪换能器垂向升降的光栅尺的精度不需要太高,选择 0.1mm 完全够用。电机通过丝杠与光栅尺连接,能够保证测量设备升降高度的精准性。丝杠是将旋转运动转化成直线运动,由于它具有很小的摩擦阻力,因此滚珠丝杠被广泛应用于各种工业设备和精密仪器。滚珠丝杠是将回转运动转化为直线运动,或将直线运动转化为回转运动的理想的产品。

升降机构功能如下:利用齿条钢轨道和操作手柄控制前后移动;单相混合式伺服电机采用定位或定速模式驱动测量设备升或降,由 LGK 系列开放式精密钢带光栅尺和编码器实时反馈高程数据,形成闭环调节;光栅尺数据同时反馈给光栅尺操作屏,并根据需求对测量设备进行高程校正定位;行程开关进行高、低限位保护,防止测量设备脱落或卡死。

垂向定位控制系统安装完毕后,用于安装被检设备换能器。为了验证安装后垂向定位控制系统的设置行程与光栅位移传感器实际显示行程之间的示值误差,分别对 1 号和 2 号垂向定位控制系统的正行程和负行程进行测试,测试结果分别见表 3-2 和表 3-3。从表 3-2 中可以看出 1 号垂向定位控制系统的最大行程示值误差为 -0.48mm,2

号垂向定位控制系统的最大行程示值误差为 0.64mm。

表 3-2　　　　　　　　　垂向定位控制系统运行测试(1 号)　　　　　　　　(单位：mm)

序号	光栅尺读数 ×10^{-2}	间隔距离 ×10^{-2}	输入距离 ×10^{-2}	行程示值误差
1	0			
2	-9985	10003	-10000	0.15
3	-19988	10001	-20000	0.12
4	-29989	10000	-30000	0.11
5	-39989	10008	-40000	0.11
6	-49997	-9995	-50000	0.03
7	-40002	-9997	-40000	-0.02
8	-30005	-9987	-30000	-0.05
9	-20018	-9970	-20000	-0.18
10	-10048	-10090	-10000	-0.48

表 3-3　　　　　　　　　垂向定位控制系统运行测试(2 号)　　　　　　　　(单位：mm)

序号	光栅尺读数 ×10^{-2}	间隔距离 ×10^{-2}	输入距离 ×10^{-2}	行程示值误差
1	0			
2	-10003	10060	-10000	0.03
3	-20063	9913	-20000	0.63
4	-29976	10088	-30000	-0.24
5	-40064	9927	-40000	0.64
6	-49991	-9839	-50000	-0.09
7	-40052	-10143	-40000	0.52
8	-30009	-9997	-30000	0.09
9	-20012	-10018	-20000	0.12
10	-9994	-10020	-10000	-0.06
11	26			

4)平面位移系统

平面二维位移系统用于控制被检设备换能器在平面上的运动,采用两台直流电动机经过变速齿轮驱动横梁纵向移动,通过硬件设置直流电动机速度,由 PLC 控制行程及方向,同时激光传感器实时监测横梁运行距离并及时主动反馈。试验平台由 PLC 控制一台直流电动机启停及方向形成横向移动。

5)三维远程控制监测系统(淤厚监测 App)

淤厚监测 App 为本位移机构及控制系统配套的平板电脑端软件。淤积厚度测量仪校准装置主要由 5 台电机、2 台光栅位移传感器和 1 台激光测距仪组成。本系统可实现对电机进行远程控制操作,并实时展示 2 台光栅位移传感器和 1 台激光测距仪监测数据。该淤厚监测 App 主要功能包括电机控制、电机实时状态、实时测量数据、动画效果和其他功能。淤厚监测 App 运行截图如图 3-17 所示。

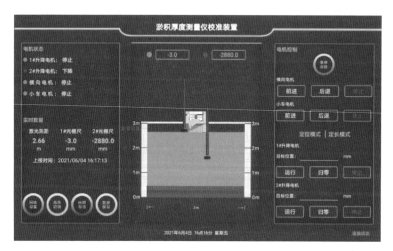

图 3-17　App 运行截图

2. 声波发射特性与淤积物密度关系定量分析

我们通过租赁船舶和请工人在天津港港池内进行了现场泥样的采集,图 3-18(a)为港池内采集上来的泥样图,图 3-18(b)为现场泥样装桶运回图。在水池淤积物区构建试验模型,将现场采样的数吨淤泥进行充分打散、筛除贝壳,然后全部加入实验模型水池,实验模型水池见图 3-19。

以构建的实验模型为基础,以 ODOM Ⅲ 淤积物厚度测量仪为测量仪器,模型中水深 2.726m,淤积物厚度测量仪换能器下端发射面位于水下 0.5m 处,设置高频发射频率为 200kHz,改变低频发射频率分别为 33kHz、24kHz 和 12kHz,得到低频反射面距

水面的距离 h，将低频换能器发射信号频率 f 与反射界面距水面距离 h 进行数据拟合，得到拟合公式和拟合曲线见图 3-20。得到低频反射面距水面的距离 h 后，将音叉密度计放置于低频反射界面位置处，测量该位置的淤泥密度 ρ，测量结果见表 3-4。将淤泥密度 ρ 与反射界面距水面距离 h 进行数据拟合，得到拟合公式和拟合曲线见图 3-20~图 3-22。

(a)   (b)

图 3-18   天津港浮泥采样

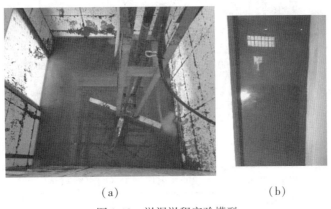

(a)   (b)

图 3-19   淤泥淤积实验模型

根据声波反射界面水深 h 与声波发射频率信号和反射界面处密度值的对应关系，得到声波发射频率和反射界面处密度值的对应关系，如图 3-22 所示。

拟合公式为

$$y = -0.0000176x^2 - 0.0135x + 68.75 \tag{3-9}$$

根据研究确定的表 3-4 中天津港的适航淤泥密度值为 1295kg/m^3，根据上式的声波发射频率信号与反射界面处密度值关系式，可计算与适航淤积密度值对应的 ODOM Ⅲ 设备的声波低频发射频率值为 22kHz。

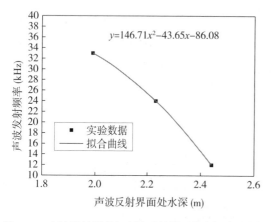
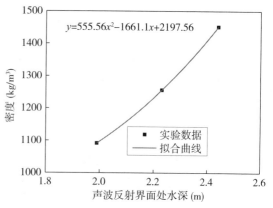

图 3-20 声波发射频率与声波反射界面处水深关系曲线　　图 3-21 声波反射界面处水深与密度关系曲线

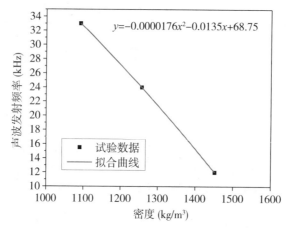

图 3-22 声波发射频率与声波反射界面处密度关系曲线

表 3-4　　　　　　　　　　　　　试 验 记 录

频率	频率 f(kHz)	频率反射位置距水面距离 h(m)	密度 ρ(kg/m³)
高频发射频率	200	1.80	1032
低频发射频率	33	1.99	1092
低频发射频率	24	2.23	1256
低频发射频率	12	2.44	1452

3.2　淤积厚度场构建技术及测试方法

淤积厚度场构建技术及测试方法研究主要包括不同类型的淤积厚度场构建及相应

的计量测试方法研究。淤积厚度场构建以工程现场真实的淤积类型为原型,在实验室内铺设淤积厚度场,主要包括淤泥质港口、粉砂质港口和砂质港口三种主要的淤积类型,三种不同淤积类型港口的泥沙淤积物具有不同的泥沙粒度分布,尤其淤泥质港口的淤泥,具有不同的物理、力学、流变等工程地质性质。下面具体研究不同类型淤积厚度场构建技术及测试方法。

3.2.1 淤泥质港口淤积厚度场构建技术及测试

1. 淤积厚度场构建技术及测试

根据适航淤泥密度值的确定方法,以天津港港池取样的数吨淤泥作为构建淤积厚度场的淤积物,天津港港池的淤泥粒度分布曲线如图 3-23 所示。

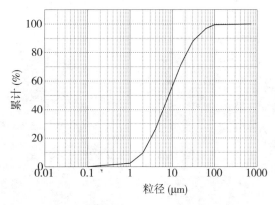

图 3-23 天津港港池淤泥粒度分布曲线

将现场采样的数吨淤泥进行充分打散、筛除贝壳,然后全部加入实验模型水池,实验模型水池如图 3-24 所示,用 2 台 4kW 电机及减速比为 1∶11 的减速机并配备变频器的搅拌装置在 2.7m 水深条件下淤泥进行搅拌试验,搅拌装置如图 3-25 所示,搅拌时间为 7 天,搅拌后的平均密度为 1050kg/m³。

搅拌均匀后,采用自然沉降的方法,将声学淤积厚度测量仪换能器和音叉密度计固定在垂直升降机构的丝杠上,定期记录声学淤积厚度测量仪的高低频反射面的水深值和音叉密度计的深度和密度曲线,淤积厚度场的均匀性采用自行设计采样器对淤积厚度场多测线各层淤积物进行采样。

淤积厚度场构建试验步骤:

(1)试验模型水池中放水至 1.5m,将现场采样的数吨淤泥进行充分打散、筛除贝壳，然后全部加入实验模型水池，继续放水至2.7m处。

图3-24 淤积厚度场实验模型水池

（a）1号搅拌装置

（b）2号搅拌装置

图3-25 搅拌装置

（2）打开两个搅拌装置控制器开关，调节搅拌装置位置，通过调节2个搅拌装置随时间的位置变化实现对水和淤泥的均匀搅拌，搅拌时间为7天，试验模型水池中平均浮泥密度通过音叉密度计对典型点进行测量取平均值得到。

（3）搅拌完成后采用自然沉降的方法进行落淤，24h后模型水池中开始出现明显的水和浮泥分界面，如图3-26所示，96h后，开始对淤积物密度和淤积厚度进行监测。

（4）使用淤积厚度控制系统对丝杠进行升降控制，控制系统如图3-27所示，丝杠带动光栅尺，可对音叉密度计进行精密的升降控制。

(5) 使用音叉密度计对淤积物密度进行密度测量前，先对音叉密度计的温度和压力传感器进行校准，然后在淤积厚度场中均匀选取 6 条测线对淤积厚度场进行测量；间隔 24~48h 进行一次测量，4 个典型测量结果见图 3-28~图 3-31。

(6) 使用采样器对淤积厚度场进行典型点采样，采样器见图 3-32，采样点布置图见图 3-33，使用密度盒方法对采样淤泥进行密度计算。

以自然沉降 24 天为例，淤积厚度为 26cm，淤积密度场均匀度测量方法：将密度盒清洗擦拭干净，然后将密度盒进行标号，如图 3-34 所示，用电子天平称量密度盒的质量 m_i，将密度盒装满水，然后将水导入量筒中，读取量筒读数 v_i。

在淤积厚度场中按照图 3-33 布置的采样点，用采样器进行取样，用密度盒装满淤泥样，然后用电子天平称量密度盒和淤泥样的质量 M_i，按式(3-10)计算采样点的密度值，结果见表 3-5，按式(3-11)计算采样点密度的算术平均值 $\bar{S}$，按式(3-12)计算淤积厚度场不同深度层密度值均匀度，结果见表 3-6。

$$S_i = \frac{M_i - m_i p}{v_i} \tag{3-10}$$

$$\bar{S} = \frac{\sum_{i=1}^{6} S_i}{6} \tag{3-11}$$

$$E = \frac{S_{\max} - S_{\min}}{\bar{S}} \tag{3-12}$$

式中，E 为淤积厚度场密度值均匀度；$S_{\max}$ 为距底 5cm、15cm 处采样点淤泥密度最大值(kg/m³)；$S_{\min}$ 为距底 5cm、15cm 处采样点淤泥密度最小值(kg/m³)；$\bar{S}$ 为距底 5cm、15cm 处采样点淤泥密度平均值(kg/m³)。

图 3-26　水和浮泥分界面

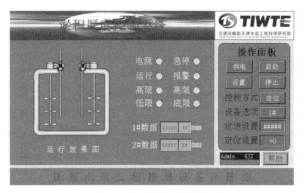

图 3-27 淤积厚度控制系统

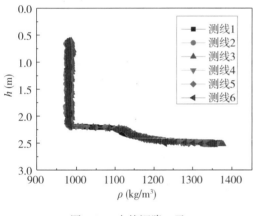

图 3-28 自然沉降 7 天

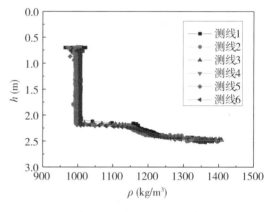

图 3-29 自然沉降 11 天

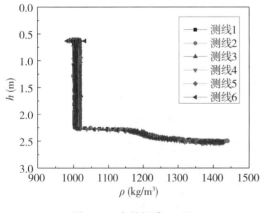

图 3-30 自然沉降 15 天

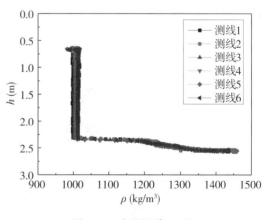

图 3-31 自然沉降 20 天

第3章 港口航道淤积计量检测方法、计量标准装置及溯源技术

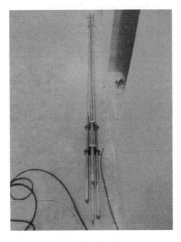

图 3-32 采样器

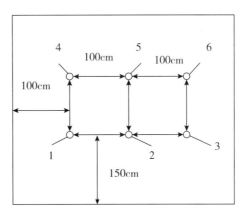

图 3-33 采样点布置图

图 3-34 密度盒

表 3-5　　　　　　　　　　　采样点密度

采样点序号	距底 5cm 处				距底 15cm 处			
	密度盒质量(g)	密度盒与泥样的质量(g)	密度盒体积(mL)	采样密度(g/mL)	密度盒质量(g)	密度盒与泥样的质量(g)	密度盒体积(L)	采样密度(g/mL)
1	24.97	224.20	151	1.319	25.19	208.20	151	1.212
2	25.06	226.18	152	1.323	24.78	206.82	151	1.206
3	24.55	221.17	150	1.302	24.97	208.21	150	1.222
4	25.15	224.40	151	1.320	25.26	207.97	151	1.210
5	25.18	224.60	152	1.312	24.98	208.60	151	1.216
6	24.68	221.03	150	1.309	25.08	207.03	150	1.213

表 3-6　　　　　　　　　　淤积厚度场不同深度层密度值均匀度

序号	距底 5cm 处（kg/m³）	距底 15cm 处（kg/m³）
1	1.319	1.212
2	1.323	1.206
3	1.302	1.222
4	1.320	1.210
5	1.312	1.216
6	1.309	1.213
平均值	1.314	1.213
均匀度	1.6%	1.32%

从图 3-28~图 3-31 可以看出，在淤积厚度场中均匀选取 6 条测线，采用音叉密度计进行各测线垂向密度分布测量，得到 6 条测线垂线密度分布一致，由此可证明淤积厚度场自然沉降后，厚度及密度分布均匀。该淤泥质淤积厚度场构建方法及监测结果与预期的一致，可开展淤泥淤积厚度计量测试方法研究。

2. 淤积厚度测量方法分析与确定

现场泥沙淤积厚度测量技术主要包括取样测厚度法、测深砣法、γ 射线法、超声波测量法、音叉密度计法和耦合测量法等。取样测厚度法和测深砣法测量精度低，γ 射线密度计虽然测量精度高，但探头内有放射性同位素，存在潜在的危险，声学剖面仪和声学密度计只适用于淤积物密度范围较小的情况，这些都不能满足实验室环境下淤积物测量的要求。音叉密度计是音叉振动密度计的简称，在电子电源的控制下，音叉的一条腿以一定频率振动，另外一条腿则会产生谐振，谐振可以被测量记录，得到谐振频率和电压值。因为谐振频率和电压值与所插入的介质的流变特性和密度有关，所以对谐振频率和电压值进行分析计算就可得到介质的流变特性和密度值。例如，Densitune 音叉密度计密度测试误差小于测量值的 1%，密度量程为 1000~1800kg/m³，水下深度量程为 0~60m，深度测量误差小于测量值的 0.15%，其具有高敏度和高准确度。

综合考虑各测量方法的优缺点，在以淤泥为原型构建的淤积厚度场中，淤积厚度测量方法采用音叉密度计配合钢带光栅尺进行淤积厚度测量。同时对双频测深仪测深示值误差进行测试试验。

3. 淤积厚度测量试验和双频测深仪示值误差试验

淤积厚度测量步骤和双频测深仪示值误差测试试验步骤如下所示：

(1)试验模型水池采用混凝土整体浇筑完成,水池中放水至1.5m,将现场采样的数吨淤泥进行充分打散、筛除贝壳,然后全部加入实验模型水池中,继续放水至2.7m处。

(2)打开2个搅拌装置控制器开关,调节搅拌装置位置,通过调节2个搅拌装置随时间的位置变化实现对水和淤泥的均匀搅拌,搅拌时间为7天。

(3)搅拌完成后采用自然沉降的方法进行落淤,5天后,模型水池中开始出现明显的水和浮泥分界面,用钢直尺从4个观察窗上测量并记录淤积厚度值,具体见表3-7,用声速剖面仪测量水池中的声速值v。

(4)将双频测深仪换能器和1号光栅尺安装在1号丝杠的上固定,将音叉密度计、2号光栅尺安装在2号丝杠上固定,将1号光栅尺和2号光栅尺在水面处定零,使用淤积厚度控制系统对1号丝杠进行升降控制,将双频测深仪换能器底部降到水面下0.3m处。

(5)使用淤积厚度控制系统对2号丝杠进行升降控制,调节2号光栅尺至水和淤泥分界面附近后,使音叉密度计每次下降1mm,直到音叉密度计音叉下缘接触到水和淤泥分界面,读取光栅尺读数h_1,音叉密度计继续下降至水池底部,读取光栅尺读数h_2,按式(3-13)计算淤积厚度Δh,读数和计算结果见表3-8。

$$\Delta h = h_2 - h_1 \tag{3-13}$$

(6)将声速值输入双频测深仪,然后调节双频测深仪的微调旋钮,待读数稳定后读取双频测深仪高频测深值h_3和低频测深值h_4,采用式(3-14)计算双频测深仪测量的淤积厚度值Δh_s,读数和计算结果见表3-8。

$$\Delta h_s = h_4 - h_3 \tag{3-14}$$

(7)按式(3-15)计算双频测深仪的示值误差C,计算结果见表3-8。

$$C = \Delta h_s - \Delta h \tag{3-15}$$

(8)按步骤(3)~(7)分别对7天后、10天后、12天后、15天后、18天后和26天后的淤积厚度用钢直尺从4个观察窗上测量并记录淤积厚度值,具体见表3-7。同时进行双频测深仪示值误差的计算,计算结果见表3-8。

表3-7　　　　　　　　　　**观察窗淤积厚度值**　　　　　　　　　　(单位:cm)

自然沉降	1号观察窗淤积厚度	2号观察窗淤积厚度	3号观察窗淤积厚度	4号观察窗淤积厚度	4个观察窗淤积厚度平均值	各观察窗淤积厚度最大差值
5天	39	38.5	39.5	39.5	39.125	−0.625
7天	36	35.7	36.9	36.8	36.35	−0.65
10天	33.6	33.1	33.6	33.4	33.425	−0.325

续表

自然沉降	1号观察窗淤积厚度	2号观察窗淤积厚度	3号观察窗淤积厚度	4号观察窗淤积厚度	4个观察窗淤积厚度平均值	各观察窗淤积厚度最大差值
12天	31.7	31.2	32.2	31.7	31.7	0.5
15天	30.5	29.5	30.7	30.3	30.25	-0.75
18天	29.5	28.8	29.8	29.0	29.075	0.725
26天	27.5	27.1	27.6	27.2	27.35	0.25

表3-8　　　　　　　　　　　　试验记录及计算　　　　　　　　　　（单位：cm）

自然沉降	光栅尺读数		ΔL_1	双频测深仪读数		ΔL_2	示值误差 C
	$h_1 \times 10^{-3}$	$h_2 \times 10^{-3}$		高频测深值 h_3	低频测深值 h_4		
5天	-136005	-176505	40.50	184	227	43	-2.5
7天	-140998	-176998	36.00	188	227	39	-3.0
10天	-142497	-176497	34.00	192	227	35	-1.0
12天	-143999	-176499	32.50	192	226	34	-1.5
15天	-145800	-176500	30.70	194	226	32	-1.3
18天	-148200	-176500	28.30	196	226	30	-1.7
26天	-149455	-176455	27.00	196	225	29	-2.0

4. 淤积厚度测量过程中的不确定度分析及评定

以自然沉降26天为例，水深2.6m，淤积厚度为26cm，对淤积厚度测量过程中的不确定度影响量进行分析如下：

淤积厚度测量不确定度主要由淤泥淤积场中淤积厚度测量引入，标准器本身、受温度影响和安放误差引入，淤积厚度不均匀引入等。

1) 淤积厚度测量数学模型

$$h = h_1 + \Delta h_J + \Delta h_1 + \Delta h_2 \tag{3-16}$$

式中，h 为淤积厚度值(cm)；h_1 为光栅尺与音叉密度计测量得到的淤积厚度值(cm)；Δh_J 为淤积厚度不均匀引入的淤积厚度测量结果的变化(mm)；Δh_1 为温度变化对光栅尺测量的影响引入的淤积厚度测量结果的变化(mm)；Δh_2 为光栅尺安放误差引起的淤积厚度测量结果的变化(mm)。

式(3-16)中，h、h_1、Δh_J、Δh_1、Δh_2 间相互独立，灵敏度系数均为1。

2) 计算分量不确定度

(1)计量标准器所引入的测量不确定度分量 $u(h_1)$。

淤积厚度计量标准拟采用光栅位移传感器作为主标准器,引入的不确定度分量主要包括以下三部分。

①计量标准器对淤积厚度测量引入的不确定度 $u(h_{11})$。

光栅尺的准确度为±5μm/m,估计其为均匀分布。在测量的过程中,淤积厚度测量主要集中在 2m 处,在此处的最大允许误差为±10μm。

因此由计量标准器对淤积厚度测量所引入的不确定度估计为

$$u(h_{11}) = \frac{10}{\sqrt{3}} = 5.77 \mu m$$

②计量标准器安装引入的测量不确定度 $u(h_{12})$。

计量标准器安装会导致计量标准器和淤积厚度场中淤积厚度不处在平行的位置,因此可采用测量不确定度的 A 类评定的方式,对其引入的测量不确定度进行评定。在这里,通过实际测试,其安装的结果最大允许误差为±3mm,估计其均匀分布,则由安装因素引入的测量不确定度为

$$u(h_{12}) = \frac{3}{\sqrt{3}} = 1.732 mm$$

③计量标准器受温度影响引入的测量不确定度 $u(h_{13})$。

计量标准器为光栅尺,考虑受温度影响,试验厅试验温度范围为 15~30℃,估计温度影响的最大允许误差为±0.5mm,估计其为均匀分布:

$$u(h_{13}) = \frac{0.5}{\sqrt{3}} = 0.289 mm$$

综上,由计量标准器引入的测量不确定度 $u(h_1)$ 为

$$\begin{aligned} u(h_1) &= \sqrt{u(h_{11})^2 + u(h_{12})^2 + u(h_{13})^2} \\ &= \sqrt{(0.00577)^2 + (1.732)^2 + (0.289)^2} \\ &= 1.756 mm \end{aligned}$$

(2)淤积层密度采样引入的测量不确定度分量 $u(\Delta h_2)$。

淤积层密度采样引入的测量不确定度,可继续分为密度标准器采样引入的测量不确定度分量 $u(\Delta h_{21})$ 和密度场均匀度引入的测量不确定度分量 $u(\Delta h_{22})$。

在淤积厚度场中,主要的密度范围为 $(1.05 \sim 1.5) \times 10^3 kg/m^3$,密度标准器选用固定容量的密度盒和电子天平,引入的测量不确定度较小,$u(\Delta h_{21}) = 0$,因此主要为由淤积密度场均匀度引入的测量不确定度。

根据 4 个观察窗玻璃处读取的淤积厚度值,具体见表 3-7,采用测量不确定度的 A 类评定方式,采用极差法,则有:

$$u(\Delta h_{22}) = \frac{5}{2.06} = 2.5\text{mm}$$

合成标准不确定度为

$$u_c = \sqrt{u(h_1)^2 + u(\Delta h_2)^2} = \sqrt{(1.756)^2 + (2.5)^2} = 3.1\text{mm}$$

扩展不确定度为

$$U = k \cdot u_c = 6.2\text{mm} \quad (k = 2)$$

结果分析：根据对淤积厚度场的定期监测和定点采样结果，淤积厚度场沉降均匀，各垂线密度分布一致，淤积厚度测量过程不确定度为 6.2mm，声学淤积厚度测量设备为厘米级设备，因此，该淤泥淤积厚度场能够满足对声学淤积厚度测量设备的校准测试需求。

但在计量技术及计量标准装置研制领域，该淤泥淤积厚度场的稳定性与可靠性仍不能满足计量标准考核对计量标准装置重复性和稳定性的要求。分析原因，主要包括 3 个方面。首先，采用搅拌方法实现对水和淤泥的均匀搅拌的时间较长，搅拌完成后采用自然沉降的方法进行落淤时间过长，使用音叉密度计对淤积厚度场进行厚度方向的密度监测属于接触式测量，会对整个淤积厚度场造成影响；其次，使用采样器对淤积厚度场进行典型点采样过程中会对淤积厚度场造成破坏影响；最后对淤积厚度场中的淤积厚度值无法直观地观测，通过密度监测和声学手段进行测量，缺少可靠的溯源途径，会带来极大的测量不确定度。

基于以上原因，我们提出淤泥淤积厚度替代材料标准样板进行淤积厚度场构建，建立稳定的、可溯源的淤积厚度量值，具体研究内容见 3.3 节。

3.2.2 粉砂质及砂质港口淤积厚度场构建技术及测试研究

在砂质淤积物分区和粉砂质淤积物分区中，分别用亚克力板加工 2 个规格为 1100mm×1100mm×1000mm 的水箱，将现场取样的粉砂和海砂放进加工好的水箱中，粉砂和海砂的粒度分布曲线如图 3-35 和图 3-36 所示。

粉砂和海砂放入改造好的沙质淤积物和粉砂质淤积物水池中，用钢直尺在有机玻璃外壁进行淤积厚度测量。

在粉砂质淤积厚度场和砂质淤积厚度场中完成声学淤积厚度测量仪试验。

（1）在试验模型水池砂质淤积物分区和粉砂质淤积物分区中，将亚克力水箱分别放在 2 个水池分区中，使用激光测距仪分别测量水池顶至亚克力水箱底的距离 H_f 和 H_s，将现场采样的粉砂和海砂分别放入亚克力水箱中。

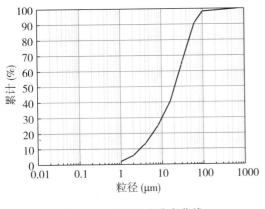

图 3-35 粉砂粒度分布曲线   图 3-36 海砂粒度分布曲线

(2)向 2 个亚克力水箱中加满水,用钢直尺分别测量水箱中粉砂淤积厚度 h_f 和海砂的淤积厚度 h_s,然后向砂质淤积物分区水池和粉砂质淤积物分区水池中加水,水深不小于 2.7m,用钢卷尺测量水池顶到水面的距离 h_1。

(3)将双频测深仪换能器和 1 号光栅尺安装在 1 号丝杠上固定,将换能器底面在水面处定零,使用淤积厚度控制系统对 1 号丝杠进行升降控制,将双频测深仪换能器底部降到水面下 0.3m 处,记录 1 号光栅尺读数 h_2,用声速剖面仪测量水池中的声速值 v。

(4)将声速值输入双频测深仪,然后调节双频测深仪的微调旋钮,待读数稳定后读取双频测深仪高频测深值 h_3 和低频测深值 h_4,读数和计算结果见表 3-9。

表 3-9 试验记录及计算 (单位:cm)

粉砂质淤积厚度场					砂质淤积厚度场				
h_1 = 46.6			双频测深仪读数		h_1 = 46.6			双频测深仪读数	
H_f	h_f	h_2	高频测深值 h_3	低频测深值 h_4	H_s	h_s	h_2	高频测深值 h_3	低频测深值 h_4
301.5	59.2	30.012	165	166	301.5	46.6	30.043	180	182
			167	167				180	182
			165	166				180	184
			168	170				180	183
			166	168				181	182
平均值			166.2	167.4	平均值			180.2	182.6

从上述的粉砂质淤积厚度场和砂质淤积厚度场中的声学淤积厚度测量仪试验结果可以看出,被检声学淤积厚度测量设备高频水深反射信号和低频水深反射信号均在水与砂的界面处反射,这与之前建立的实验室硬底环境下回声测深仪计量标准没有区别,其计量检测方法参考回声测深仪计量检定规程《水运工程 回声测深仪》(JJG(交通)032—2015)。

3.3 淤泥质淤积物标准样板淤积厚度场构建及测试

通过第3章前两节的淤泥质港口淤积厚度场定期监测试验、定点采样试验,得到淤积厚度场沉降均匀,各垂线密度分布一致,具备采用结构均匀、性能稳定替代物构建淤积厚度量值的条件。

3.3.1 标准样板材料的选择

通过对市面上的多种结构均匀、性能稳定材料进行调研和筛选,在1050~1500kg/m³的密度范围内,选取了4种具有不同密度值的塑料板来模拟水池中的淤泥密度层淤积物,分别为ABS树脂板、透明PC、透明PVC和非透明PVC板,替代材料板密度测量采用质量除以体积的方式计算得到,最初选取的替代材料板规格及密度见表3-10,替代材料板的厚度使用数显卡尺进行多次测量求平均值得到。

表3-10 不同密度值的材料板密度

材料名称	规格	密度值(kg/m³)	厚度(cm)					厚度平均值(mm)
ABS树脂板	1.2m×1.2m	1048	1	2	3	4	5	203.88
			203.09	204.30	204.34	204.59	204.31	
			6	7	8	9	10	
			203.59	203.56	203.99	203.75	203.26	
透明PC	1.2m×1.2m	1201	1	2	3	4	5	202.37
			203.24	202.79	203.17	202.96	202.06	
			6	7	8	9	10	
			202.14	202.10	201.66	201.83	201.79	
透明PVC	1.2m×1.2m	1343	1	2	3	4	5	120.21
			120.26	120.21	120.15	120.23	120.27	
			6	7	8	9	10	
			120.24	120.21	120.14	120.20	120.22	

续表

材料名称	规格	密度值(kg/m³)	厚度(cm)					厚度平均值(mm)
PVC 板	1.2m×1.2m	1448	1	2	3	4	5	58.95
			58.95	58.95	58.90	58.96	59.05	
			6	7	8	9	10	
			58.97	58.95	58.99	58.94	58.94	

3.3.2 标准样板材料的性能测试

将选取的4种替代材料板放入六面消声水池中,密度从小到大依次叠加放置,使用声学淤积厚度测量仪对替代材料进行淤积厚度测量,声学淤积厚度测量仪高频声波回波在水与 ABS 塑料板交界面处反射,低频声波回波返回位置不明确,返回水深数据跳动厉害。经过讨论分析得到,本试验模型属于介质层的声波行为,涉及3个分层介质界面,声波会在3个分层介质界面间往复运动,并在每一次接触分层介质界面时均发生反射、透射,因此低频信号声波在介质内部往复运动,回波信号较多,无法准确测量出具体的回波反射深度。同时设计了多组试验,试验设计方案如表3-11所示,经过对多组设计实验进行实际测试发现,超过2种材料的淤积厚度场存在声学反射波叠加等因素,对设备的测试结果影响大,测试数据不稳定,最终选用2种替代材料(ABS塑料和透明PC)进行淤积厚度场构建。

表 3-11　　　　　　　　　　淤积厚度组成设计实验表

试验设置	淤积厚度组成			
	ABS 板	PC 板	透明 PVC	不透明 PVC
试验1	√	√	√	√
试验2	√	√		
试验3	√		√	
试验4	√	√	√	

"√"为按密度从小到大平铺安放在消声水池底部的材料板

由于用替代材料板来模拟淤泥淤积物,需要其长期处于水下环境中,因此其吸水率、线性热膨胀系数和声学特性是能否作为淤积厚度标准样板、满足被检声学设备测试需求的关键。因此,项目组开展了替代材料板的吸水率测试、线性热膨胀系数测试、声速测试,以及声学反射系数、透射系数和吸声系数测试。

1. 标准样板材料吸水率测试

厚度标准样板吸水率特性依据国标《塑料耐液体化学药板(包括水)性能测定方法》(GB/T 11547—1989)进行测定。在恒温水槽中进行吸水率测试,测试样品如图3-37所示,测试结果如表3-12所示。

图3-37 吸水率试验样品

表3-12　　　　　　　　　　替代材料样品吸水率计算结果

序号	材料名称	样品规格	吸水率(%)
1	ABS树脂板	50mm×50mm×20mm	0.15
2	透明PC板	50mm×50mm×20mm	0.15

从表3-12中可以看出,2种替代材料样品吸水率均为0.15%,小于0.2%,满足装置的相对合成标准不确定度要求。

2. 标准样板材料线性热膨胀系数测试

测厚标准样板的线性热膨胀系数由恒信检测第三方检测公司依据国标《塑料热机械分析法(TMA)第2部分线性热膨胀系数和玻璃化转变温度的测定》(GB/T 36800.2—2018)方法进行测定,测试结果见表3-13。

表3-13　　　　　　　　替代材料样品线性热膨胀系数测试结果

序号	材料名称	样品规格	线膨胀系数(℃)
1	ABS树脂板	5mm×5mm×10mm	2.37×10^{-5}
2	透明PC	5mm×5mm×10mm	3.19×10^{-5}

从表3-13中可以看出，2种替代材料线性热膨胀系数均远远小于0.2%，因此温度变化对标准样板厚度的影响满足不确定度分量指标要求。

3. 标准样板材料声学参数测试

1）声速测试

使用非金属超声波检测仪对替代材料样品进行声学测试，已知样品厚度，通过获得声时值，计算得到样品中的声速值。测试结果如表3-14所示。

表3-14　　　　　　　　　　替代材料样品声速测量结果

序号	样品名称	样品规格	声速值(m/s)
1	ABS塑料	$\phi56.0mm\times100.1mm$	2116
2	透明PC	$\phi56.0mm\times100.7mm$	2168

2）反射系数、透射系数和吸声系数测试

替代材料标准样板的声学特性直接关系被检声学设备测试需求，表3-15为国防科技工业水声一级计量站声学材料测量团队对ABS塑料和透明PC样品进行测试，得到不同声源频率下的声学参数测量结果。从声波穿透介质的原理角度来说，存在 $a=1-R^2-T^2$，而 $R=\left(\dfrac{\rho_2 c_2 - \rho_1 c_1}{\rho_2 c_2 + \rho_1 c_1}\right)^2$，根据测试结果可知ABS塑料板和透明PC板的在水介质中的反射系数分别为0.19和0.25，ABS塑料板和透明PC板之间界面的反射系数为0.08。

表3-15　　　　　　　　　　替代材料样品声学参数测量结果

序号	样品名称	样品规格	频率 f	反射系数 R	透射系数 T	吸声系数 a
1	ABS塑料	300mm×300mm×100.5mm	12.0	0.16	0.64	0.56
			20.0	0.12	0.77	0.39
			24.0	0.31	0.84	0.19
			30.0	0.19	0.88	0.19
			33.0	0.06	0.92	0.16
2	透明PC	300mm×300mm×100.5mm	12.0	0.15	0.43	0.79
			20.0	0.14	0.53	0.70
			24.0	0.25	0.55	0.64
			30.0	0.09	0.66	0.55
			33.0	0.17	0.60	0.61

续表

序号	样品名称	样品规格	频率 f	反射系数 R	透射系数 T	吸声系数 a
3	ABS 塑料	$\phi56.0mm\times100.1mm$	12.0	0.17	0.90	0.16
			20.0	0.07	0.95	0.09
			24.0	0.35	0.89	0.09
			30.0	0.10	0.94	0.11
4	透明 PC	$\phi56.0mm\times100.7mm$	12.0	0.30	0.89	0.12
			20.0	0.07	0.93	0.13
			24.0	0.41	0.83	0.14
			30.0	0.10	0.88	0.22

3.3.3 淤泥淤积厚度替代标准样板厚度计量检测方法

通过第3章淤积厚度场构建技术研究，淤泥质类型淤积物最终选用替代材料板进行淤积厚度场构建，开展淤积厚度计量测试方法及标准装置研制。通过对替代材料样品各性能参数进行测试可知，材料性能稳定指标良好，能够满足被检声学设备测试需求。

1. 淤泥淤积厚度替代标准样板厚度计量检测方法

通过淤积厚度场构建研究，研究确定了淤泥淤积厚度标准样板并对其进行了性能测试，现开展淤泥淤积厚度替代标准样板厚度测量过程不确定度的影响因素分析。主要包括标准样板厚度测量引入，标准样板安放误差，在水环境中浸水和温度变化引入等。

从3.2.2节中可知，ABS塑料板和透明PC板的吸水率为0.15%，线性热膨胀系数为10^{-5}mm量级；标准样板安放误差引入的厚度变化也可以控制很小，大约为10^{-5}mm量级；因此标准样板安放和水环境影响的不确定度分量约占0.04%。标准样板平整度要求优于0.5mm，该不确定度分量约占0.1%。测标准样板厚度和平整度标准器的不确定度应该小于0.05%。

淤泥质类型淤积物替代标准样板厚度计量检测方法属于厚度计量方法。厚度计量方法有很多种，其中厚度尺测标准样板、数显卡尺配合建筑工程质量检测尺测标准样板、三坐标测量机测标准样板均能够满足测标准样板厚度和平整度标准器的不确定度小于0.05%的要求，每一块100mm厚的标准样板重100~150kg，厚度尺测量标准样板厚度需要大理石台面，因此选择数显卡尺配合建筑工程质量检测尺测标准样板的方法进行不确定度分量评定，建筑工程质量检测尺最大允许误差为±0.1mm，其引入的不确定度分量约占 0.02%。数显卡尺选择最大允许误差为±0.04mm，其引入的不确定度分量约占 0.01%。使用数显卡尺在标准样板边缘均匀选取 10 个点进行厚度测量，选择贝塞尔公式进行多次测量标准样板厚度引入的不确定度计算，得到不确定度分量不超过 0.035%。

综上所述，选择数显卡尺配合建筑工程质量检测尺测标准样板的方法进行标准样板厚度测量过程不确定评定，标准样板厚度测量引入约占 0.12%，标准样板安放误差与在水环境中浸水和温度变化引入约占 0.04%，这样满足 0.2% 的淤积厚度标准装置淤积厚度测量不确定度的任务指标要求。

淤积厚度将标准样板厚度值作为标准值与被检声学淤积厚度测量设备测量值进行比对的方式进行淤积厚度测量示值误差的校准。基于淤泥质类型淤积物替代标准样板申请立项了"声学淤积厚度测量仪"交通运输部门计量检定规程 1 项（计划号：JJG 2021—09），目前已完成规范评审会，形成报批稿。

对淤积厚度样板进行加工，使其平整度优于 0.5mm，使用数显卡尺在标准样板边缘均匀选取 10 个点进行厚度测量，使用建筑工程质量检测尺对标准样板的上表面平面度进行测量，测量结果如表 3-16 所示。

委托航天 102 研究所在空气中使用三坐标测量机对加工完的样品进行厚度和平整度测试，标准样板均匀地选取 9 个点进行厚度测量，平整度测量采用平板平整度测量方法进行测试，测试结果如表 3-17 所示。

表 3-16　　标准样板厚度及平整度　　（单位：mm）

标准样板名称	厚度										厚度平均值	平整度
ABS 树脂板	1	2	3	4	5	6	7	8	9	10	200.119	0.3
	200.14	200.11	200.14	200.13	200.06	200.15	200.14	200.05	200.11	200.16		
透明 PC 板	1	2	3	4	5	6	7	8	9	10	197.962	0.2
	197.91	197.99	197.98	197.95	197.99	197.91	197.90	198.05	198.00	197.94		

表 3-17　　标准样板厚度及平整度测量结果　　（单位：mm）

标准样板名称	厚度									厚度平均值	平整度
ABS 树脂板	1	2	3	4	5	6	7	8	9	200.1193	0.2722
	200.1765	200.0402	200.2455	200.0733	199.9290	200.1112	200.1808	200.0543	200.2627		
透明 PC 板	1	2	3	4	5	6	7	8	9	197.9303	0.1765
	197.8756	198.0240	198.0034	197.8369	197.9726	197.9687	197.7659	197.9589	197.9664		

2. 淤积厚度标准装置搭建

淤泥淤积厚度标准装置以标准样板厚度量值为溯源量值，使用数显卡尺在标准样板边缘均匀选取 10 个点进行厚度测量；使用建筑工程质量检测尺对标准样板的上表面平整度进行测量。

淤积厚度计量标准装置主要由水下淤积厚度标准样板、数显卡尺、建筑工程质量检测尺、淤积厚度水池、试验车、垂向升降控制系统(钢带光栅尺)、声速剖面仪组成。淤积厚度计量标准装置搭建试验设备如表 3-18 所示。

淤积厚度检定水池长 2m，宽 2m，深 3m，水池边壁、底部及水面铺设消声材料。水池顶部设有测厚试验车，试验车测试平台上配有设备安装支架和三维定位控制装置。

表 3-18　　　　　　　　　淤积厚度计量标准装置试验设备一览表

序号	设备名称	准确度等级/最大允许误差	用途
1	数显卡尺	0.01mm	用于测量淤积厚度标准样板厚度
2	建筑工程质量检测尺	±0.1mm	用于测量淤积厚度标准样板表面平整度
3	淤积厚度标准样板	标准样板为 ABS 塑料板和透明 PC 板	标准样板用于模拟淤积厚度场
		ABS 塑料板和透明 PC 板为边长 1000mm±5mm 的正方形	
		ABS 塑料板的厚度为 200mm±3mm，透明 PC 板的厚度为 200mm±3mm	
4	淤积厚度水池	水池长、宽、高分别为 2m、2m 和 3m	用于提供淤积厚度远场环境试验场和垂向定位控制系统
		水池边壁、底部及水面应铺设消声材料	
		水池顶部设有试验行车，试验行车上有测试平台，平台应配有设备安装支架和垂向定位控制系统	
5	钢带光栅尺	0~2.5m。MPE：±5μm/M	用于控制被检双频测深仪换能器垂向运动
6	声速剖面仪	±0.2m/s	用于测量测试环境水中声速

本小节搭建的淤积厚度标准装置中淤积厚度标准样板使用数显卡尺和建筑工程质量检测尺对标准样板进行厚度测量和平整度测量，0~300mm 数显卡尺和 0~2m 建筑工程质量检测尺为淤积厚度量值的计量标准器，数显卡尺溯源到 4 等量块。建筑工程质量检测尺溯源至 3 等量块、0 级平板、最大允许误差为±(5~12)μm 塞尺和 00 级标准

角尺。钢带光栅尺用于控制被检双频测深仪换能器垂向运动,而双频测深仪测量淤积厚度值时,其垂向位置对于淤积厚度测量结果几乎无影响,因此未对钢带光栅尺进行量值溯源。声速剖面仪用于测量测试环境水中声速,该声速值用于被检双频测深仪输入声速值,声速剖面仪溯源至声速剖面仪检定装置。

3. 淤积厚度标准装置相对合成标准不确定度评定

1) 概述

淤积厚度计量标准装置由淤积厚度检定水池、配套控制系统和厚度标准样板(ABS塑料板和透明PC板)等组成。淤积厚度计量标准装置合成标准不确定度指标要求:$u \leqslant 0.2\%$,这里的合成标准不确定度为相对合成标准不确定度。

淤积厚度计量标准装置是用于校准淤积厚度测量设备,淤积厚度测量设备主要是声学淤积厚度测量仪。声学淤积厚度测量仪的测量淤积厚度的工作原理为利用高低频率超声波穿透介质的能力不同,高低频率超声波同时发射信号,低频信号比高频信号的穿透能力强。在水底有淤泥沉积物时,高频信号在水与淤泥的上表面处反射,低频声波能穿过水底表面较柔软的淤泥,在淤泥深处反射,低频反射界面水深与高频反射界面水深差即为测量淤积厚度值。

这里对淤积厚度计量标准装置的相对合成标准不确定度 u 进行评定时,是采用淤积厚度计量标准装置的标准不确定度相对于标准样板总厚度的方式进行评定的。

2) 测量模型

$$h = h_0 + \Delta h_1 + \Delta h_2 + \Delta h_3 + \Delta h_4 \tag{3-17}$$

式中,h 为淤积厚度值(mm);h_0 为标准样板的总厚度(标准样板由两种不同的材料构成 $h_0 = h_1 + h_2$,h_1 为 ABS 塑料标准样板的厚度,h_2 为透明 PC 标准样板的厚度)(mm);Δh_1 为水中浸泡导致的标准样板厚度变化(mm);Δh_2 为水体温度变化导致的标准样板厚度变化(mm);Δh_3 为标准样板安放误差引起的淤积厚度测量结果的变化(mm);Δh_4 为淤积厚度测量仪垂向定位误差引起的淤积厚度测量结果的变化(mm)。

3) 不确定度来源分析

淤积厚度计量标准装置的淤积厚度测量不确定度主要来自:标准样板厚度测量引入;标准样板安放误差及在水环境中浸水和温度变化引入等;被检设备垂向定位误差引入。

4) 合成灵敏度系数

式(3-17)中,h、h_0、Δh_1、Δh_2、Δh_3、Δh_4 间相互独立,合成标准不确定度为

$$u_c^2(h) = c^2(h_0)u^2(h_0) + c^2(\Delta h_1)u^2(\Delta h_1) + c^2(\Delta h_2)u^2(\Delta h_2) \\ + c^2(\Delta h_3)u^2(\Delta h_3) + c^2(\Delta h_4)u^2(\Delta h_4) \tag{3-18}$$

式中,灵敏度系数分别为

$$c(h_0) = \frac{\partial(\Delta h)}{\partial(h_0)} = 1, \quad c(\Delta h_1) = \frac{\partial(\Delta h)}{\partial(\Delta h_1)} = 1, \quad c(\Delta h_2) = \frac{\partial(\Delta h)}{\partial(\Delta h_2)} = 1,$$

$$c(\Delta h_3) = \frac{\partial(\Delta h)}{\partial(\Delta h_3)} = 1, \quad c(\Delta h_4) = \frac{\partial(\Delta h)}{\partial(\Delta h_4)} = 1$$

5)计算分量不确定度

(1)标准样板厚度测量引入的不确定度 $u(h_0)$。

①由数显卡尺多次测量 ABS 塑料标准样板厚度引入的测量不确定度分量 $u_1(h_0)$。

选择贝塞尔公式进行多次测量标准样板厚度引入的不确定度计算,测量结果见表 3-19。则有

$$u_1(h_0) = u(\bar{x}) = \sqrt{\frac{\sum_{i=1}^{n}(x_i - \bar{x})}{n(n-1)}} = 0.012 \text{mm}$$

表 3-19　　　　　　　　**ABS 塑料标准样板厚度测量原始数据**

厚度(mm)				
1	2	3	4	5
200.14	200.11	200.14	200.13	200.06
6	7	8	9	10
200.15	200.14	200.05	200.11	200.16

②透明 PC 标准样板均匀度对透明 PC 标准样板测量引入的测量不确定度分量 $u_2(h_0)$。

选择贝塞尔公式进行多次测量标准样板厚度引入的不确定度计算,测量结果见表 3-20。则有

$$u_2(h_0) = u(\bar{x}) = \sqrt{\frac{\sum_{i=1}^{n}(x_i - \bar{x})}{n(n-1)}} = 0.016 \text{mm}$$

表 3-20　　　　　　　　**透明 PC 标准样板厚度测量原始数据**

厚度(mm)				
1	2	3	4	5
197.91	197.99	197.98	197.95	197.99

续表

厚度(mm)				
6	7	8	9	10
197.91	197.90	198.05	198.00	197.94

③由数显卡尺本身对标准样板测量引入的测量不确定度分量 $u_3(h_0)$。

数显卡尺的最大允许误差为±0.04mm,估计其为均匀分布。因此由数显卡尺引入的不确定度估计为

$$u_3(h_0) = \frac{0.04}{\sqrt{3}} = 0.024 \text{mm}$$

④ABS 塑料标准样板平整度测量引入的测量不确定度分量 $u_4(h_0)$。

采用建筑工程质量检测尺进行淤积厚度表面平整度测量,最大的测量误差为0.3mm,估计其为均匀分布。因此,由安放误差所引入的不确定度估计为

$$u_4(h_0) = \frac{0.3}{\sqrt{3}} = 0.174 \text{mm}$$

⑤透明 PC 标准样板平整度测量引入的测量不确定度分量 $u_5(h_0)$。

采用建筑工程质量检测尺进行淤积厚度表面平整度测量,最大的测量误差为0.2mm,估计其为均匀分布。因此,由安放误差所引入的不确定度估计为

$$u_5(h_0) = \frac{0.2}{\sqrt{3}} = 0.12 \text{mm}$$

考虑 $u_1(h_0)$ 和 $u_2(h_0)$ 为正相关,$u_4(h_0)$ 和 $u_5(h_0)$ 则标准样板厚度测量引入的不确定度 $u(h_0)$ 为

$$u(h_0) = \sqrt{u_1(h_0)^2 + u_2(h_0)^2 + 2u_1(h_0)u_2(h_0) + u_3(h_0)^2 + u_4(h_0)^2 + u_5(h_0)^2 + 2u_4(h_0)u_5(h_0)}$$
$$= 0.3 \text{mm}$$

(2)吸水率对标准样板的影响所引起的标准样板厚度的变化所引入的不确定度分量 $u(\Delta h_1)$。

①吸水率对 ABS 塑料标准样板的影响所引起的标准样板厚度的变化所引入的不确定度分量 $u(\Delta h_{11})$。

吸水率对 ABS 塑料标准样板的吸水率为 0.15%,200.1193mm 的 ABS 塑料标准样板通过计算得到其最大变化量为 $\Delta h_{11} = 200.1193 \times 0.15\% = 0.3$ mm,估计其为均匀分布。因此,引入的不确定度估计为

$$u(\Delta h_{11}) = \frac{0.3}{2\sqrt{3}} = 0.087 \text{mm}$$

②吸水率对透明 PC 标准样板的影响所引起的透明 PC 标准样板厚度的变化所引入的测量不确定度分量 $u(\Delta h_{12})$。

透明 PC 标准样板的吸水率为 0.15%，197.9303mm 的透明 PC 标准样板通过计算得到其最大变化量为 Δh_{12} = 197.9303 × 0.15% = 0.3mm，估计其为均匀分布。因此，由环境变化所引入的不确定度估计为

$$u(\Delta h_{12}) = \frac{0.3}{2\sqrt{3}} = 0.087\text{mm}$$

吸水率对标准样板的影响所引起的标准样板厚度的变化所引入的不确定度分量 $u(\Delta h_1)$

$$u(\Delta h_1) = u(\Delta h_{11}) + u(\Delta h_{12}) = 0.18\text{mm}$$

（3）水温变化对标准样板的影响所引起的标准样板厚度的变化所引入的不确定度分量 $u(\Delta h_2)$。

①水温变化对 ABS 塑料标准样板的影响所引起的 ABS 塑料标准样板厚度的变化所引入的不确定度分量 $u(\Delta h_{21})$。

ABS 塑料标准样板的线膨胀系数为 2.37×10^{-5}/℃，考虑温度变化 10℃时，1m 长度 ABS 塑料标准样板会出现 0.237mm 的长度变化，根据计算可得到，200.1134mm 的 ABS 塑料标准样板的厚度变化量为 0.0475mm，估计其为均匀分布。因此，由水温变化所引入的不确定度估计为

$$u(\Delta h_{21}) = \frac{0.0475}{\sqrt{3}} = 0.028\text{mm}$$

②水温变化对透明 PC 标准样板的影响所引起的透明 PC 标准样板厚度的变化所引入的不确定度分量 $u(\Delta h_{22})$。

透明 PC 标准样板的线膨胀系数为 3.19×10^{-5}/℃，考虑温度变化 10℃时，1m 长度透明 PC 标准样板会出现 0.319mm 的长度变化，根据计算可得到，197.9294mm 的长度透明 PC 标准样板的厚度变化量为 0.0632mm，估计其为均匀分布。因此，由水温变化所引入的不确定度估计为

$$u(\Delta h_{22}) = \frac{0.065}{\sqrt{3}} = 0.037\text{mm}$$

水温变化对标准样板的影响所引起的标准样板厚度的变化所引入的不确定度分量 $u(\Delta h_2)$

$$u(\Delta h_2) = u(\Delta h_{21}) + u(\Delta h_{22}) = 0.065\text{mm}$$

（4）标准样板安放误差引起的淤积厚度变化量所引入的不确定度分量 $u(\Delta h_3)$。

估计安装的误差为 2mm，换算到厚度变化量引入的不确定度为 0.004mm，估计其

第 3 章　港口航道淤积计量检测方法、计量标准装置及溯源技术

为均匀分布。因此，由安放误差所引入的不确定度估计为

$$u(\Delta h_{22}) = \frac{0.004}{\sqrt{3}} = 0.003 \text{mm}$$

（5）换能器垂向定位引起的淤积厚度测量结果的变化所引入的不确定度分量 $u(\Delta h_4)$。

通过测试换能器垂向定位最大误差为 0.64mm，考虑被检设备工作原理，是高低频率反射信号水深差值，因此换能器定位误差对于淤积厚度测量结果几乎没影响，这里忽略不计。

6) 测量不确定度一览表

淤积厚度测量不确定度分量如表 3-21 所示。

表 3-21　　　　　　　　淤积厚度测量不确定度分量一览表

不确定度分量	不确定度来源	标准不确定度	灵敏度系数
$u(h_0)$	标准样板厚度测量引入的不确定度分量	0.300mm	1
$u(\Delta h_1)$	吸水率对标准样板的影响所引起的标准样板厚度的变化所引入的不确定度分量	0.180mm	1
$u(\Delta h_2)$	水温变化对标准样板的影响所引起的标准样板厚度的变化所引入的不确定度分量	0.065mm	1
$u(\Delta h_3)$	标准样板安放误差所引入的不确定度分量	0.00mm	1
$u(\Delta h_4)$	换能器垂向定位误差引起的淤积厚度测量结果的变化所引入的不确定度分量	0.00mm	1

7) 相对合成标准不确定度

淤积厚度的标准不确定度

$$u_c(h) = 0.36 \text{mm}$$

相对合成标准不确定度 $u_{\text{rel}}(h)$ 为

$$u_{\text{rel}}(h) = \frac{u_c(h)}{398.0428} = 0.1\%$$

按照 3.3.3 小节第 3 部分的方法对 200mm 厚 ABS 塑料标准样板进行淤积厚度计量标准装置进行不确定度评定，得到

$$u_c(h) = 0.22 \text{mm}$$

相对合成标准不确定度 $u_{\text{rel}}(h)$ 为

$$u_{\text{rel}}(h) = \frac{u_c(h)}{200.1193} = 0.11\%$$

从最终结果可以看出，相对合成标准不确定度为0.11%，满足0.2%的指标要求。

8）结论

根据本项目任务书对淤积厚度计量标准装置淤积厚度测量的相对合成标准不确定度要求为0.2%，可知淤积厚度计量标准装置的不确定度指标满足任务书指标要求。

3.4 声学淤积厚度测量仪计量检定方法

3.4.1 概述

目前，在水运工程领域应用的声学淤积厚度测量仪数量很多，但由于没有计量检定规程和相关的计量标准装置，致使这些设备无法开展有效的量值溯源工作。本项目在前期开展大量试验研究的基础上，提出了一套声学淤积厚度测量校准的计量检测方法，可以形成计量技术规范固定下来，指引今后的计量检定和校准等工作。

3.4.2 声学淤积厚度测量仪的计量技术指标

声学淤积厚度测量仪是测量港口航道中浮泥厚度的测量设备，现场泥沙淤积厚度测量技术主要包括取样测厚度法、测深砣法、γ射线法、超声波测量法、音叉密度计法和耦合测量法等。在计量技术参数提出之前，调研了无锡海鹰加科海洋技术有限公司、江苏中海达海洋信息技术有限公司、上海华测导航技术股份有限公司、南方测绘仪器有限公司等国内生产厂家，深圳市鹏锦科技有限公司等代理厂家和天津水运工程勘察设计院、交通运输部东海航海保障中心、浙江省水利河口研究院（浙江省海洋规划设计研究院）等使用单位。目前市场用于浮泥淤积厚度测量的声学设备主要是双频测深仪，使用双频测深仪进行淤积厚度测量是通过高低频率声波信号反射位置处水深的差值计算得到，双频测深仪高低频率声波信号测深量值准确度直接关系到淤积厚度量值测量结果的准确度。因此，在《声学淤积厚度测量仪》部门计量检定规程的内容中，被检设备测深计量性能非常重要，规程中的计量性能指标确定为测深示值误差和测厚示值误差。

1. 声学淤积厚度测量仪用途、组成及工作原理

声学淤积厚度测量仪广泛应用于港口港池、航道、河口区域和水库中水底淤泥淤积厚度测量。

声学淤积厚度测量仪由水下换能器、多芯电缆、电缆插座和水上显示记录器等组成，其结构示意见图3-38。

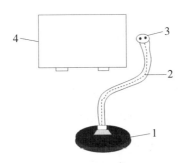

1. 水下换能器；2. 多芯电缆；3. 电缆插座；4. 水上显示记录器

图3-38 声学淤积厚度测量仪结构示意图

声学淤积厚度测量仪由于两种不同频率的超声波而具有不同穿透介质的能力。在水底有淤泥沉积物时，高频信号在水与淤泥的上表面处反射，低频声波能穿过水底表面较柔软的淤泥，在淤泥底部反射，低频反射界面水深与高频反射界面水深差即为淤积厚度值。

超声波低频换能器和高频换能器同时发射超声波，分别测出低频和高频声波信号往返行程所经历的时间 t_1 和 t_2，则：$h_1 = v \cdot t_1/2$，$h_2 = v \cdot t_2/2$，$\Delta h = h_1 - h_2$ 即为淤泥的淤积厚度值，如图3-39所示。

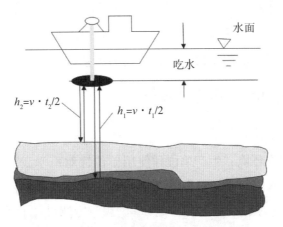

图3-39 声学淤积厚度测量仪工作原理图

2. 声学淤积厚度测量仪计量性能要求

声学淤积厚度测量仪高频换能器测深示值误差参考《水运工程 回声测深仪》(JJG(交通)032—2015)检定规程"5.4 准确度"中关于测深最大允许误差的要求确定。

1)测深示值误差

高频换能器声波测深示值误差为：

(1)水深小于等于 5m 时，最大允许误差为 ±5cm；

(2)水深大于 5m 时，最大允许误差为 ±1%d。d 为水深测量值。

声学淤积厚度测量仪换能器低频声波测深示值误差参考了《水运工程测量规范》(JTS 131—2012)和声学淤积厚度测量设备生产厂家对于测深指标的要求。《水运工程测量规范》(JTS 131—2012)中 8.1.6 条规定水深测量的深度误差应满足 ±0.2m($H \leqslant$ 20m)和 ±0.01H(H>20m)。综合水运工程测量规范和生产厂家对换能器低频声波的测深精度指标确定了声学淤积厚度测量仪换能器低频声波测深示值误差。

低频换能器声波测深示值误差为：

(1)水深小于等于 5m 时，最大允许误差为 ±10cm；

(2)水深大于 5m 时，最大允许误差为 5cm±1%d。

声学淤积厚度测量仪测厚示值误差的确定综合考虑了 2 个方面的原因：第一，采用厚度标准样板作为淤积厚度标准值，与现场的淤泥淤积厚度值有明显的区别，厚度标准样板的厚度与材料密度相对均匀，从声波穿透介质的角度来说，相对比较稳定；第二，淤积厚度量值采用标准厚度板方式进行厚度量值计量的方法是首次提出，测厚示值误差指标是基于实际已建立的标准厚度场环境对声学淤积厚度测量仪进行测试得到的结果而提出并确定的。

2)测厚示值误差

声学淤积厚度测量仪测厚示值最大允许误差为 ±5cm。

3. 声学淤积厚度测量仪通用技术要求

1)外观

综合水文设备工作环境，生产单位和使用单位针对声学淤积厚度测量仪的外观要求，外观材料破损和水上显示记录器的功能不稳定将直接影响测量和输出结果，确定《水运工程测量规范》(JTS 131—2012)中声学淤积厚度测量仪的外观要求：声学淤积厚度测量仪表面涂层应牢固、均匀，不应有脱落、划伤、锈迹等缺陷，用于连接仪器设备的电缆表层应完好，不应有裂痕、破损等迹象。

2)铭牌

依据《水文仪器基本参数及通用技术条件》(GB/T 15966—2017)中"9.1标志"相关条文的要求"声学淤积厚度测量仪应有清晰的铭牌,标有产品名称、型号、生产厂家、仪器编号及出厂日期等内容"。

4. 声学淤积厚度测量仪计量器具控制

1)检定条件

检定条件主要包括检定环境条件。

检定环境条件的规定主要考虑室温、水温与相对湿度环境应能保证声学淤积厚度测量仪试验过程正常进行。由于检定试验是在实验大厅中进行的,检定环境室温应定为5~35℃,水温定为5~30℃;试验环境为实验大厅环境,因此规定相对湿度不大于95%。

2)检定设备

(1)检定设备及技术要求见表3-22。

水深测量标准器参照《水运工程 回声测深仪》(JJG(交通)032—2015)检定规程中的检定设备,确定了激光测距仪作为标准水深和声速剖面仪提供标准声速值。

淤积厚度标准样板的选取、加工和性能测试是一个复杂的过程,考虑了被检声学淤积厚度测量仪的特性,通过一个项目的研究成果得到。这里的数显卡尺作为厚度测量的标准器,建筑工程质量检测尺作为标准样板平面度测量标准器,由于被检声学淤积厚度测量仪是一个厘米级的设备,因此本次选取的数显卡尺分度值为0.01mm、建筑工程质量检测尺最大允许误差为±0.1mm,从数量级上来看高于被检声学淤积厚度测量仪2个数量级以上,选择其作为标准器完全满足校准需求。

表3-22　　　　　　　　　检定设备及技术要求

试验设备	技 术 要 求	编 制 依 据
激光测距仪	准确度等级为2级	水池深度测量,满足深度量值溯源要求
数显卡尺	分度值0.01mm	用于测量淤积厚度标准样板的厚度
建筑工程质量检测尺	最大允许误差为±0.1mm	用于测量淤积厚度标准样板的表面平面度
声速剖面仪	最大允许误差±0.2m/s	为声学淤积厚度测量仪提供标准声速

续表

试验设备	技术要求	编制依据
淤积厚度标准样板	由2种具有声学特性的标准样板组成,上层标准样板为ABS板,密度为(1060±20)kg/m³,厚度规格分别为(100±3)mm和(200±3)mm,下层标准样板为透明PC塑料板,密度为(1200±20)kg/m³,厚度规格为(200±3)mm,标准样板平面度均优于0.5mm; 标准样板横截面为矩形,边长为(1000±5)mm,截面积为(1±0.1)m²	淤积厚度示值误差量值传递要求

(2)配套设备及技术要求见表3-23。

淤积厚度检定水池的选取完全是按照被检声学淤积厚度测量仪的工作环境要求和工作原理确定得到的。

测深检定水槽是参考了《水运工程 回声测深仪》(JJG(交通)032—2015)检定规程中试验水槽的要求确定的。

表3-23　　　　　　　　　　　　　配套设备及技术要求

试验设备	技术要求	编制依据
淤积厚度检定水池	长度不少于2m,宽度不小于2m,深度不小于3m; 水池边壁、底部及水面应铺设消声材料; 试验车测试平台上应配有设备安装支架和垂向定位控制装置	试验论证
测深检定水槽	水槽有效长度不小于40m,宽度不小于1m,深度不小于1m; 水槽末端水下安装反射板,边壁上设激光反射靶与反射板处于同一平面位置; 水槽两边壁顶应安装平行导轨,试验车应在水槽导轨上平滑运行; 试验车应配备便于拆卸安装的声学淤积厚度测量仪测杆悬挂装置; 试验车应在一侧设有激光测距仪安放调节装置	试验论证

3)检定项目

"检定项目"编写格式依据《国家计量检定规程编写规则》(JJF 1002—2010)。

声学淤积厚度测量仪检定项目见表3-24。

表 3-24　　　　　　　　　　　　　检定项目一览表

检定项目	首次检定	后续检定	使用中检查
外观	+	+	+
铭牌	+	+	-
测深示值误差	+	+	+
测厚示值误差	+	+	+

注：凡需检定的项目用"+"表示，凡不需检定的项目用"-"表示。

检定项目的确定主要遵循近年来已发布的交通运输部部门计量检定规程中水运工程检测设备计量检定规程的"检定项目"的编写方式。产生影响使用的外观会直接导致声学淤积厚度测量仪性能出现问题，因此使用中必须检查外观是否符合规定。铭牌是确认仪器信息的重要凭证，因此使用中需要对声学淤积厚度测量仪的铭牌进行检查。测深和测厚示值误差是检定中的核心项目，因此也应该在使用中检查其是否在最大允许误差之内。

4) 检定方法

声学淤积厚度测量仪的测深量值的计量采用与更高级别的测深标准器进行比对的方法，对声学淤积厚度测量仪进行校准，淤积厚度标准值由数显卡尺测量厚度标准样板后给出，采用测量值与厚度标准值进行比对的方法进行校准。

5) 检定结果处理

检定结果的处理是根据计量法的要求，所有检定项目都要依据检定规程经过检定均合格后，才可发检定证书。

6) 检定周期

根据声学淤积厚度测量仪的使用环境和使用特点，总结达到检定周期的要求。

3.4.3　声学淤积厚度测量仪计量技术指标检定方法

1. 外观

采用目测和手检的方法检查外观。

2. 铭牌

采用目测的方法检查铭牌。

3. 测深示值误差

测深示值误差检定步骤如下：

(1)将声学淤积厚度测量仪换能器固定在测深检定水槽试验车测杆上，使换能器发射面位于测深检定水槽一半水深处，并与试验车上激光测距仪镜面处于同一水平面。

(2)使用声速剖面仪测量水中声速，将声速值输入声学淤积厚度测量仪，开启高频信号通道，关闭低频信号通道。

(3)将试验车移到40m标准水深点处，并设此点为基点，调节声学淤积厚度测量仪的微调旋钮，回波信号稳定后，基点至反射板距离即为高频水深测量值，连续测量3次，取算术平均值作为高频水深测量值。

(4)开启激光测距仪，使光点位于激光反射靶中央，连续读取3次激光测距仪示值，取算术平均值作为标准水深值。

(5)依次将试验车移至30m、20m、15m、10m、7m、5m、3m、1m标准水深点位置，记录高频水深测量值和激光测距仪示值。

(6)取各标准水深点处高频水深测量平均值与标准水深值的差值作为测深示值误差。

(7)关闭高频通道，打开低频通道，按照步骤(3)~(5)检定淤积厚度测量仪低频测深示值误差。

4. 测厚示值误差

测厚示值误差检定步骤如下：

(1)将淤积厚度标准样板在水中充分浸润后，在0~0.4m厚度范围内，选取1个标准厚度点，分层叠加铺设至淤积厚度检定水池底部，铺设时应保证从上到下密度依次增加，标准样板边缘对齐。

(2)向淤积厚度检定池中注水，至池中水深高于2.5m。

(3)将声学淤积厚度测量仪换能器安装在试验车测试平台垂向定位控制系统安装支架上，换能器底部降到水面下0.3m处。

(4)使用声速剖面仪测量声速，将声速值输入声学淤积厚度测量仪；调节声学淤积厚度测量仪的微调旋钮，待读数稳定后连续读取3次取算术平均值作为声学淤积厚度测量仪高频测深值h_1和低频测深值h_2，按式(3-19)计算声学淤积厚度测量仪测量的淤积厚度值：

$$\Delta h_s = h_2 - h_1 \tag{3-19}$$

式中，Δh_s为声学淤积厚度测量仪测量的淤积厚度值(m)；h_1为声学淤积厚度测量仪高频测深值(m)；h_2为声学淤积厚度测量仪低频测深值(m)。

(5)采用声学淤积厚度测量仪测量的淤积厚度值与标准样板厚度值的差值作为声学淤积厚度测量仪的测厚示值误差。

3.4.4 声学淤积厚度测量仪试验报告

1. 试验及配套设备

试验设备与设施如下所示。
(1)手持式激光测距仪:2级。
(2)数显卡尺:测量范围0~300mm,分度值0.01mm。
(3)建筑工程质量检测尺:测量范围0~2m,最大允许误差为±0.1mm。
(4)声速剖面仪:最大允许误差±0.2m/s。
(5)水下淤积厚度标准样板,要求如下:
①由ABS塑料板和透明PC板组成,上层标准样板为ABS板,密度为1048kg/m^3,厚度规格为分别为(100±3)mm 和(200±3)mm;下层标准样板为透明PC塑料板,密度为1201kg/m^3,厚度规格为(200±3)mm,标准样板平面度均优于0.5mm。
②ABS塑料板和透明PC板边长为(1000±5)mm,截面积为(1±0.1)m^2。
(6)淤积厚度检定水池要求如下:
①测厚水池长宽高分别为2m、2m 和3m。
②水池边壁、底部及水面应铺设消声材料,具体见图3-40。

图3-40 六面消声水池

③测厚水池顶部设有测厚试验车，试验车测试平台上应配有设备安装支架和垂向定位控制装置。

（7）测深检定水槽要求如下：

①水槽长度75m，宽度1.2m，深度1.2m，具体见图3-41；

②水槽末端水下安装反射板，边壁上设激光反射靶与反射板处于同一平面位置；

③水槽两边壁顶安装平行导轨，试验车在水槽导轨上平滑运行，具体见图3-42；

图3-41　水槽

图3-42　试验车及平行导轨

④试验车上配备了便于拆卸安装的声学淤积厚度测量仪测杆悬挂装置，具体见图3-43；

⑤试验车应设有手持式激光测距仪安放调节装置，具体见图3-44。

图3-43　测杆悬挂装置

图3-44　手持式激光测距仪安放调节装置

2. 试验方法

1）测深示值误差

测深示值误差检定步骤如下：

(1)将声学淤积厚度测量仪换能器固定在试验车测杆上,使换能器发射面位于1/2水深处并与试验车上激光测距仪镜面处于同一水平面上。

(2)使用声速剖面仪测量水中声速,开启声学淤积厚度测量仪调整声速,开启高频信号通道,关闭低频信号通道,将试验车移到40m标准水深点位置,并设此点为基点,调节声学淤积厚度测量仪的微调旋钮,回波信号稳定后记录基点至反射板距离为高频水深示值。

(3)开启激光测距仪,使光点位于激光反射靶中央,连续读取3次取平均值作为标准水深值。

(4)依次将试验车移至30m、20m、15m、10m、7m、5m、3m、1m标准水深点位置,按步骤(2)和步骤(3)分别记录高频水深示值和激光测距仪示值,具体高频水深数据和标准水深值见表3-25。

(5)取各标准水深点位置高频水深示值平均值与标准水深值的差值作为测深示值误差。

(6)关闭高频通道,打开低频通道,按照步骤(2)~(5)方法计算测深示值误差,见表3-26。

表3-25　　　　　　　　　　**高频水深数据和标准水深值**

换能器高频发射频率						200kHz
标准值(m)			测量值(m)			测深示值误差(m)
40.000	40.000	40.000	40.02	40.01	40.03	0.02
平均值	40.000		平均值	40.02		
30.000	30.000	30.000	30.01	30.00	29.99	0
平均值	30.000		平均值	30.00		
20.000	20.000	20.000	19.97	19.98	19.99	-0.02
平均值	20.000		平均值	19.98		
15.000	15.000	15.000	14.98	14.98	14.99	-0.02
平均值	15.000		平均值	14.98		
10.000	10.000	10.000	10.00	10.00	10.00	0
平均值	10.000		平均值	10.00		
7.000	7.000	7.000	7.02	7.01	7.00	0.01
平均值	7.000		平均值	7.01		
5.000	5.000	5.000	5.05	5.04	5.03	0.04
平均值	5.000		平均值	5.04		

续表

换能器高频发射频率						200kHz	
标准值(m)			测量值(m)			测深示值误差(m)	
3.000	3.000	3.000	3.05	3.04	3.03	0.04	
平均值	3.000		平均值	3.04			
1.000	1.000	1.000	1.03	1.02	1.04	0.03	
平均值	1.000		平均值	1.03			

表3-26　　　　　　　　低频水深数据和标准水深值

换能器低频发射频率						24kHz
标准值(m)			测量值(m)			测深示值误差(m)
40.000	40.000	40.000	40.03	40.04	40.02	0.03
平均值	40.000		平均值	40.03		
30.000	30.000	30.000	30.02	30.04	30.00	0.02
平均值	30.000		平均值	30.02		
20.000	20.000	20.000	20.01	20.03	20.02	0.02
平均值	20.000		平均值	20.02		
15.000	15.000	15.000	15.05	15.04	15.03	0.04
平均值	15.000		平均值	15.04		
10.000	10.000	10.000	10.02	10.01	10.03	0.02
平均值	10.000		平均值	10.02		
7.000	7.000	7.000	7.02	7.03	7.04	0.03
平均值	7.000		平均值	7.03		
5.000	5.000	5.000	5.05	5.05	5.05	0.05
平均值	5.000		平均值	5.05		
3.000	3.000	3.000	3.05	3.05	3.05	0.05
平均值	3.000		平均值	3.05		
1.000	1.000	1.000	1.02	1.03	1.01	0.02
平均值	1.000		平均值	1.02		

2)测厚示值误差

(1)将淤积厚度标准样板在水中充分浸润后,在0~0.4m厚度范围内,选取某一个厚度点,分层叠加铺设至淤积厚度检定水池底部,铺设时应保证从上到下密度依次增加，标准样板边缘对齐。

(2)向淤积厚度检定池中注水，至池中水深高于2.5m。

(3)将声学淤积厚度测量仪换能器安装在试验车垂向位移控制系统安装支架上，将换能器底部降到水面下0.5m处左右，使用声速剖面仪测量声速，打开声学淤积厚度测量仪，输入声速值。

(4)调节声学淤积厚度测量仪的微调旋钮，待读数稳定后连续读取3次取算术平均值作为声学淤积厚度测量仪高频测深值h_1和低频测深值h_2，具体数据见表3-27，采用式(3-19)计算声学淤积厚度测量仪测量的淤积厚度值。

(5)采用声学淤积厚度测量仪测量的淤积厚度值与标准样板厚度值的差值作为声学淤积厚度测量仪的测厚示值误差。

表3-27　　　　　　　　　　测厚数据及计算

标准厚度点(mm)	声学淤积厚度测量仪读数						Δh_s (m)	示值误差 C(mm)
	高频测深值 h_1(m)			低频测深值 h_2(m)				
200	1.97	1.97	1.97	2.17	2.18	2.19	0.21	10
	平均值	1.97		平均值	2.18			

3)试验结果

试验结果表明，被检声学淤积厚度测量仪的测深示值误差、测厚示值误差结果均符合预期要求。

3.5　声学淤积厚度计量标准装置及溯源技术

3.5.1　声学淤积厚度测量仪量值溯源方法

1. 量值溯源线路研究综述

量值溯源是通过一条具有规定不确定度的不间断的比较链，使测量结果或测量标准值能够与规定的参考标准(通常是国家计量基准或国际计量基准)联系起来。声学淤积厚度测量仪计量标准装置是实现淤积厚度量值溯源的主要手段，研究水深量值和淤积厚度量值溯源路线的主要内容，即为绘制水深量值和淤积厚度量值溯源和量值传递框图。

2. 测深量值和测厚量值溯源和传递框图

声学淤积厚度测量仪的计量性能参数为水深和淤积厚度，均为长度量值，需分别对测深和测厚量值的标准器进行量值溯源，即将标准器通过检定的方式进行量值溯源。声学淤积厚度测量仪量值溯源与传递框图见图3-45和图3-46。

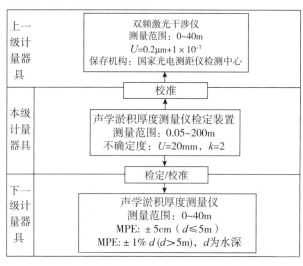

图3-45　声学淤积厚度测量仪测深量值溯源框图

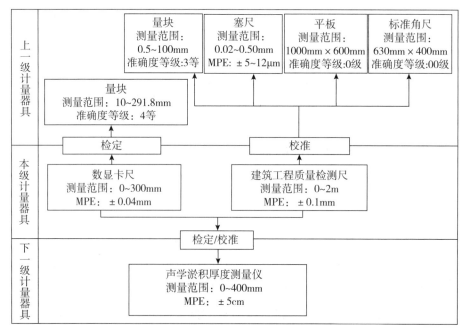

图3-46　声学淤积厚度测量仪测厚量值溯源框图

3.5.2 声学淤积厚度计量标准装置重复性、稳定性试验

1. 声学淤积厚度测量仪测深量值的重复性试验

将激光测距仪平行放置,使用激光测距仪测量激光测距仪反射靶平面和激光发射平面的距离。将激光测距仪的数据作为标准值,测量点选择20m,在重复的条件下,使用声学淤积厚度测量仪连续读数10次,作为重复性测量结果,分别计算出平均值和重复性标准差,具体见表3-28。

表3-28　被检设备测深重复性试验结果统计表(日期:**2021年3月10日**)

设定值(m)	\multicolumn{10}{c}{20}									
序号	1	2	3	4	5	6	7	8	9	10
测量值(m)	20.00	20.00	20.00	19.99	20.00	20.00	20.00	20.00	19.99	20.00
平均值(m)	\multicolumn{10}{c}{19.998}									
重复性标准差(mm)	\multicolumn{10}{c}{4.3}									

2. 声学淤积厚度测量仪测厚量值的重复性试验

将淤积厚度标准样板200mm分别在水中充分浸润后,放于淤积厚度检定水池底部,向淤积厚度检定池中注水,至池中水深高于2.7m,将声学淤积厚度测量仪(高频200kHz,低频24kHz)换能器安装在试验车测试平台垂向定位控制系统安装支架上,换能器底部降到水面下0.3m处;使用声速剖面仪测量声速,将声速值输入声学淤积厚度测量仪,调节声学淤积厚度测量仪的微调旋钮,待读数稳定后读取声学淤积厚度测量仪高频测深值 h_1 和低频测深值 h_2,低频测深值与高频测深值之差为淤积厚度测量仪测得的淤积厚度值。

调节换能器的位置,重复10次,分别记录低频测深值与高频测深值的差值,作为重复性测量结果,计算出平均值和重复性标准差,具体见表3-29。

表3-29　被检设备测厚重复性试验结果统计表(日期:**2021年5月10日**)

设定值(mm)	\multicolumn{10}{c}{200}									
序号	1	2	3	4	5	6	7	8	9	10
测量厚度值(m)	0.21	0.20	0.21	0.21	0.20	0.21	0.20	0.21	0.20	0.21
平均值(m)	\multicolumn{10}{c}{0.206}									
重复性标准差(mm)	\multicolumn{10}{c}{5.2}									

将淤积厚度标准样板 398mm 分别在水中充分浸润后，放于淤积厚度检定水池底部，向淤积厚度检定池中注水，至池中水深高于 2.7m，将声学淤积厚度测量仪（高频 200kHz，低频 12kHz）换能器安装在试验车测试平台垂向定位控制系统安装支架上，换能器底部降到水面下 0.3m 处，使用声速剖面仪测量声速，将声速值输入声学淤积厚度测量仪，调节声学淤积厚度测量仪的微调旋钮，待读数稳定后读取声学淤积厚度测量仪高频测深值 h_1 和低频测深值 h_2，低频测深值与高频测深值之差为淤积厚度测量仪测得的淤积厚度值。

调节换能器的位置，重复 10 次，分别记录低频测深值与高频测深值的差值，作为重复性测量结果，计算出平均值和重复性标准差，具体见表 3-30。

表 3-30　　　　被检设备测厚重复性试验结果统计表（日期：2021 年 5 月 15 日）

设定值（mm）	400									
序号	1	2	3	4	5	6	7	8	9	10
测量值（m）	0.40	0.40	0.41	0.40	0.40	0.40	0.41	0.40	0.40	0.40
平均值（m）	0.402									
重复性标准差（mm）	2.0									

3. 声学淤积厚度测量仪测深量值的稳定性试验

在进行稳定性试验中，使用被检声学淤积厚度测量仪作为核查标准。具体的测量数据如表 3-31 所示。

4. 声学淤积厚度测量仪测厚量值的稳定性试验

在进行稳定性试验中，使用声学淤积厚度测量仪作为核查标准。具体的测量数据如表 3-31、表 3-32 和表 3-33 所示。

表 3-31　　　　声学淤积厚度测量仪测量数据统计表　　　　（单位：m）

考核时间		2021 年 1 月 11 日	2021 年 2 月 12 日	2021 年 3 月 12 日	2021 年 4 月 11 日	2021 年 5 月 14 日	2021 年 6 月 13 日
标称值		25.000					
测量次数	1	25.01	25.01	25.01	25.01	25.01	25.01
	2	25.01	25.01	25.01	25.01	25.01	25.01
	3	25.02	25.02	25.02	25.02	25.02	25.00

续表

考核时间		2021年1月11日	2021年2月12日	2021年3月12日	2021年4月11日	2021年5月14日	2021年6月13日
测量次数	4	25.01	25.01	25.01	25.02	25.01	25.01
	5	25.00	25.00	25.00	25.01	25.01	25.01
	6	25.01	25.01	25.01	25.01	25.00	25.01
	7	25.01	25.01	25.01	25.01	25.01	25.01
	8	25.01	25.00	25.01	25.01	25.01	25.01
	9	25.01	25.01	25.01	25.01	25.00	25.01
	10	25.01	25.01	25.01	25.01	25.01	25.01
$\overline{H}$		25.009	25.007	25.009	25.010	25.007	25.008
$\overline{H}_{\max} - \overline{H}_{\min}$		0.003					
允许变化量		±0.2					
结论		合格					

表3-32 **厚度标准样板(200mm)的稳定性考核记录表** （单位：m）

考核时间		2021年1月2日	2021年2月8日	2021年3月12日	2021年4月13日	2021年5月14日	2021年6月17日
标称值		0.20					
测量次数	1	0.21	0.21	0.21	0.20	0.21	0.20
	2	0.21	0.20	0.20	0.20	0.21	0.20
	3	0.20	0.20	0.20	0.20	0.20	0.21
	4	0.20	0.21	0.21	0.20	0.20	0.20
	5	0.21	0.21	0.20	0.21	0.21	0.20
	6	0.21	0.20	0.20	0.20	0.21	0.21
	7	0.20	0.20	0.20	0.20	0.20	0.20
	8	0.20	0.21	0.21	0.21	0.21	0.21
	9	0.21	0.20	0.20	0.20	0.21	0.21
	10	0.20	0.20	0.20	0.20	0.20	0.21
$\overline{H}$		0.205	0.204	0.204	0.202	0.205	0.206
$\overline{H}_{\max} - \overline{H}_{\min}$		0.004					
允许变化量		±0.05					
结论		合格					

表3-33 厚度标准样板(400mm)的稳定性考核记录表　　　　　　（单位：m）

考核时间		2021年1月2日	2021年2月8日	2021年3月12日	2021年4月13日	2020年5月14日	2020年6月17日
标称值		0.398					
测量次数	1	0.40	0.40	0.40	0.40	0.41	0.40
	2	0.40	0.41	0.40	0.40	0.40	0.41
	3	0.41	0.41	0.41	0.41	0.41	0.41
	4	0.40	0.40	0.41	0.42	0.40	0.40
	5	0.40	0.40	0.40	0.41	0.41	0.40
	6	0.40	0.40	0.40	0.40	0.40	0.41
	7	0.41	0.41	0.41	0.41	0.41	0.41
	8	0.40	0.40	0.40	0.40	0.40	0.40
	9	0.40	0.41	0.41	0.40	0.41	0.40
	10	0.40	0.40	0.41	0.41	0.40	0.41
$\bar{H}$		0.402	0.405	0.405	0.406	0.405	0.405
$\bar{H}_{max} - \bar{H}_{min}$		0.004					
允许变化量		±0.05					
结论		合格					

3.5.3 声学淤积厚度计量标准装置校准结果的测量不确定度评定

1. 声学淤积厚度测量仪水深测量结果不确定度评定

1）数学模型

$$\Delta L = L - L_0 + \Delta L_1 + \Delta L_2 + \Delta L_3 \quad (3\text{-}20)$$

式中，ΔL 为测深仪测量示值误差(m)；L 为测深仪示值(m)；L_0 为激光测距仪的示值(m)；ΔL_1 为温度变化带来的长度偏差(mm)；ΔL_2 为由安装时产生的激光测距仪和测深仪的位置偏差(mm)；ΔL_3 为由声速不准确造成的测量误差(m)。

2）合成灵敏度系数

式(3-20)中，ΔL、L、L_0、ΔL_1、ΔL_2、ΔL_3 间相互独立，合成标准不确定度为

$$u_c^2(\Delta L) = c^2(L)u^2(L) + c^2(L_0)u^2(L_0) + c^2(\Delta L_1)u^2(\Delta L_1)$$
$$+ c^2(\Delta L_2)u^2(\Delta L_2) + c^2(\Delta L_3)u^2(\Delta L_3) \quad (3\text{-}21)$$

式中，灵敏度系数分别为 1，-1，1，1，1。

3）计算分量不确定度

(1) 被检设备重复性引入的不确定分量 $u(L)$。

被检设备测试结果如表 3-34 所示。

表 3-34　　　　　　　　　被检设备在 20m 处 10 次测量结果汇总表

序号	1	2	3	4	5	6	7	8	9	10
测量值(m)	20.01	20.03	20.02	20.02	20.01	20.03	20.01	20.02	20.03	20.02

采用测量不确定度 A 类评定方法进行评定

$$u(L) = s(x) = \sqrt{\frac{\sum_{i=1}^{n}(x_i - \bar{x})^2}{n-1}} = 6.4\text{mm}$$

(2) 激光测距仪带来的不确定度分量 $u(L_0)$。

对激光测距仪采用标准不确定度的 B 类评定方法，激光测距仪的说明书中给的最大允许误差为±5mm，估计其为均匀分布，则其不确定度 $u(L_0)$ 为：

$$u(L_0) = \frac{5\text{mm}}{\sqrt{3}} = 2.89\text{mm}$$

(3) 温度的变化给系统带来的不确定度 $u(\Delta L_1)$。

$$u(\Delta L_1) = 0.2\text{mm}$$

(4) 激光测距仪与测深仪的位置偏差、测深仪反射挡板与激光反射靶的平行度会对实际测量距离产生影响，估计实际测量距离的误差为 10mm，按其均匀分布，引入的不确定度 $u(\Delta L_2)$ 为：

$$u(\Delta L_2) = \frac{10\text{mm}}{\sqrt{3}} = 5.77\text{mm}$$

(5) 声速不准确造成的测量误差引入的测量不确定度分量 $u(\Delta L_3)$。

20℃时，水中声速为 1482.66m/s。在 20m 的水槽中往返（距离为 40m），需要的时间为 27.0ms。按要求进行声速的计算，以声速的最大允许误差±0.2m/s 计算，则为±5.40mm。在 20m 的条件下，距离的误差为一半，为±2.70mm。采用不确定度的 B 类评定方式，则由声速不准确造成的测量误差引入的测量不确定度分量：

$$u(\Delta L_3) = \frac{2.70}{\sqrt{3}} = 1.56\text{mm}$$

4）测量不确定度一览表

表 3-35　　　　　　　　　　　　标准不确定分量汇总表

标准不确定度分量	不确定度来源	标准不确定度值	灵敏度系数
$u(L)$	测深仪重复性测量引入的测深不确定度分量	6.4mm	1
$u(L_0)$	激光测距仪本身引入的测深不确定度分量	2.9mm	-1
$u(\Delta L_1)$	温度的变化给系统带来的差值	0.2mm	1
$u(\Delta L_2)$	安装引入的差值	5.8mm	1
$u(\Delta L_3)$	由声速不准确造成的测量误差	1.6mm	1

5）合成标准不确定度

$$u_c(\Delta L) = \sqrt{c^2(L)u^2(L) + c^2(L_0)u^2(L_0) + c^2(\Delta L_1)u^2(\Delta L_1) + c^2(\Delta L_2)u^2(\Delta L_2) + c^2(\Delta L_3)u^2(\Delta L_3)}$$
$$= \sqrt{1^2 \times 8.2^2 + 1^2 \times 2.9^2 + 1^2 \times 0.2^2 + 1^2 \times 5.8^2 + 1^2 \times 1.6^2} = 10\text{mm}$$

6）扩展不确定度

取扩展因子 $k=2$，扩展不确定度为：

$$U = k \cdot u_c = 2 \times 10 = 20\text{mm}, \quad k=2$$

2. 声学淤积厚度测量仪淤积厚度测量结果不确定度评定

1）数学模型

$$\Delta h = h - h_0 + \Delta h_1 + \Delta h_2 + \Delta h_3 + \Delta h_4 \tag{3-22}$$

式中，Δh 为淤积厚度测量示值误差（mm）；h 为被检淤积厚度测量仪的测量结果（mm）；h_0 为标准样板的厚度（mm）；Δh_1 为水中浸泡导致的标准样板厚度变化（mm）；Δh_2 为水体温度变化导致的标准样板厚度变化（mm）；Δh_3 为标准样板安放误差引起的淤积厚度测量结果的变化（mm）；Δh_4 为淤积厚度测量仪安装误差引起的淤积厚度测量结果的变化。

2）合成灵敏度系数

式（3-22）中，Δh、h、h_0、Δh_1、Δh_2、Δh_3、Δh_4 间相互独立，合成标准不确定度为

$$u_c^2(\Delta h) = c^2(h)u^2(h) + c^2(h_0)u^2(h_0) + c^2(\Delta h_1)u^2(\Delta h_1) + c^2(\Delta h_2)u^2(\Delta h_2)$$
$$+ c^2(\Delta h_3)u^2(\Delta h_3) + c^2(\Delta h_4)u^2(\Delta h_4) \tag{3-23}$$

式中，灵敏度系数分别为 1，-1，1，1，1，1。

3）计算分量不确定度

（1）被检设备重复性测量引入的不确定度分量 $u(h)$。

选择贝塞尔公式进行被检设备重复性测量引入的不确定度计算。具体公式如下：

$$u(h) = \sqrt{\frac{\sum_{i=1}^{n}(h_{1i} - \bar{h}_1)^2}{(n-1)}} \tag{3-24}$$

式中，u 为标准不确定度；h_{1i} 为单次测量结果；$\bar{h}_1$ 为测量结果的算数平均值；n 是实验次数。将实验结果代入式(3-23)，可得 5.2mm。

(2) 由标准样板厚度测量引入的不确定度 $u(h_0)$。

① 由数显卡尺多次测量标准样板厚度引入的不确定度 $u_1(h_0)$。

选择贝塞尔公式进行多次测量标准样板厚度引入的不确定度计算。具体公式如下：

$$u_1(h_0) = s(\bar{h}_0) = \sqrt{\frac{\sum_{i=1}^{n}(h_{1i} - \bar{h}_0)^2}{n(n-1)}} \tag{3-25}$$

式中，u 为标准不确定度；s 为实验标准差；h_{1i} 为单次测量结果；$\bar{h}_0$ 为测量结果的算数平均值；n 为实验次数。将实验结果代入式(3-24)，可得 0.012mm。

② 标准样板平整度测量引入的测量不确定度分量 $u_2(h_0)$。

采用建筑工程质量检测尺进行淤积厚度表面平整度测量，最大的测量误差为 0.3mm，估计其为均匀分布。因此，由安放误差所引入的不确定度估计为

$$u_2(h_0) = \frac{0.3}{\sqrt{3}} = 0.174\text{mm}$$

③ 由数显卡尺本身对 ABS 树脂板测量引入的测量不确定度分量 $u_3(h_0)$。

数显卡尺的最大允许误差为±0.04mm，估计其为均匀分布。因此由数显卡尺引入的不确定度估计为

$$u_3(h_0) = \frac{0.04}{\sqrt{3}} = 0.024\text{mm}$$

④ 由建筑工程质量检测尺本身对标准样板平整度测量引入的测量不确定度分量 $u_4(h_0)$。

建筑工程质量检测尺的最大允许误差为±0.1mm，估计其为均匀分布。因此由建筑工程质量检测尺引入的不确定度估计为

$$u_4(h_0) = \frac{0.1}{\sqrt{3}} = 0.058\text{mm}$$

$$u(h_0) = \sqrt{u_1(h_0)^2 + u_2(h_0)^2 + u_3(h_0)^2 + u_4(h_0)^2} = 0.19\text{mm}$$

(3) 吸水率对厚度标准样板的影响所引起的厚度变化引入的不确定度分量 $u(\Delta h_1)$。

ABS 树脂材料的吸水率为 0.15%，200mm 的 ABS 树脂板通过计算得到其最大变化

量为 $\Delta h = 200 \times 0.15\% = 0.3\text{mm}$,估计其为均匀分布。因此,由环境变化所引入的不确定度估计为

$$u(\Delta h_1) = \frac{0.3}{\sqrt{3}} = 0.174\text{mm}$$

(4)温度变化对厚度标准样板的影响所引起的厚度变化所引入的不确定度分量 $u(\Delta h_2)$。

厚度标准样板的线膨胀系数为 $2.37 \times 10^{-6}/℃$,考虑温度变化 10℃ 时,1m 长度厚度标准样板会出现 0.0237mm 的长度变化,根据计算可得到,200mm 的 ABS 树脂板的厚度变化量为 0.00474mm,估计其为均匀分布。因此,由温度变化所引入的不确定度估计为

$$u(\Delta h_2) = \frac{0.00474}{\sqrt{3}} = 0.0028\text{mm}$$

(5)厚度标准样板安放误差引起的淤积厚度变化量所引入的不确定度分量 $u(\Delta h_3)$。

估计安装的误差为 2mm,换算到厚度变化量引入的不确定度为 0.004mm,估计其为均匀分布。因此,由安放误差所引入的不确定度估计为

$$u(\Delta h_3) = \frac{0.004}{\sqrt{3}} = 0.003\text{mm}$$

(6)换能器安装误差引起的淤积厚度测量结果的变化所引入的不确定度分量 $u(\Delta h_4)$。

通过测试换能器安装误差为 2.0mm,估计其为均匀分布。因此,由换能器安装误差所引入的不确定度估计为

$$u(\Delta h_4) = \frac{2.0}{\sqrt{3}} = 1.16\text{mm}$$

4)测量不确定度一览表

淤积厚度测量不确定度分量如表 3-36 所示。

表 3-36　　　　　　　　淤积厚度测量不确定度分量一览表

不确定度分量	不确定度来源	相对不确定度	灵敏度系数
$u(h)$	被检设备重复性测量引入的不确定度分量	4.3mm	1
$u(h_0)$	由标准样板厚度测量引入的不确定度分量	0.2mm	-1

续表

不确定度分量	不确定度来源	相对不确定度	灵敏度系数
$u(\Delta h_1)$	吸水率对厚度标准样板的影响所引起的厚度变化所引入的不确定度分量	0.2mm	1
$u(\Delta h_2)$	温度变化对厚度标准样板的影响所引起的厚度变化所引入的不确定度分量	0.0mm	1
$u(\Delta h_3)$	标准样板安放误差所引入的不确定度分量	0.0mm	1
$u(\Delta h_4)$	换能器安装误差引起的淤积厚度测量结果的变化所引入的不确定度分量	1.2mm	1

5)不确定度合成及扩展不确定度

淤积物淤积厚度的标准不确定度：

$$u_c(\Delta h) = 5\text{mm}$$

扩展不确定度：

$$U = 2 \times 5\text{mm} = 10\text{mm}, \ k = 2$$

3.5.4 声学淤积厚度计量标准装置应用

应用声学淤积厚度测量仪检定装置对20台套双频测深仪的测深指标和测厚指标进行实验室校准工作，出具相应的校准证书。12家水运工程相关单位送来的声学淤积厚度测量仪使用该装置进行校准，校准后的双频测深仪被应用于日照港海域海洋资源环境调查、厦门港厦门湾口海域砂源勘察和上海港长江口淤积量测量任务。

3.6 本章小结

本章开展了声波特性与淤积密度之间的关系研究，构建了实验室内的不同淤积类型的淤积厚度场，在六面消声水池中进行了替代材料板淤积厚度场构建技术研究和计量检测方法研究工作。建立了声波发射特性与淤积物密度定量关系曲线。具体情况如下：

（1）通过流变试验和船模阻力试验确定适航淤泥密度值，界定了淤积物内部关键分界面密度值。针对已知的淤积厚度分层介质模型定性分析了适航淤积密度值与声波反射强度的关系，完成了定量分析实验，得到声学发射强度与适航淤积密度值的定量关系。

（2）基于实验模型构建淤泥质海岸类型淤泥淤积厚度场。构建了三种海岸类型的淤积厚度场，淤积厚度场具有沉降均匀，各垂线密度分布一致的特性。

（3）利用六面消声水池的实验条件，进行替代材料板淤积厚度场构建技术和计量检测方法研究。在计量技术规范方面，完成《声学淤泥厚度测量仪》部门计量检定规程。

（4）在计量标准装置研制方面，完成了淤泥质类型替代材料板的淤积厚度场构建，标准装置淤积厚度测量过程的影响因素分析，计算得到相对合成标准不确定度为0.11%，通过专家现场测评验收，经该装置校准的设备已经在我国多个港口和航道区域的相关测量任务中进行应用。

（5）淤泥质淤积厚度场的实验室测试环境的构建和淤积厚度计量标准装置的研制促进了我国声学淤积厚度测量仪的国产化产品质量的提升和计量标准的推广应用。

第4章 基于标准目标块的底物分辨计量检测技术

多波束测深仪、侧扫声呐等是海底地形地貌测量的主要仪器。近年来，随着海洋开发、海洋监测、海洋科学研究的迅速发展，这些仪器设备在国内许多部门和单位中大量引进，广泛使用，发挥了巨大的作用。但是，由于缺乏实验室计量检测手段，大多数仪器无法进行规范有效的检定/校准，只能采取现场自校或比测的办法，且无统一规范，严重影响到观测数据的可靠性、准确性及可信度，所获取的数据资料存在很大的质量隐患。

因此，我们通过专门研究，建立科学的、权威的浅浊水域声呐计量检测技术体系，填补我国在设备校准、检测技术方面的空白，为提高海底声呐测量资料质量奠定了扎实基础。

4.1 底物分辨计量标准装置研制

底物分辨计量标准装置由消声水池、行车、升降装置、旋转装置和标准目标物套组组成。消声水池长度约40m，宽度约10.8m，深度为5~8m，水池池壁铺设消声材料，可以模拟自由场、远场环境。标准目标物套组铺设于池底，包括3种尺寸的球体和立方体。升降和旋转装置安置在行车上，用于对声呐的几何与声学指标进行计量测试。

4.1.1 消声水池升级改造

为形成科学、权威的计量检测方法，完成底物分辨设备通用指标计量检测，我们确定了对现有消声水池的升级改造设计方案，旨在构建可控环境条件的声呐设备检测场。

1. 标准目标块铺设

将若干不同形状、尺寸的标准目标物精确固定后铺设于消声水池底部。此外，池底还铺设沉船模型、木箱、石块、钢球、竖直铁管、PVC 塑料横管等目标,大小及位置如图 4-1~图 4-4 及表 4-1~表 4-4 所示。

图 4-1 小球及正方体

图 4-2 木箱

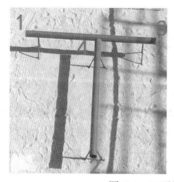 

图 4-3 T 型目标物与竖杆

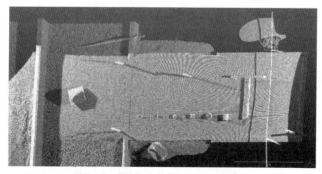

图 4-4 实验室水底目标物分布图

表 4-1　　　　　　　　　　小球及正方体位置及大小

目标物编号	目标物中心坐标			直径或边长 (cm)
	X(m)	Y(m)	H(m)	
1	3985499.731	510487.111	42.393	10
2	3985499.533	510486.194	42.414	10
3	3985499.376	510485.239	42.488	20
4	3985499.186	510484.234	42.54	20
5	3985499.005	510483.281	42.593	30
6	3985498.872	510482.237	42.656	30

表 4-2　　　　　　　　　　　木箱角点坐标

目标物编号	X(m)	Y(m)	H(m)
1	3985499.866	510491.068	42.690
2	3985499.502	510491.082	43.027
3	3985498.897	510490.727	42.470
4	3985499.172	510491.313	42.748
5	3985499.220	510490.517	42.659
6	3985501.567	510485.369	42.277
7	3985501.229	510485.737	42.767
8	3985500.839	510485.678	42.466

表 4-3　　　　　　　　　　T 型目标物位置及长度

序号	目标物中心坐标			长度(m)
	X(m)	Y(m)	H(m)	
1	3985496.885	510482.415	42.767	2
2	3985496.544	510480.494	42.819	
3	3985498.683	510480.972	42.774	2
4	3985496.747	510481.329	42.785	

表4-4　　　　　　　　　　　　竖杆位置及高度

序号	目标物中心坐标			高度(m)
	$X(m)$	$Y(m)$	$H(m)$	
1	3985498.913	510496.328	43.897	1
2	3985500.640	510488.123	43.248	1
3	3985497.382	510488.724	43.282	1
4	3985497.263	510484.815	43.323	1
5	3985498.932	510478.307	43.285	1

经过电子全站仪的精密测量，可以得到各目标物的位置坐标和分布情况。

2. 精密回转及升降装置

1）设计依据

精密回转、升降装置是水声计量测试实验的主体执行机构，主要用于控制换能器对之间的相对位置关系，精确完成回转或升降功能。对其设计要求主要有以下5个方面：

（1）发射换能器支架与水听器支架水平距离要满足远场要求；

（2）回转、升降定位装置的精度和系统稳定性要满足测试要求；

（3）支架满足负载要求；

（4）精密回转装置在平面内能够围绕旋转轴自由旋转；

（5）升降装置能够在竖直面内沿铅垂线自由升降。

根据通用技术规范中的邻近区判据和平面行波判据可知，决定换能器对测试距离的主要因素是换能器尺寸和声波波长(频率)。比如一个最大线度 L 为 0.2m 的换能器，其工作频率 f 为 200kHz，水中声速 c 以 1500m/s 计算，代入公式可得其邻近区为 5.33m，即测试距离不能小于 5.33m 才能满足远场条件。在实际工作中，有一些换能器的辐射面或接收面并非平面，而是较粗的圆柱或球面(绝大多数多波束声呐)，在一定距离范围内不能保证它们的声波振动面是一个平面。因此除满足远场条件外，还要保证接收振动面近边缘与远边缘处声场均匀，幅度变化小于 1dB，即平面行波判据。

$$\begin{cases} r \geqslant \dfrac{L^2}{\lambda} \\ r \geqslant L \end{cases} \quad (4\text{-}1)$$

综上所述，实验中测试条件应为

$$\begin{cases} r \geqslant \dfrac{L^2}{\lambda} \\ r \geqslant 10D \end{cases} \quad (4\text{-}2)$$

标准水听器探头最大线度 D 为 1.6cm，可认为是点源接收器，因此在满足远场条件的前提下，该项条件是可以满足的。根据消声水池结构尺寸和以上平台建设要求，将测试距离设计为 $r=8\text{m}$，该距离既能满足绝大多数声呐的远场条件，又能满足脉冲声技术要求，较为理想。

2) 采集记录设备

在表征声呐换能器性能的基本参数中，有一些指标是不能直接测量的，需要通过某些几何量和电学量计算得到，我们称之为导出参数。对于声源级、指向性指数等导出参数，需要通过专业的数据采集记录设备对换能器发射的声波进行基本参数测量分析，进而依据相应的计算公式获得，信号采集分析基本流程如图 4-5 所示。实验需要测量的基本测量参数是接收水听器端的开路输出电压、接收水听器和发射换能器之间的距离、方位角等。下面具体介绍水声测试过程中所使用的采集记录设备。

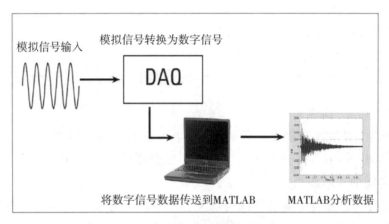

图 4-5 脉冲信号采集分析流程图

在信号采集器方面，Agilent U2500A 系列 USB 同步采样(SS)多功能数据采集器(DAQ)是一种高性能且用户界面友好的设备。该设备可以用作独立单元，也可以用作模块化单元。U2500A 系列有三种型号：

（1）U2531A：4 通道 SS 多功能 DAQ 14 位 2MSa/s；

（2）U2541A：4 通道 SS 多功能 DAQ 16 位 250kSa/s；

（3）U2542A：4 通道 SS 多功能 DAQ 16 位 500kSa/s。

U2500A 系列 DAQ 设备可与多种应用程序开发环境(ADE)兼容，例如：Agilent VEE、MATLAB、LabVIEW 和 Microsoft Visual Studio。Agilent Measurement Manager 与每种设备捆绑在一起，是一种易于使用的应用程序软件。实验采用的信号采集器即为捆绑 Agilent Measurement Manager 应用程序软件的 Agilent U2531A USB 模块化产品。

U2500A 系列 USB 同步采样多功能数据采集设备具有 68 针 VHDCI 型母接头连接

器，以下为所有 U2500A 系列 DAQ 设备的连接器针脚配置。

丹麦 RESON 公司拥有多种型号的水听器，主要用于精密水下声学测量、信号探测及校准参考声学投影等。RESON 水听器在科学研究、海军声信号监测和环境监测等领域应用广泛。4000 系列水听器典型用于精密参考测量、参考投影、被动阵列和定位跟踪系统。本实验采用的 TC4014-5 型标准水听器具体性能参数如表 4-5 所示。

表 4-5 　　　　　　　　　　TC4014-5 型标准水听器具体性能参数

名　称	参　数
频率范围	15Hz～480kHz
水平指向性	在 100kHz，全方位±2dB
垂直指向性	在 100kHz，270°范围±2dB
耐压深度	500m
工作温度范围	−5～+55℃
前置放大器增益	26dB
电源电压	12～24VDC

3）精密回转与升降装置

(1) 换能器支架和水听器支架分别安装在行车两端，两者距离 $r=8$m，与南北两侧消声池壁距离 $d=1.4$m，安装支架上顶端中心处设测量标志，用于精确测定并换算水下换能器对之间的实际距离。

(2) 换能器和水听器安装管设计为水上、水下两部分钢管，用法兰连接（图 4-6），在完成实验后，可将水下部分拆下存储，防潮防锈，针对不同螺孔数量的换能器架，采用两种连接件，故可以适配多种型号的换能器导流罩支架。

图 4-6　转接法兰

(3)水听器支架(升降装置)可通过摇杆在竖直方向升降,其调节范围:以行车下方 5m 为中心,上下可调 1.5m,即总调节幅度 3m。支架边缘设有刻度钢尺,调节精度为毫米级。利用精密工业测量系统对支架竖直度进行标定,由带有水准管的整平螺栓进行调节,可保证安装支架的严格竖直。如图 4-7 所示。

图 4-7 水听器端升降装置

(4)精密回转系统采用 stm32f407 微控制器为控制核心,日本松下公司生产的带有驱动器的 MSMJ022G1V 型伺服电机为执行机构,电机通过旋转平台(图 4-8)带动声呐在水平面内进行旋转。声呐换能器的旋转轴安装德国 SICK 公司生产的 AFS60A-THAM262144 绝对值编码器,微控制器通过与编码器通信获取换能器的位置信息形成对换能器位置的闭环控制。系统通过矩阵键盘完成旋转角度、速度的指令输入。输入指令,实现换能器在水平面内 360°转动,旋转装置精度 1′,编码器测量精度为 4″~5″,满足波束角检测优于 0.01°的测量精度要求,当前位置信息通过 12864 液晶屏进行实时显示。

图 4-8 旋转平台实物图

系统功能结构框图如图 4-9 所示。

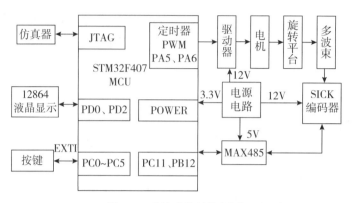

图 4-9　系统功能结构框图

松下 MSMJ022G1V 伺服电机自带编码器（图 4-10）的分辨率为 131072，SICK AFS60A-THAM262144 编码器的分辨率为 262144。

电机旋转精度：

$$\alpha = \frac{360 \times 60 \times 60}{131072} = 9.89''$$

系统反馈机构精度：

$$\beta = \frac{360 \times 60 \times 60}{262144} = 4.94''$$

图 4-10　编码器和电机

（5）有关距离的测量或标定均采用了激光全站仪，精度为毫米级，如图 4-11 所示。

图 4-11 激光全站仪测距

4.1.2 底物分辨计量标准装置校准

1. 校准要求

当精密回转及升降转置安装好以后，须满足如下要求：
(1)精密回转/升降装置的轴系关系与水准管轴平行；
(2)保证精密回转/升降装置的连接杆以及升降杆与水平面严格垂直。

2. 校准过程

平台校准需要用的仪器设备：高精度经纬仪工业测量系统、徕卡 TM30 全站仪、TM30 配套脚架和棱镜、橡皮锤、重锤，以及内六角扳手等测量工具。

以往设备的校准工作，采用标定精度很高的高精度经纬仪工业测量系统。但是由于所需计量测试部分需要安装在行车上才能检校，这样就须在无水的消声水池池底进行校准工作。而工业测量系统较沉重，很难实现池底的搬运工作；且池底地形较复杂，没有适合工业测量系统进行测量工作的区域。并且其测量耗费时间长，操作复杂，室外使用条件比较苛刻。除此之外，平台检校所需精度标准较低，工业测量系统精度远高于此。

相对于工业测量系统而言，徕卡 TM30 全站仪较适合此次测量工作，具有免棱镜的测量模式，设站灵活，可用距离后方交会进行自由设站，可以在不同的现场条件下选择最佳位置设站，便于在水池池底进行观测，而且在池底的移动携带也较方便。因此，我们采用免棱镜模式下的徕卡 TM30 全站仪代替高精度经纬仪工业测量系统进行测量工作。

徕卡 TM30 全站仪免棱镜模式下标称精度为 1.1mm+0.8ppm，但是为了确保 TM30 实际测量精度达到其标称精度，保证后续校准试验的可靠性，我们首先对免棱镜模式下的 TM30 进行精度评定。

鉴于经纬仪工业测量系统（TM5100A）通过空间前方交会测量来获取空间点的三维坐标，它们的精度可以达到±0.5″，其精度值很高，远远超过 TM30 测量精度。因此，本试验使用经纬仪工业测量系统的测量值为真值，对比分析徕卡 TM30 全站仪测量的点位精度，来验证其是否达到所标称精度。下面简单介绍了工业测量系统，并对免棱镜模式下的 TM30 进行精度评定。

水声系统计量测试平台的校准工作在整个平台建设中尤为重要，其工作流程分为计量测试平台的粗调与精调两部分，下面进行详细探讨。

1）水声系统计量测试平台的粗调

为了使计量测试平台的工作能够高效地完成，粗调的工作是非常重要的，粗调工作可以使平台的水上部分和水下部分的连线可以大致调整到铅垂的状态，这样为平台的校准计量测试工作提供了一个正确的方向，避免盲目的调试造成大量无用的工作量。

（1）计量测试平台的调节装置。

该平台的整平设备与全站仪等测量仪器的调平装置相类似，由三个可转动的整平螺栓和相互垂直的水准管组成，在调节平台系统换能器或水听器安装结构的位置时，转动 A、B 两个螺栓可以调节水听器或换能器在南北方向上的位置，转动螺栓 C 可以调节水听器在东西方向上的位置，其整平与旋转结构示意如图 4-12 所示。

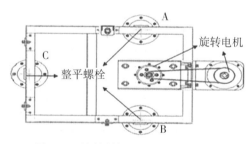

图 4-12　旋转结构与整平结构示意图

（2）水听器部分的粗调工作。

在进行粗调工作时，在水听器部分，采用的方法是在水听器部分的可升降不锈钢管中利用 U 形工具自由悬挂一条可以承受重锤质量的细线，并使线的一端从水听器部分的下方露出，并在这一端悬挂重锤。通过对水听器位置的调节，使悬挂重锤的线大致位于水听器可升降不锈钢管的下端管口处的中心位置，此时，水听器部分的水上与水下两部分的连线大致为铅垂状态。

上述工作结束之后,在水听器部分的大致正西侧安置好 TM30 全站仪,这样就可以利用全站仪瞄准水听器部分上端所安置的棱镜并置零,然后分别瞄准水听器部分不锈钢管下端的左右两侧,并读取其水平角 A 和水平角 B,如图 4-13 所示。

这样,水听器部分下端中间位置的水平角 M 就是 A 和 B 的角度值的平均值。以 M 的角度值就可以确定水听器部分相对于铅垂线的偏离方向和偏离程度,并通过对整平装置进行调整,使水听器的水上与水下两部分在南北方向上大致位于同一平面位置。

(3)换能器部分的粗调工作。

由于换能器钢管部分无法利用重锤进行粗调,只能利用全站仪进行粗调工作。其粗调原理与水听器部分的粗调原理相同,经过粗调工作后,同样也将换能器部分的水上和水下两部分在南北方向上大致位于同一平面位置。

2)水声系统计量测试平台的精调

(1)换能器部分的检校工作。

换能器部分的检校工作的主要目的就是让换能器部分的水上和水下两部分的连线精确地保持铅垂位置。

在进行换能器的检校工作时,要先在换能器部分的上端安置一个棱镜,此棱镜的安装位置必须保证是换能器部分的不锈钢管横截面的中心位置,如图 4-14 所示。这个棱镜作为换能器部分的水上部分的照准标志,在进行校准工作时,利用徕卡 TM30 全站仪对这个棱镜进行瞄准,并测量出换能器部分上端的坐标。

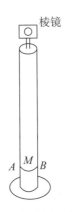

图 4-13 粗调示意图

图 4-14 换能器结构校准示意图

在进行检校工作时，采用自由设站的方法，在换能器部分的西面安置 TM30 全站仪，并在仪器的南面安置棱镜，测量工作的步骤如下：

①用全站仪瞄准棱镜进行定向；
②用全站仪瞄准换能器部分上方的棱镜并记录棱镜的坐标；
③用全站仪测出换能器部分下端边沿分布均匀的一些点的坐标；
④利用 Axyz 软件测得的换能器下端部分的点的坐标拟合出换能器下端的圆心的平面位置坐标；
⑤将换能器下端圆心的坐标与换能器上端的圆心坐标进行比较，得出偏离方向和偏离程度；
⑥根据偏离程度和偏离方向对平台进行调整；
⑦重复步骤②~⑥，直到换能器部分上端圆心与下端圆心的平面位置坐标偏差满足要求为止。

在上述测量过程中，忽略地球曲率、大气折光等的影响，所有点位坐标忽略其高程值的影响，将其视为平面坐标系，高程值相同，只考虑在北东坐标系中的平面位置。

（2）水听器部分的检校工作。

在进行水听器部分的检校工作时，与换能器部分的检校工作相同，TM30 全站仪安置在水听器部分的一侧，采用自由设站法。检校工作的步骤与换能器部分的检校工作一样。在上述校准工作中，由于 TM30 电量不足，导致电池更换，因此在最后一次校准中为保证测量精度，重新后视导致所测点位坐标不同，但不影响校准工作。图 4-15 为水听器校准误差趋势图。

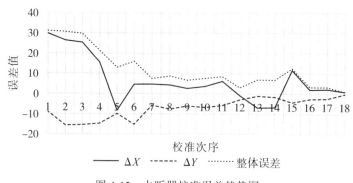

图 4-15　水听器校准误差趋势图

在检校工作结束之后，要用徕卡 TM30 全站仪测出换能器部分在安装时每一法兰相对于 TM30 全站仪的相对高程，记录每根钢管的长度，同时测试每部分钢管的长度是否符合其设计值。在后期试验中根据测深的变化，进行钢管的拆卸，可求得其吃水深度。四根钢管的设计要求分别为 1.25m、1m、1m 和 1m，误差要求不超过 5mm，经测试验证其钢管长度与设计值误差在 3mm 以内，符合加工精度要求。

当水听器部分的可升降不锈钢管上安装的刻度尺调节到一定刻度时的每个法兰相对于 TM30 全站仪的相对高程。与换能器部分相同，法兰编号从上至下，从 1 号开始递增。水听器部分刻度调为 100 时各法兰的相对高程。

4.1.3 底物分辨计量装置误差分析

1. 几何计量测试指标

消声水池池壁在改造时已经做平整处理，其不平整度误差不超过 4mm。计量检测场使用 TM30 全站仪进行高精度测距，测距的最大允许误差为 ±(1.1mm+0.8ppm)。而精密回转装置经过工业系统标定后，在换能器不超过 300kg 时，安装杆最大变形偏差不超过 ±2mm。另外，平台测距为 2~35m。计量测试平台的几何计量不确定度计算公式如下：

$$m_{检} = \sqrt{m_q^2 + m_c^2 + m_p^2} \tag{4-3}$$

式中，$m_{检}$ 为计量检测场不确定度；m_q 为墙面不平整度；m_c 为全站仪的测距不确定度；m_p 为安装杆变形偏差。

当测距为 2m 和 35m 时，经过计算计量测试平台的不确定度分别为 4.6mm 和 4.61mm，符合试验要求。

2. 声学计量测试指标

1) 声源级不确定度

声源级计量不确定度受以下因素的影响：

(1) 自由场偏差引入的不确定度 s_1：0.05dB。

(2) 换能器非线性引入的不确定度 s_2：0.1dB。

(3) 标准水听器前置放大器引入的不确定度 s_3：0.05dB。

(4) 标准水听器灵敏度值引入的不确定度 s_4：0.1dB。

(5) 测试距离引入的不确定度 s_5：0.1dB。

(6) 信号采集器引入的不确定度 s_6：0.2dB。

(7) 滤波器引入的不确定度 s_7：0.1dB。

声源级 m_{SL} 合成不确定度通过式 (4-4) 计算为 ±0.29dB，满足要求，计算公式如下：

$$m_{SL} = \sqrt{s_1^2 + s_2^2 + s_3^2 + s_4^2 + s_5^2 + s_6^2 + s_7^2} \tag{4-4}$$

2)指向性不确定度

指向性不确定度受以下因素的影响：

(1) 自由场偏差引入的不确定度 s_1：0.05dB。

(2) 换能器非线性引入的不确定度 s_2：0.1dB。

(3) 标准水听器前置放大器引入的不确定度 s_3：0.05dB。

(4) 标准水听器灵敏度值引入的不确定度 s_4：0.1dB。

(5) 测试距离引入的不确定度 s_5：0.1dB。

(6) 信号采集器引入的不确定度 s_6：0.2dB。

(7) 滤波器引入的不确定度 s_7：0.1dB。

(8) 旋转角度引入的不确定度 s_8：0.05dB。

指向性 m_P 合成不确定度通过式(4-5)计算为±0.3dB，计算公式如下：

$$m_P = \sqrt{s_1^2 + s_2^2 + s_3^2 + s_4^2 + s_5^2 + s_6^2 + s_7^2 + s_8^2} \tag{4-5}$$

3)频率测试不确定度

根据装置的组成情况，可以认为频率计量测试的不确定度受以下因素影响：

(1) 信号采集器通道采样率引入的不确定度 s_1：0.5Hz。

(2) 采集数据个数引入的不确定度 s_2：0.6Hz。

(3) 采集信号周期个数引入的不确定度 s_3：0。

频率 m_H 合成不确定度为±0.78Hz，计算公式如下：

$$m_H = \sqrt{S_1^2 + S_2^2 + S_3^2} \tag{4-6}$$

4.2 底物分辨设备几何与声学计量测试指标试验

4.2.1 几何计量测试指标

1. 计量测试方法

分辨力及扫宽能力，既与声呐测量仪器自身性能指标有关，也与海水物理特性及海底底质类型有关。采取室内试验场与室外试验场联合测试方法进行。

在室内试验场计量测试时，在消声水池底部，铺设不同底质类型介质并安置不同类型标准目标块，借助光学测量方法，精确测量不同位置处介质层厚度与目标块尺寸、位置等；对应于消声水池位置，建立标准比对表，用于这两项参数的试验室计量测试。

为了使计量测试结果更具客观性，完成室内测试之后，须在预先建设的室外试验场进行实际海区测试试验。不同于标准消声水池，室外测试测量换能器只能安装在测量船只上，为了提高测量准确度，测量过程中利用高精度姿态传感器对测量船只姿态变化进行实时姿态改正；利用 RTK 定位系统提供高精度位置信息，并精确测量各传感器之间的空间位置关系，输入数据采集软件中，以对测量结果进行实时位置改正，保证测量准确度。在以上条件满足情况下，选择理想的天气条件进行海区试验测量，记录各项测量数据。之后对测量结果进行精细处理，将结果与试验场各项参数标准值进行比较，评价仪器的各项指标。

2. 试验数据分析

1）Kongsberg MS1000 声呐扫描系统

将行车移动至距离水池西侧墙壁 5m 处，变换扫描声呐的位置从南向北依次对池底固定目标物进行探测。调整声呐入水深度及仪器参数，对不同情况下扫描声呐的分辨力进行测试。测完一组测线后，将行车向东移动约 5m，进行下一组试验。

图 4-16 和图 4-17 分别为一组试验中位于南北两侧池壁时的声呐图像。扫描声呐于不同位置、不同深度、不同量程时均能清晰探测到池底的标准目标物，除声呐下方盲区范围外，10cm 直径的钢管、10cm 直径的圆形立柱、不同尺寸的标准目标物和池底平整范围边界均能够在图像中有效地辨别出来，受池壁影响较小。

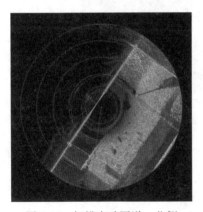 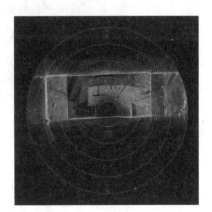

图 4-16 扫描声呐图谱—北侧　　图 4-17 扫描声呐图谱—南侧

2）Edgetech4200MP 双频侧扫声呐系统

东西方向测线施测时，将侧扫声呐拖鱼置于行车上固定的电机下方，通过电机钢索的缩放控制拖鱼入水深度，利用电机的移动变换拖鱼距离水池北侧池壁的距离并对该距离进行测量。距离确定后，将 RTK-GNSS 天线固定在拖鱼正上方，利用行车的东西方向移动，完成测线的施测，RTK 实时动态高精度定位系统如图 4-18 所示。一组试验完成后，变换拖鱼位置、入水深度、频率等参数，重新进行下一组试验。

南北方向施测时，先将行车移动至距离水池西侧墙壁5m处，将侧扫声呐拖鱼置于电机下方，RTK-GNSS天线随电机进行移动，通过电机在南北方向上的移动实现南北方向测线的施测。测完一组测线后，将行车向东移动约5m，进行下一组试验。每组试验中，对于不同的入水深度、量程均进行一次试验，对不同情况下侧扫声呐的分辨力进行评价。

图4-19为水池试验东西方向测线的典型声呐图谱。该条侧线为自东向西施测，整个声呐图谱上由于南北量测墙壁回波造成的干扰，只能模糊分辨平整范围的边界，不能辨识出预先布放的目标物。

当测线调整为南北方向时，当拖鱼与东西两侧墙壁有足够的距离，侧扫声呐图谱受墙壁回波影响较小时，能够非常清晰地探测到平整范围的边界，10cm直径的钢管、10cm直径的圆形立柱和30cm、20cm、10cm不同尺寸的目标物，在侧扫声呐图谱上均能够较清晰地探测到。

图4-18　RTK实时动态高精度定位系统

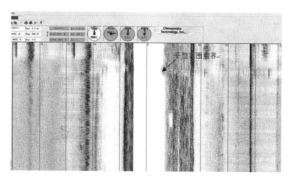

图4-19　东西方向测线典型侧扫声呐图谱

图 4-20 和图 4-21 为量程选择 25m，距离西侧池壁分别为 10m 和 25m 处获得的典型侧扫声呐图谱，预先布放的目标物分别位于拖鱼下方左侧和拖鱼下方右侧，目标物位于拖鱼左右两侧均能够探测并且清晰地辨识。图 4-22 所示为侧扫声呐拖鱼单侧量程调整为 50m 时获得的典型侧扫声呐图谱。与 25m 量程的图谱相比，50m 量程的图谱因为整个图幅范围的扩大，目标物所占的区域变小，但依然能够清晰地辨识和区分。

侧扫声呐拖鱼左右两侧、不同量程均能够发现预先布设的目标物，证明通过在底面平整的水池内预先布设目标物，然后对目标物进行探测的方法，能够对侧扫声呐的分辨力进行测试。

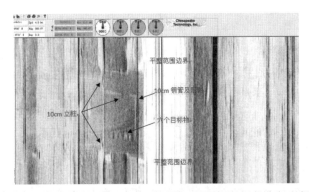

图 4-20　南北方向测线上 25m 量程典型图谱（目标物位于左侧）

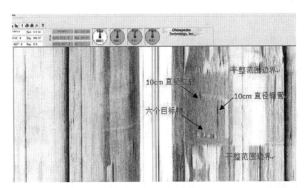

图 4-21　南北方向测线上 25m 量程典型图谱（目标位于右侧）

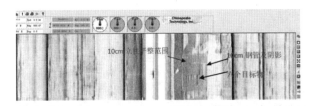

图 4-22　南北方向测线上 50m 量程典型图谱（目标位于右侧）

4.2.2 声学计量测试指标

海洋测量声呐的性能指标,主要是由声呐设备的技术要求决定的。声源级用以描述声轴方向发射信号的强弱,是海洋测量声呐的主要电声参数之一,声源级越高,声呐作用距离越远,相应的功率消耗也就越大;指向性图主瓣或主波束的尖锐度是声呐的一个主要特征参量,指向性越好,表示声能在声轴方向集中程度越高,就越有利于增加声呐的作用距离;声呐脉冲信号频率的测量精度直接影响到目标距离的测量精度,诸如阻抗、指向性、发射功率、灵敏度等都是基于频率的函数,高精度的频率测量才能确保目标测向测距的准确性。以上参数的质量最能体现多波束回声测深仪的性能,其量值准确与否直接影响设备的作用距离、分辨力和测深精度等测量参数。在水声学中,声源级、指向性图和频率是经典声呐方程的基础参量,很多组合声呐参数亦是由它们推导而来的,因此对这三项声学指标进行计量测试具有一定的代表性和实际意义。

1. 测试流程

(1)待测换能器经转接法兰盘安装到旋转机构的支架底端,使其沿水平方向发射,调节声呐设备的工作参数(频率、功率、脉宽、增益、门限等),使其正常、稳定发射脉冲信号。

(2)标准水听器与信号采集器连接。当脉冲信号进入水听器,信号采集器实时记录水听器端的开路电压幅值。

(3)竖直方向测试。调节水听器至最低端,使待测换能器大致对准水听器方向并发射一定脉宽的声波信号。换能器稳定不动,以一定间隔提升水听器支架,同时记录该点位置处水听器的开路电压值,开路电压最大位置处即为声轴所在水平面。

(4)水平方向测试。找到声轴所在水平面后,固定水听器。此时,通过精密旋转装置在水平面内转动待测换能器,控制伺服电机以一定角度的间隔转动换能器,旋转一周后,每个角度位置处都可采集到水听器端的一个开路电压值,开路电压最大位置处即为换能器声轴方向。

2. 声学指标计算

声学指标计算主要分两步进行:采用带通滤波器、小波分析进行滤波;提取滤波后脉冲信号计算声压有效值,进行声源级、指向性、频率等声学指标的分析与计算。

(1)对于频率稳定的脉冲信号,设计带通滤波器滤除基频外的频率成分(图4-23)。

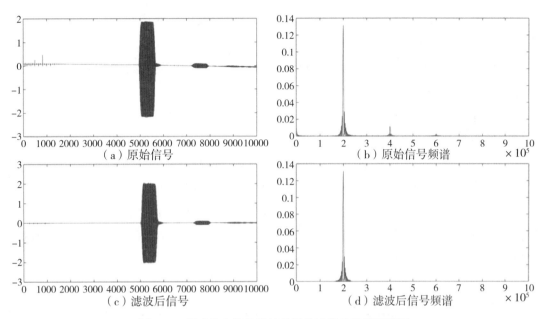

图 4-23 频率稳定信号滤波前后脉冲信号及其频谱图

（2）对于频率不稳定的脉冲信号，比如线性调频信号，采用小波分析法进行滤波（图 4-24）。

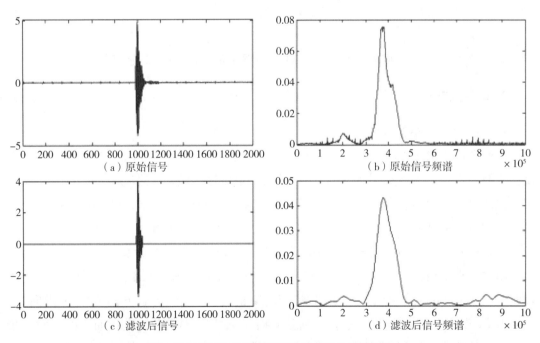

图 4-24 调频信号滤波前后脉冲信号及其频谱图

（3）计算声压有效值，进行声源级、指向性、频率等性能参数的分析与计算。

①读取一个方向上信号采集器采集到的脉冲信号文件，获取每个位置脉冲信号声压值的最大值并按顺序排列。

②信号采集时，由于阈值设置等问题，可能会采集到反射声或其他噪声，并将明显与同组数据不同的检查数据删除。

③计算每个位置对应脉冲信号多个声压最大值的平均值，找到声压最大值，转化为有效值后将其代入声源级公式：

$$20\lg e_s + 20\lg d - 20\lg M_s + 120 \qquad (4-7)$$

式中，e_s 为声压有效值；d 为换能器声学中心至水听器距离；M_s 为自由场电压灵敏度。

④将每个位置的声压值转化为声级值后减去全部声级值中的最大值，所得到的数值按顺序排列即可绘制指向性图（图4-25）。此时最大值为0dB，两边-3dB所对应的角度值的和，就是波束宽度。

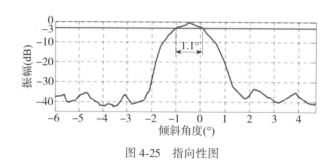

图4-25 指向性图

⑤通过FFT，求出频域幅值最大处对应的频率值（主频），即是其频率。

3. 试验数据分析

1）多波束声学指标测试

试验选用了R2SONIC公司的SONIC 2024多波束测深仪与Reson7125多波束测深仪作为被检设备。测试结果如表4-6所示。2024型号多波束工作频率为200~400kHz实时在线可选，试验分别测试了200kHz、250kHz、300kHz、350kHz、400kHz五个频段。该型号产品技术规格说明书只标明了最大声功率级221dB，声功率级不等于声压级，两者相差常数值10lg(4π)=11dB，即该多波束声呐声源级为210dB，很多人容易弄混淆这一点。波束角为0.5°×1°，1°为沿航迹线方向（along-track）波束角，0.5°为垂直航迹线方向（cross-track）波束角。需要说明的是：along-track方向有发射指向性；cross-track没有发射指向性，只有接收指向性；0.5°是针对接收指向性而言的。对于接收指向性的测量，试验采用的方法是：将水听器替换为目标小球，控制旋转装置以

0.01°的步进值水平方向旋转换能器，多波束采集软件接收不同角度位置处小钢球的反射信号，通过解析多波束 XTF 数据可得每个角度处的反向散射强度值 BS_n，据此拟合绘出多波束接收波束角。图 4-26 为多波束 cross-track 方向的接收指向性图，对于 along-track 方向的发射指向性，本书进行了-60°，0°，60°三个角度位置处的测试结果，如图 4-27 和图 4-28 所示。

表 4-6　　　　　　　　多波束声呐声学计测试数据

设备型号	声源级		波束宽度($2\theta_{-3dB}$)		工作频率	
	标称值	测试值	标称值	测试值	标称值	测试值
Sonic 多波束	210dB	209.350dB	along-track：1°	1.1°(60°)	200kHz	200.0025kHz
				1.09°(0°)		
				1.12°(-60°)		
			cross-track：0.5°（中央波束接收）	0.57°	400kHz	400.0360kHz
			cross-track 发射无指向性			
7125 多波束	210dB	210.290dB	along-track：2°	2.02°(0°)	200kHz	199.9995kHz
			cross-track：1°（中央波束接收）	0.97°		
			cross-track 发射无指向性			

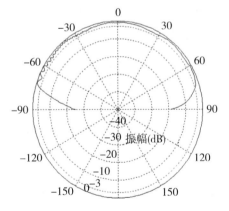

图 4-26　cross-track 方向接收指向性图

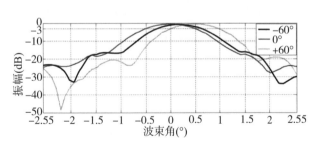

图 4-27　along-track 方向发射指向性图

2）侧扫声呐声学指标测试

对 3 种型号仪器(EdgeTech 4100P，EdgeTech 4200MP，Klein S4900)进行不同参数下的多组试验，经数据处理与分析得到声学指标(频率、声源级、指向性)。

(1) Edgetech 4100P。

参数设置：Range，50m；f，100K。

测试结果：频率，117.69kHz；声源级，210.324dB。波束宽度：along-track，3.508°；cross-track，86.934°。指向性如图4-28所示。

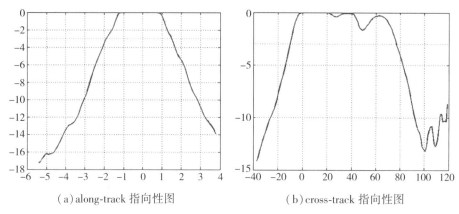

(a) along-track 指向性图　　(b) cross-track 指向性图

图 4-28　Edgetech 4100P 指向性图

参数设置：Range，100m；f，100K。

测试结果：频率，121.28kHz。声源级，210.241dB。波束宽度：cross-track：104.36°；along-track：3.44°。指向性如图4-29所示。

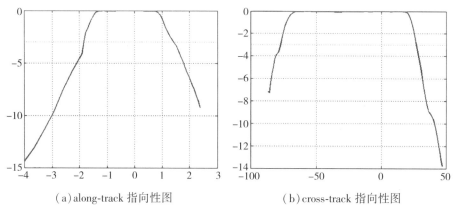

(a) along-track 指向性图　　(b) cross-track 指向性图

图 4-29　Edgetech 4100P 指向性图

参数设置：Range，50m；f，500K。

测试结果：频率，376.36kHz；声源级，220.393dB。波束宽度：along-track，1.772°；cross-track，60.561°。指向性如图4-30所示。

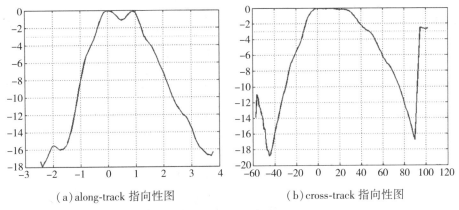

(a) along-track 指向性图 (b) cross-track 指向性图

图 4-30　Edgetech 4100P 指向性图

(2) EdgeTech 4200MP。

参数设置：低频；Range，50m。

测试结果：频率，122.45kHz；声源级，201.065dB。波束宽度：along-track，3.625°；cross-track，43.409°。指向性如图 4-31 所示。

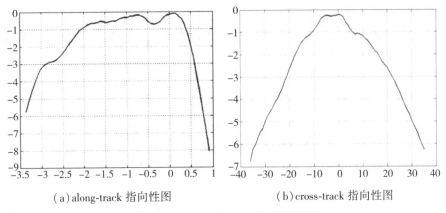

(a) along-track 指向性图 (b) cross-track 指向性图

图 4-31　EdgeTech 4200MP 指向性图

参数设置：高频；Range，100m。

测试结果：频率，407.29kHz；声源级，199.489dB。波束宽度：along-track，1.316°；cross-track，32.0876°。指向性如图 4-32 所示。

参数设置：高频；高速；Range，50m。

测试结果：频率，397.46kHz；声源级，201.564dB。波束宽度：along-track，0.842°；cross-track，37.609°。指向性如图 4-33 所示。

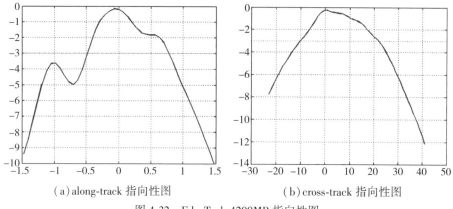

(a) along-track 指向性图　　(b) cross-track 指向性图

图 4-32　EdgeTech 4200MP 指向性图

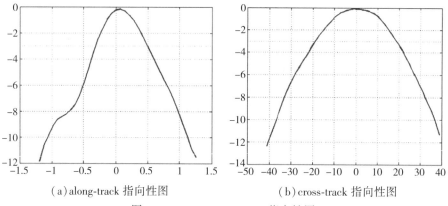

(a) along-track 指向性图　　(b) cross-track 指向性图

图 4-33　EdgeTech 4200MP 指向性图

参数设置：高频；高速；Range，100m。

测试结果：频率，397.92kHz；声源级，201.244dB。波束宽度：along-track，0.822°；cross-track，37.387°。指向性如图 4-34 所示。

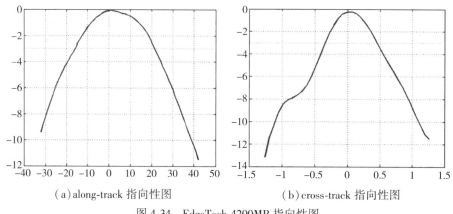

(a) along-track 指向性图　　(b) cross-track 指向性图

图 4-34　EdgeTech 4200MP 指向性图

参数设置：高频；Range，50m。

测试结果：频率，407.27kHz；声源级，200.565dB。波束宽度：along-track，1.346°；cross-track，33.4228°。指向性图如图4-35所示。

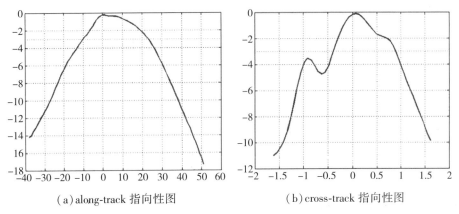

图4-35　EdgeTech 4200MP指向性图

(3)Klein S4900。

参数设置：脉冲宽度2ms。

测试结果：频率，370.66kHz；声源级，203.882dB。波束宽度：along-track，1.616°；cross-track，41.402°。指向性如图4-36所示。

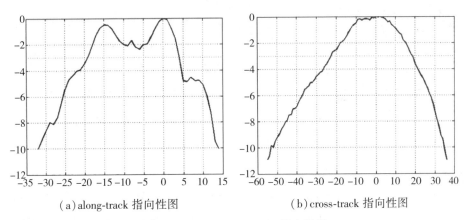

图4-36　EdgeTech 4200MP指向性图

参数设置：Range，25m。

测试结果：频率，388.24kHz；声源级，203.242dB。波束宽度：cross-track：41.901°；along-track，1.596°。指向性如图4-37所示。

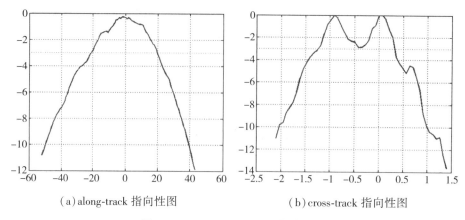

(a) along-track 指向性图　　　　(b) cross-track 指向性图

图 4-37　EdgeTech 4200MP 指向性图

参数设置：Range，50m。

测试结果：频率，386.16kHz；声源级，201.291dB。波束宽度：along-track，1.643°；cross-track，65.606°。指向性如图 4-38 所示。

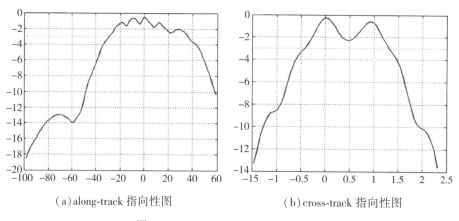

(a) along-track 指向性图　　　　(b) cross-track 指向性图

图 4-38　EdgeTech 4200MP 指向性图

表 4-7 为不同型号、不同参数侧扫声呐声学指标，分析表可知，对于 EdgeTech 4100P，频率相同，扫宽增大时，垂直航迹线方向波束宽度增大；当扫宽相同，频率增大时，波束宽度减小；对于 EdgeTech 4200MP，当扫宽相同，频率增大时，波束宽度减小；其他参数相同，高速模式的沿航迹线方向波束宽度小，垂直航迹线方向波束宽度大；对于 Klein S4900，扫宽增大，波束宽度增大。

表 4-7　　不同型号不同参数侧扫声呐声学指标

仪器型号	参数设置	频率	声源级	波束宽度	
				along-track	cross-track
EdgeTech 4100P	Range 50m；100kHz	117.69kHz	210.324dB	3.508°	86.934°
	Range 100m；100kHz	121.28kHz	210.241dB	3.44°	104.36°
	Range 50m；400kHz	376.36kHz	220.393dB	1.772°	60.561°
EdgeTech 4200MP	Range 50m；低频	122.45kHz	201.065dB	3.625°	43.409°
	Range 50m；高频	407.27kHz	200.565dB	1.346°	33.4228°
	Range 100m；高频	407.29kHz	199.489dB	1.316°	32.0876°
	Range 50m；高频；高速	397.46kHz	201.564dB	0.842°	37.609°
	Range 100m；高频；高速	397.92kHz	201.244dB	0.822°	37.387°
Klein S4900	脉冲宽度 2ms	370.66kHz	203.882dB	1.616°	41.402°
	Range 25m	388.24kHz	203.242dB	1.596°	41.901°
	Range 50m	386.16kHz	201.291dB	1.643°	65.606°

在水声学中，声源级、指向性和频率是经典声呐方程的基础参量，很多组合声呐参数亦是由它们推导而来的，其量值准确与否直接影响设备的作用距离、分辨率和测深精度等测量参数。本次试验通过水声设备性能计量测试平台对侧扫声呐的工作频率、声源级、波束指向性等声学指标进行测试，结果表明在满足声学指标测量环境条件前提下，对于常用的声呐系统，所设计的试验方案可以准确测量被测对象的常用声学指标参数，测量结果可以达到所列举的精度范围。该测量方法可以为水下声呐底物分辨计量测试和底物分辨设备综合数据处理模型研究提供技术依据。

4.3　环境及设备参数对底物分辨力的协同影响机制

为形成较实用、有效的计量测试方法，团队在初步总结声呐设备的通用几何指标（底物分辨力）与声学指标（发射频率、声源级、波束指向性等）测试方法的基础上，为测试分析水体环境参数、声呐声学参数、目标底物材质、形状大小等对底物横纵分辨率的协同影响机制，于山东科技大学消声水池与室外典型海域进行了相关试验，比对分析各因素对测试评价的影响规律。

4.3.1 不同系统参数对底物分辨力影响的水池试验

1. Kongsberg EM2040P 多波束回声测深系统内场试验

Kongsberg EM2040P 多波束回声测深系统(图 4-39)工作频率在 200~400kHz 可调,可选频率为 200kHz、300kHz 和 400kHz 三种。最大 ping 率为 50Hz,开角最大为 140°,测量深度可达 600m(200kHz)。

图 4-39 Kongsberg EM2040P 多波束回声测深系统

对 Kongsberg EM2040P 浅水多波束系统进行测试,将仪器固定安装于行车上,试验过程中同时采集强度数据与水深数据,调整波束开角使声照射区能覆盖水池南北方向宽度,然后以固定速度移动行车,对频率、声源级、测量模式3个参数进行反复调节,寻找一组最佳值。采集数据时,对声源级、频率、测量模式逐个进行调整,其余参数处于最优值,保证控制变量的单一性,具体参数控制见表4-8,行车以固定速度移动,完整扫描整个水池底部。试验设置东-西方向一组测线,更换不同参数对池底进行反复测量。

表 4-8 多波束声学参数控制

参数	频率(kHz)	声源级(dB)	测量模式
选项	400	Normal −20	高密模式
	300		等角模式
	200		等距模式

1)频率对分辨力的影响

为研究多波束频率对底物分辨力的影响,分别调整频率为 400kHz、300kHz、

200kHz，其他参数保持在理论最佳值不变。经过 Caris 处理之后水深数据如图 4-40 所示，其中分别以 T-1、T-2 表示 T 型台两部分。

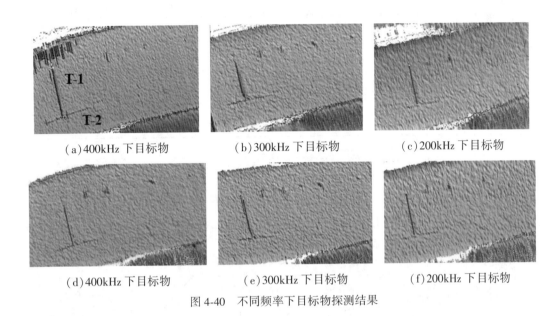

图 4-40 不同频率下目标物探测结果

在两次对比试验中，由于 T 型台与周围水深存在明显的边界差异，识别度较高，故本次试验以 T 型台为例进行说明。可以看出，随着频率的降低，声呐对 T 型台的分辨力逐渐减弱。其中，T-2 部分变化较明显，当频率为 200kHz 时，T-2 与池底水深相近，较难分辨。随着频率的增加，当频率达到 300kHz 时，T 型台的 T-1 部分存在重影，而频率为 400kHz 和 200kHz 时边界清晰，易于分辨。为定量分析频率对分辨力的影响，对 T 型台两部分进行量测，分别进行 3 次量测并计算均值作为其测量值，得到信息如表 4-9 所示。

表 4-9 不同频率下 T 型台探测结果

		T-1(2m)			T-2(宽 2m)		
	频率(kHz)	400	300	200	400	300	200
1	第一次(m)	2.09	2.14	2.13	2.11	2.21	1.79
	第二次(m)	2.04	2.21	2.15	2.11	2.22	1.76
	第三次(m)	2.08	2.10	2.15	2.13	2.25	1.73
	平均值(m)	2.07	2.15	2.14	2.11	2.22	1.76
	差值(m)	0.07	0.15	0.14	0.11	0.22	0.24

续表

		T-1(2m)			T-2(宽2m)		
	频率(kHz)	400	300	200	400	300	200
2	第一次(m)	2	1.97	2.14	1.98	1.82	1.71
	第二次(m)	1.99	1.97	2.15	1.97	1.82	1.72
	第三次(m)	2.02	1.98	2.16	1.98	1.80	1.69
	平均值(m)	2	1.97	2.15	1.98	1.81	1.70
	差值(m)	0	0.03	0.15	0.02	0.19	0.30

在图 4-41 中，随着频率的变化，探测结果也不断变化，总体上随着频率的增大，目标物的尺寸误差逐渐减小。在两次试验中，T-1 和 T-2 在频率为 400kHz 时与实际目标差异最小，分辨力最佳。因此，频率会对目标物的分辨造成影响。

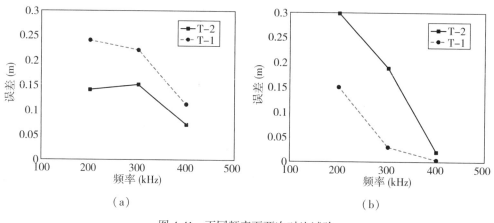

图 4-41 不同频率下两次对比试验

2）声源级对分辨力的影响

为研究多波束声源级对底物分辨力的影响，分别调整声源级为 Normal 和 -20dB，其他参数保持在理论最佳值不变。经过 Caris 处理之后水深数据如图 4-42 所示，在两次对比试验中，T 型台与周围水深有着较明显的边界差异，识别度较高。随着声源级的降低，T 型台的分辨力变化较为明显。对图中 T 型台两部分进行量测，分别进行三次量测并计算均值作为其测量值，得到信息如表 4-10 所示。

图 4-43 中，在两次试验中，T-1 在声源级为 -20dB 时，误差最小，分辨力较好；而 T-2 在声源级为 Normal 时，与实际目标差异最小，分辨力最佳。因此，声源级会对目标物的分辨造成影响，而在不同扫测的方向上结果存在差异。对于杆状目标物，平

行扫测时声源级为-20dB,分辨力最好;垂直扫测时声源级为 Normal,分辨力最好,取得较好的分辨效果。

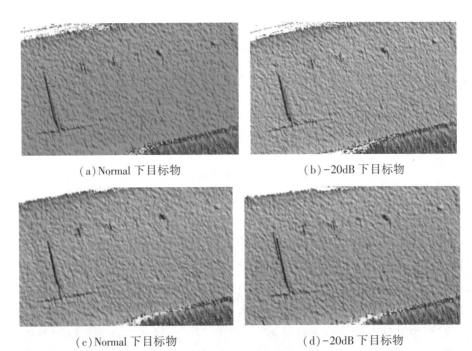

(a) Normal 下目标物　　　　　　(b) -20dB 下目标物

(c) Normal 下目标物　　　　　　(d) -20dB 下目标物

图 4-42　不同声源级下目标物探测结果

表 4-10　　　　　　　　　　不同声源级下 T 型台探测结果

	声源级(dB)	T-1(长 2m)		T-2(宽 2m)	
		Normal	-20	Normal	-20
1	第一次(m)	2.34	2.11	1.80	2.38
	第二次(m)	2.35	2.13	1.78	2.36
	第三次(m)	2.32	2.12	1.83	2.38
	平均值(m)	2.33	2.12	1.80	2.37
	差值(m)	0.33	0.12	0.20	0.37
2	第一次(m)	2.10	2.02	1.94	1.70
	第二次(m)	2.11	2.04	1.95	1.68
	第三次(m)	2.11	1.99	1.92	1.71
	平均值(m)	2.11	2.01	1.92	1.70
	差值(m)	0.11	0.01	0.08	0.30

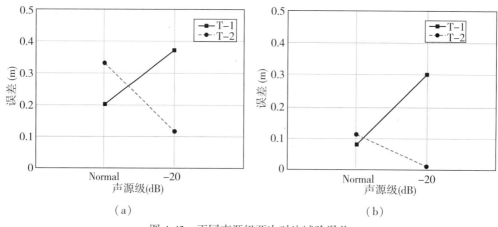

图 4-43 不同声源级两次对比试验误差

3)测量模式对分辨力的影响

为研究多波束测量模式对底物分辨力的影响,分别调整测量模式为高密模式、等角模式和等距模式,其他参数保持在理论最佳值不变。经过 Caris 处理之后水深数据如图 4-44 所示,在两次对比试验中,T 型台与周围水深有着较明显的边界差异,识别度较高。各测量模式下分辨力略有不同,总体上 T-1 边界更清晰;T-2 在高密模式下分辨力较好。对图中 T 型台两部分进行量测,分别进行三次量测并计算均值作为其测量值,得到信息如表 4-11 所示。根据表 4-11 和图 4-45,两次试验中,T-1 在不同测量模式下分辨力差异较小,误差最大变化为 0.2m,在测量模式为高密时,误差最小,分辨力较好;而 T-2 在不同测量模式下分辨力表现差异较大,最大变化约为 0.4m,在高密模式下分辨力最好。因此,在高密模式下具有较好的分辨力。

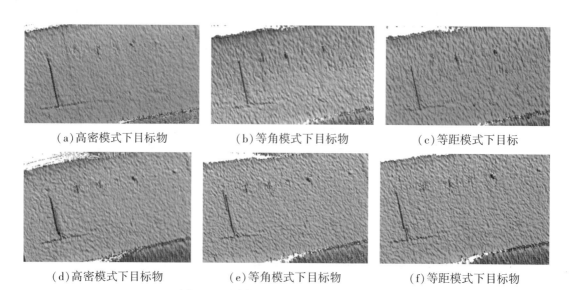

(a)高密模式下目标物　　(b)等角模式下目标物　　(c)等距模式下目标

(d)高密模式下目标物　　(e)等角模式下目标物　　(f)等距模式下目标物

图 4-44 不同测量模式下目标物探测结果

表 4-11　　　　　　　　　不同测量模式下 T 型台探测结果

测量模式		T-1(长 2m)			T-2(宽 2m)		
		高密	等角	等距	高密	等角	等距
1	第一次(m)	2.17	2.25	2.28	2.03	1.77	2.47
	第二次(m)	2.16	2.28	2.27	2.04	1.74	2.47
	第三次(m)	2.16	2.28	2.27	2.04	1.73	2.43
	平均值(m)	2.16	2.27	2.27	2.03	1.75	2.45
	差值(m)	0.16	0.27	0.27	0.03	0.25	0.45
2	第一次(m)	2.02	2.11	2.21	2.06	1.70	2.38
	第二次(m)	2.04	2.13	2.21	2.10	1.68	2.36
	第三次(m)	1.99	2.12	2.21	2.08	1.71	2.38
	平均值(m)	2.01	2.12	2.21	2.08	1.70	2.37
	差值(m)	0.01	0.12	0.21	0.08	0.30	0.37

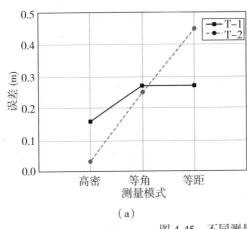
(a)

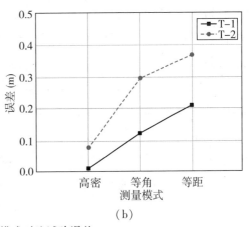
(b)

图 4-45　不同测量模式对比试验误差

综上所述，频率、声源级和工作模式均会对多波束声呐底物分辨力造成影响。其中，频率的改变造成的影响最显著。同时，对于有方向性的目标物(如 T 型台)，扫测的方向也会影响对底物目标的识别效果。最终的分辨力是包括多波束声呐频率、声源级、测量模式和扫测方向在内的各种因素共同作用的结果。

2. Edge Tech4125-P 侧扫声呐系统内场试验

Edge Tech4125-P 侧扫声呐系统工作频率为 400~1250kHz 双频可调，航迹方向分辨率在 400kHz 时为 0.07m@300m，在 1250kHz 时为 0.02m@70m，最大工作水深 200m。试验设置东-西方向测线，通过改变声呐工作频率探测池底标准目标物。

本次对照试验，保持换能器中心与池底标准目标物侧向距离不变，仅改变声呐发射频率，分别为400kHz和1250kHz，扫描池底目标物，得到声呐图谱，如图4-46所示，对比分析频率对于水下声呐分辨能力的影响。

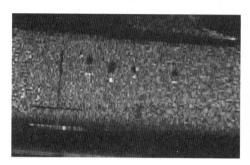

(a)高频(1250kHz)模式下目标物　　　(b)低频(400kHz)模式下目标物

图4-46　不同声呐频率下扫测水下目标物

图4-46(a)为侧扫声呐系统在频率为1250kHz情况下对水池底部目标物的探测图。图中可以清晰分辨出T型台，直径为30cm、20cm以及10cm的立方体，直径为30cm的球体也清晰可辨，但是直径为20cm和10cm的球体未能分辨出，考虑其原因是当声波到达球形物体表面，球形物体对声波在各方向都有较强的反射，到达声呐的回波较少，故相比于立方体，球状物体不能检测到。图4-46(b)为侧扫声呐系统在频率为400kHz情况下对水池底部目标物的探测图。图中可以较清晰地分辨出T型台，直径为30cm、20cm的立方体，直径为30cm的球体也清晰可辨，直径20cm及10cm的球体和边长为10cm的立方体未能分辨出，考虑其原因是受声呐仪器本身参数限制，在400kHz条件下未能达到较高的分辨力。

4.3.2　不同浑浊度对声呐各种指标以及分辨力的影响外场试验

试验场选择在青岛薛家岛附近海域，为研究不同浑浊度对声呐各种指标及分辨力的影响，试验在三个水质不同区域分别进行。课题组在该区域承担了大量的科学研究和海洋工程勘察等工作，对该区域的海洋环境较熟悉，便于试验的开展。

为确定三个测区的浑浊度情况，使用LISST-100X激光粒度仪测量水体中悬浮物尺寸和浓度，图4-47为LISST-100X激光粒度仪。LISST-100X是由美国Sequoia公司生产的，它可以进行含沙量测验，但目前主要被用于悬移质颗粒级配测量。相较于传统的泥沙检测，现场激光粒度分析仪LISST-100X可以对颗粒分布、光传输、散射光量函数进行实地测量(表4-12)。其主要利用一个红色的670nm长的二极管激光发射器和一个硅质探测器,对悬浮颗粒进行特别角度范围小角散射。主要可以通过后处理得到沉积物大小分布、体积密度、光学传输和 VSF。同时也可以测量温度和深度。由于具有不受粒子颜色和尺寸影响的优势,它不仅可以施测泥沙粒子的级配分布,而且可以获得泥沙的浓度(转换后即可得到含沙量),并以此来判断水体的浑浊程度。

图 4-47　LISST-100X 激光粒度仪

表 4-12　各测区激光粒度仪数据对比

指标	测区 A	测区 B	测区 C
均值(Mean)	29.49	64.35	59.98
标准偏差(Std Dev)	111.12	125.59	117.89
总体积浓度(Total Vol Conc)	6.50	18.90	14.15

对三个测区水质浑浊度进行测量,其中测区 A 平均水深为 10m,海水较清澈;测区 B 平均水深为 10m,海水较混浊;测区 C 平均水深为 20m,海水较浑浊,经数据处理后结果如图 4-48、图 4-49 和图 4-50 所示。

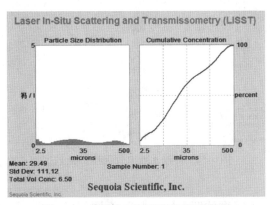

图 4-48　清澈水域 A 浑浊度测量数据

图 4-48 所测海域 A 测区的水体浑浊物的粒径主要集中在 2.5~35μm 和 500μm 附近两个区间内，粒径的大小差距较明显。图 4-49 所测海域 B 测区的水体浑浊物的粒径主要集中在 35μm 以上、500μm 以下，粒径的大小差距较小，较集中。图 4-50 所测海域 C 测区的水体浑浊物的粒径分布与图 4-49 类似，主要集中为 35~500μm。

图 4-48 所对应的海域 A 测区水体悬浮物总浓度为 6.50，明显小于图 4-49 所对应的海域 B 测区水体悬浮物总浓度(18.90)。因此图 4-48 所对应的海域 A 测区水质较清澈，为清澈水域，图 4-49 所对应的海域 B 测区水质较浑浊，为浑浊水域。图 4-50 所对应的海域 C 测区水体悬浮物总浓度为 14.15，是介于测区 A、B 之间的浑浊区域。经试验所得到的情况与测区选定时判断的结果一致。满足试验需要，项目组定制加工水下实验所用的标准目标物。

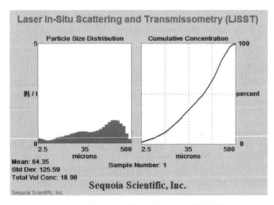

图 4-49 浑浊水域 B 浑浊度测量数据

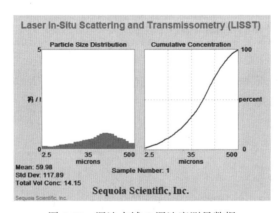

图 4-50 浑浊水域 C 浑浊度测量数据

为便于试验对比，目标物按照不同形状、不同尺寸、不同材质进行设计，共有边长 55cm、40cm、25cm、10cm 四种尺寸的不锈钢立方体，直径 55cm、40cm、25cm、

10cm 四种尺寸的不锈钢球体，直径 9cm、长度为 1m 的 PVC 管，直径 10cm、两垂直方向均为 1m 的 T 型不锈钢管。其长度使用标准钢尺进行测量，测量结果均满足精度要求。其中立方体和球体按尺寸大小在表面设有进水圆孔，便于目标物沉入海底。具体实物如图 4-51 所示。

图 4-51 目标物实物图

现场试验时，将目标物分为两组，选用两根直径为 1.5cm、长 60m 的细绳，将目标物按 3m 间隔逐个串联在一起，串联顺序如下所示。

a 目标：1m T 型台—10cm 立方体—25cm 立方体—40cm 立方体—55cm 立方体—55cm 球。b 目标：1m PVC 管—10cm 球—25cm 球—40cm 球。目标串联示意图如图 4-52 所示，上侧为 a 目标，下侧为 b 目标。为防止海底水流改变目标物位置，在绳子首尾两端各放置一个小型船锚。

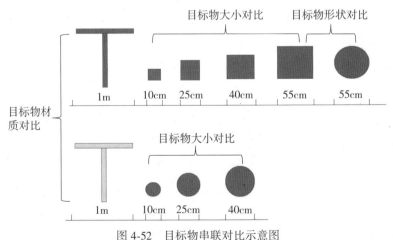

图 4-52 目标物串联对比示意图

采集数据时,对声源级、频率、脉宽、增益逐个进行调整,其余参数处于最优值,保证控制变量的单一性,具体参数控制如表 4-13 所示,通过 Caris 软件选择不同的测线进行数据处理。

表 4-13 多波束声学参数控制

参数	频率(kHz)	声源级(dB)	增益(dB)	ping 率(Hz)
第一组(频率)	400	Normal	40	20
	300			
	200			
第二组(声源级)	400	Normal	40	20
		-10		
		-20		
第三组(增益)	400	Normal	40	20
			30	
			20	
第四组(ping 率)	400	Normal	40	20
				15
				10

1. 频率对分辨力的影响

为研究多波束频率对底物分辨力的影响,分别调整频率为 400kHz、300kHz、200kHz,其他参数保持在理论最佳值不变。经过 Caris 处理之后水深数据如图 4-53 所示,从图中可以看出,在不同频率下测得的水深数据中,均能够分辨出目标,目标物与周围的水深数据产生较明显的深度变化和边界差异,可以判定为目标物。同时,各频率下多波束对目标物的分辨力存在差异,对图中目标物直径进行量测,分别在不同的方向对各目标物块进行 3 次量测并计算平均值作为其直径,得到信息如表 4-14~表 4-16 所示。

(a)400kHz 下目标物

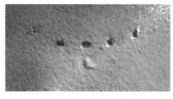
(b)300kHz 下目标物

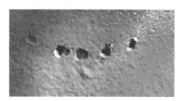
(c)200kHz 下目标物

图 4-53 A 测区不同频率下目标探测结果

表 4-14　　　　　　　　　　A 测区 400kHz 时各目标探测结果

	0.1m 立方体	0.25m 立方体	0.40m 立方体	0.55m 立方体	0.55m 球
第一次(m)	0.90	0.79	0.52	1.13	无法测量
第二次(m)	0.86	0.52	0.64	0.66	
第三次(m)	0.68	0.86	0.68	0.78	
平均值(m)	0.81	0.72	0.61	0.85	
差值(m)	0.71	0.47	0.21	0.30	—

表 4-15　　　　　　　　　　A 测区 300kHz 时各目标探测结果

	0.1m 立方体	0.25m 立方体	0.40m 立方体	0.55m 立方体	0.55m 球
第一次(m)	0.79	0.76	1.01	0.83	0.71
第二次(m)	0.77	0.86	0.81	0.80	0.82
第三次(m)	0.85	0.93	0.94	0.66	0.84
平均值(m)	0.80	0.85	0.92	0.76	0.79
差值(m)	0.70	0.60	0.52	0.26	0.29

表 4-16　　　　　　　　　　A 测区 200kHz 时各目标探测结果

	0.1m 立方体	0.25m 立方体	0.40m 立方体	0.55m 立方体	0.55m 球
第一次(m)	0.84	1.08	1.21	0.91	0.73
第二次(m)	1.03	1.61	1.38	1.04	0.75
第三次(m)	1.07	1.31	1.37	0.76	0.80
平均值(m)	0.98	1.33	1.32	0.90	0.76
差值(m)	0.88	1.12	0.92	0.45	0.21

从图 4-54 可以看出，随着频率的增加，探测结果与目标物实际大小相差越小，多波束对标准目标块的分辨力越大。当频率从 400kHz 降到 300kHz 时，1 号、2 号、3 号目标的尺寸误差变化较小，平均增大 0.07m，而从 300kHz 降到 200kHz 时，尺寸误差变化较大，平均增大 0.32m，说明当频率为 200kHz 时，对目标的探测效果较差，分辨力低。对于不同尺寸的目标物，目标物尺寸越大，探测结果的误差越小，可靠性越大。1~4 号目标为立方体，在不同频率下均能够较好识别；5 号目标为球体，在 400kHz 下存在空洞，不易量测，在 300kHz 和 200kHz 频率下，较立方体稍差。因此，400kHz 和 300kHz 频率下，多波束系统分辨力较好。

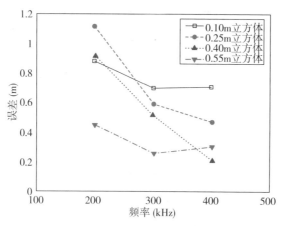

图 4-54　A 测区不同频率下各目标探测误差

2. 增益对分辨力影响

为研究多波束增益对底物分辨力的影响,分别调整增益为 40dB、30dB、20dB,其他参数保持在理论最佳值不变。经过 Caris 处理之后水深数据如图 4-55 所示,从图中可以看出,在不同增益下,目标物与周围的地形产生较明显的深度变化,能够有效分辨出 5 个目标且不同增益下多波束对目标物的分辨力不同,对图中前 3 个目标物直径进行量测,分别在不同的方向对各目标物块进行 3 次量测并计算平均值作为其直径,得到信息如表 4-17~表 4-19 所示。

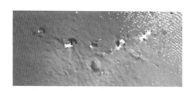 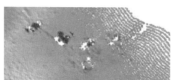 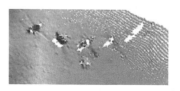

（a）40dB 下目标物　　　　　（b）30dB 下目标物　　　　　（c）20dB 下目标物

图 4-55　测区不同增益下目标探测结果

表 4-17　　　　　　　　　　A 测区 40dB 时各目标探测结果

	0.10m 立方体	0.25m 立方体	0.40m 立方体
第一次（m）	0.90	0.79	0.52
第二次（m）	0.86	0.52	0.64
第三次（m）	0.68	0.86	0.68
平均值（m）	0.81	0.72	0.61
差值（m）	0.71	0.47	0.21

表 4-18　　　　　　　　　A 测区 30dB 时各目标探测结果

	0.10m 立方体	0.25m 立方体	0.40m 立方体
第一次(m)	1.03	1.43	1.20
第二次(m)	0.96	1.45	1.36
第三次(m)	0.94	1.28	1.46
平均值(m)	0.97	1.38	1.34
差值(m)	0.87	1.13	0.94

表 4-19　　　　　　　　　A 测区 20dB 时各目标探测结果

	0.10m 立方体	0.25m 立方体	0.40m 立方体
第一次(m)	1.04	1.39	1.30
第二次(m)	0.98	1.22	1.21
第三次(m)	1.03	1.55	1.41
平均值(m)	1.01	0.98	1.30
差值(m)	0.91	0.73	0.90

从图 4-56 可以看出，随着增益的增大，探测结果与实际物体尺寸差异也不断变化，总体上均呈现先增大后减小的趋势。当增益为 30dB 时，尺寸误差最大，增益为 20dB 时次之，增益为 40dB 时误差最小。对不同尺寸的目标物，尺寸误差与目标大小呈负相关，0.10m 立方体在不同增益下误差相对较小。因此，增益为 40dB 时，能够取得较好的分辨效果。

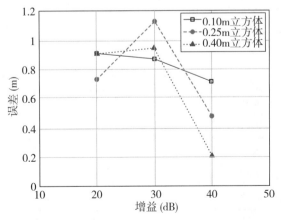

图 4-56　A 测区不同增益下各目标探测误差

3. 声源级对分辨力影响

为研究多波束声源级对底物分辨力的影响，分别调整声源级为 Normal、-10dB、-20dB，其他参数保持在理论最佳值不变。经过 Caris 处理之后水深数据如图 4-57 所示，从图中可以看出，在不同声源级下，多波束分辨力存在差异，其中，声源级为 Normal 时，目标物与周围的水深数据产生较明显的深度变化和边界差异；声源级为 -10dB 和 -20dB 时，目标物 1 较 Normal 时清晰，但是立方体 4 识别较困难，球体 5 难以识别。分别在不同的方向对 4 个目标物直径目标物块进行 3 次量测并计算平均值作为其直径，得到信息如表 4-20~表 4-22 所示。

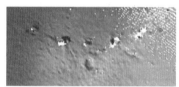
（a）Normal 模式下目标物

（b）-10dB 模式下目标物

（c）-20dB 模式下目标物

图 4-57　A 测区不同声源级下目标探测结果

表 4-20　　　　　　　　**A 测区 Normal 时各目标探测结果**

	0.10m 立方体	0.25m 立方体	0.40m 立方体	0.55m 立方体
第一次(m)	0.90	0.79	0.52	1.13
第二次(m)	0.86	0.52	0.64	0.66
第三次(m)	0.68	0.86	0.68	0.78
平均值(m)	0.81	0.72	0.61	0.85
差值(m)	0.71	0.47	0.21	0.30

表 4-21　　　　　　　　**A 测区 -10dB 时各目标探测结果**

	0.10m 立方体	0.25m 立方体	0.40m 立方体	0.55m 立方体
第一次(m)	0.41	1.02	0.91	0.48
第二次(m)	0.54	1.26	1.08	0.59
第三次(m)	0.47	1.17	0.71	0.53
平均值(m)	0.47	1.15	0.90	0.53
差值(m)	0.37	0.90	0.50	-0.02

表 4-22　　A 测区 -20dB 时各目标探测结果

	0.10m 立方体	0.25m 立方体	0.40m 立方体	0.55m 立方体
第一次(m)	0.52	1.15	0.84	0.45
第二次(m)	0.60	1.39	0.77	0.44
第三次(m)	0.65	1.42	0.75	0.50
平均值(m)	0.59	1.32	0.78	0.46
差值(m)	0.49	1.07	0.38	-0.09

从图 4-58 中可以看出，随着声源级的减小，探测结果随着实际物体尺寸差异也在不断变化。0.1m 立方体和 0.55m 立方体随着声源级的减弱，在 -10dB 时误差最小；其中，0.55m 立方体图上尺寸小于实际尺寸，主要是由于分辨力下降，使得物体轮廓与周围差异不明显。0.25m 立方体和 0.40m 立方体的尺寸误差随着声源级的下降而增加，因此，声源级为 Normal 时，能够取得相对较好的分辨效果。

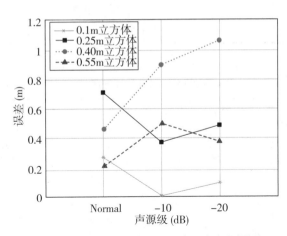

图 4-58　A 测区不同声源级下各目标探测误差

4. ping 率对分辨力影响

为研究多波束 ping 率对底物分辨力的影响，分别调整 ping 率为 20Hz、15Hz、10Hz，其他参数保持在理论最佳值不变。经过 Caris 处理之后水深数据如图 4-59 所示，从图中可以看出，在不同 ping 率下，多波束分辨力存在明显差异。当 ping 率为 20Hz 时，各目标物与周围的地形产生较明显的深度差异，分辨力较好；ping 率为 15Hz 时，前四个目标较易识别，但与 20Hz 时目标物尺寸差异明显。ping 率为 10Hz 时，数据质量较差，存在较多空洞。分别在不同的方向对图中 0.25m、0.40m、0.55m 立方体进行

3次量测并计算平均值作为其直径,得到信息如表4-23~表4-25所示。

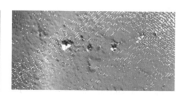

(a)20Hz下目标物　　　　(b)15Hz下目标物　　　　(c)10Hz下目标物

图4-59　A测区不同ping率下目标探测结果

表4-23　　　　　　　　　　A测区20Hz时各目标探测结果

	0.25m立方体	0.40m立方体	0.55m立方体
第一次(m)	0.79	0.52	1.13
第二次(m)	0.52	0.64	0.66
第三次(m)	0.86	0.68	0.78
平均值(m)	0.72	0.61	0.85
差值(m)	0.47	0.21	0.30

表4-24　　　　　　　　　　A测区15Hz时各目标探测结果

	0.25m立方体	0.40m立方体	0.55m立方体
第一次(m)	0.80	0.83	0.43
第二次(m)	0.85	0.66	0.43
第三次(m)	0.82	0.79	0.44
平均值(m)	0.82	0.76	0.43
差值(m)	0.57	0.36	0.12

表4-25　　　　　　　　　　A测区10Hz时各目标探测结果

	0.25m立方体	0.40m立方体	0.55m立方体
第一次(m)	1.31	0.79	0.80
第二次(m)	1.07	0.77	0.76
第三次(m)	1.18	0.71	0.82
平均值(m)	1.18	0.75	0.79
差值(m)	0.93	0.35	0.24

在图 4-60 中，随着 ping 率的减小，探测结果随着实际物体尺寸差异也不断变化，0.25m 立方体和 0.40m 立方体随着 ping 率的减小，误差增大；0.55m 立方体在 ping 率为 15Hz 时图上尺寸小于实际尺寸，主要是由于分辨力下降，使得物体轮廓与周围差异不明显。因此，ping 率为 20Hz 时，能够取得相对较好的分辨效果。

在利用多波束测深系统对水下目标进行探测时，除了可以利用水深数据，还可结合反向散射强度信息生成的声呐图像进行目标探测，图 4-61 分别是在 B 区和 C 区采集的水深数据和强度数据。

在 B 区，从水深数据中可以较清晰地识别 4 个目标物，强度图像中可以观察到 3 个目标物有清晰的轮廓，可以判断为目标球。同时，强度图中的目标物尺寸与实际尺寸更接近。因此，综合水深数据和声呐图像可以增强多波束系统对水下目标物的分辨能力。

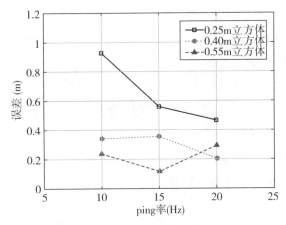

图 4-60　A 测区不同 ping 率下各目标探测误差

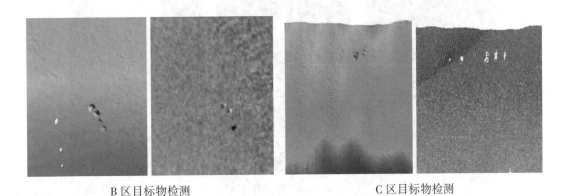

B 区目标物检测　　　　　　　　　　C 区目标物检测

图 4-61　不同测区目标物对比

综上所述，多波束系统频率、声源级、增益和 ping 率对多波束回声探测系统的分辨力有着不同程度的影响。其中，频率的影响最显著，随着频率的降低，分辨力逐渐下降，200kHz 时下降较明显，300kHz 和 400kHz 时均能够得到较好分辨力，而 300kHz 时图像质量更好。对于增益的影响，当增益为 40dB 时，与实际目标物尺寸相差最小，随着增益的减小，误差先增后减，在 30dB 时达到最大。

4.3.3 侧扫声呐量程对底物分辨力的影响

侧扫声呐的量程决定其扫宽范围的大小，不同量程下得到声呐图像的畸变程度不同，对其底物分辨力存在影响。为定量探究侧扫声呐量程对目标物识别分辨力的影响，在海域 B 使用高频段(1250kHz)进行目标物扫测试验，过程中控制侧向距为 20m，分别使用不同量程(10m、20m、30m)进行扫测。扫测得到声呐图像如图 4-62 所示。

（1）如图 4-62(a)所示为量程 10m 测量条件下的扫测图像，目标 A 的 T 型台、边长为 55cm、40cm、25cm 的立方体均可以被分辨，直径为 55cm 的金属球可以被分辨，边长为 10cm 的立方体不能被分辨。

（2）如图 4-62(b)所示为量程 20m 测量条件下的扫测图像，目标 A 的 T 型台、边长为 55cm、40cm 的立方体可以被分辨，直径为 55cm 的金属球可以被分辨，边长为 25cm、10cm 的立方体不能被分辨。

（3）如图 4-62(c)所示为量程 30m 测量条件下的扫测图像，此时只能看到目标 A 的 T 型台，其他立方体及球均不能被分辨。

(a) 10m 量程下目标物　　(b) 20m 量程下目标物　　(c) 30m 量程下目标物

图 4-62　侧扫声呐不同量程的目标物扫测图像对比

综合试验声呐数据，整理不同量程下侧扫声呐的底物分辨力情况，如表 4-26 所示，并得到侧扫声呐量程与其对水底目标物分辨力的关系，如图 4-63 所示。由图中曲线可得出结论，在其他测量条件不变的情况下，随着侧扫声呐量程的增加，其底物分辨力逐渐降低。

表 4-26 　　　　　　　　　　　侧扫声呐不同量程的目标物分辨力情况

量程	T 型台	55cm 金属球	55cm 立方体	40cm 立方体	25cm 立方体	10cm 立方体
10m	√	√	√	√	√	×
20m	√	√	√	√	×	×
30m	√	×	×	×	×	×

注："√"表示能被分辨，"×"表示不能被分辨。

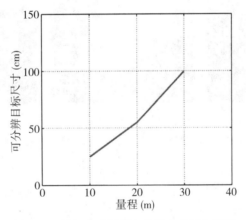

图 4-63　侧扫声呐量程和分辨力关系曲线图

4.3.4　侧扫声呐相对目标物侧向距对底物分辨力的影响

在侧扫声呐的单侧扫宽范围内，在垂直航迹方向不同位置的声呐图像畸变程度存在差异。以侧扫声呐拖鱼航迹相对于目标物的垂直偏差距离（侧向距）作为变量，定量探究侧向距对目标物识别分辨力的影响。在海域 A 使用高频段（1250kHz）进行目标物扫测试验，过程中控制量程为 30m，分别在相对于目标物不同侧向距的测线下（15m、20m、25m）进行扫测。

（1）如图 4-64(a) 所示为距目标物侧向距 15m 测量条件下的扫测图像，目标 A 中边长为 55cm、40cm、25cm、10cm 的立方体及直径为 55cm 的金属球可以被分辨，T 型台不能被分辨。

(2)如图4-64(b)所示为距目标物侧向距20m测量条件下的扫测图像，目标A中边长为55cm、40cm、25cm、10cm的立方体及直径为55cm的金属球可以被分辨，T型台不能被分辨。

(3)如图4-64(c)所示为距目标物侧向距25m测量条件下的扫测图像，目标A中边长为55cm、40cm、25cm的立方体及直径为55cm的金属球可以被分辨，T型台、边长为10cm的立方体不能被分辨。

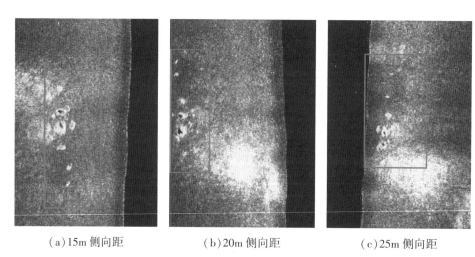

(a)15m侧向距　　　　(b)20m侧向距　　　　(c)25m侧向距

图4-64　侧扫声呐不同侧向距的目标物扫测图像对比

综合试验声呐数据，整理不同侧向距下侧扫声呐的底物分辨力情况，如表4-27所示，并得到相对目标物侧向距与扫测声呐水底目标物分辨力的关系，如图4-65所示。由图中曲线可得出结论，在其他测量条件不变的情况下，随着侧扫声呐相对目标物的侧向距增加，其底物分辨力逐渐降低。

表4-27　　　　　　　　　　侧扫声呐不同侧向距的目标物分辨力情况

量程	T型台	55cm金属球	55cm立方体	40cm立方体	25cm立方体	10cm立方体
10m	×	✓	✓	✓	✓	✓
20m	×	✓	✓	✓	✓	✓
30m	×	✓	✓	✓	✓	×

注："✓"表示能被分辨，"×"表示不能被分辨。

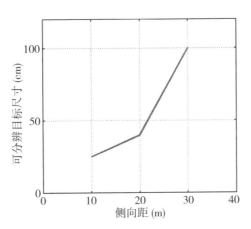

图 4-65　侧扫声呐侧向距和分辨力关系曲线图

4.3.5　海域水深对侧扫声呐底物分辨力的影响

海域水深条件的不同直接决定了侧扫声呐图像的实际分辨力。为探究水深对侧扫声呐底物分辨力的影响，选取不同水深的海域，进行侧扫声呐目标物扫测试验。

试验选取浑浊度大致相同、水深不同的试验海域 B、C，其中试验海域 B 总体水深 10m，试验海域 C 总体水深 20m，两海域浑浊度大致相同。使用侧扫声呐分别在量程为 20m，侧向距为 10m 的条件下进行目标物扫测。

分辨结果如图 4-66 所示，试验海域 B 只能看到目标 A 的 T 型台，边长为 55cm、40cm、25cm 的立方体，其他立方体都不能被分辨；试验海域 C 只能看出目标物的存在，具体分辨不出。

（a）试验海域 B 目标物

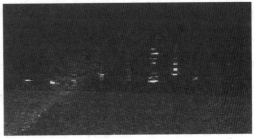
（b）试验海域 C 目标物

图 4-66　不同水深侧扫声呐目标物扫测图像对比

4.3.6　多波束声呐接收声信号强度与相关声学指标关系

（1）声波在水体穿过过程中的衰减速度与频率成正比，声波频率越高，声波强度衰减速度越快。

（2）声波发射的声源级与海底反向散射强度呈正相关，相同条件下，声源级越高，海底反向散射强度越大。

（3）脉冲宽度对海底总强度影响微小，但与海底强度的整体分布相关，脉冲宽度越大，海底强度分布越集中。

（4）增益值对海底强度的影响并不一致，当强度到达峰值之前，总强度随增益值变大而变大，在峰值之后，总体强度随增益值减小而减小。

4.3.7 侧扫声呐分辨力与相关声学指标关系

（1）在其他测量条件不变的情况下，随着侧扫声呐量程的增加，其底物分辨力逐渐降低。

（2）在其他测量条件不变的情况下，随着侧扫声呐相对目标物的侧向距增加，其底物分辨力逐渐降低。

（3）声呐频率会对目标物的分辨造成影响，在200kHz、300kHz、400kHz条件下，频率越高，声呐分辨力越高，400kHz效果最好。

（4）声波发射的声源级会对目标物分辨力造成影响，对于杆状目标物，平行扫测时声源级为-20dB，分辨力最好；垂直扫测时声源级为Normal，分辨力最好，取得较好的分辨效果。

（5）不同测量模式会对声呐分辨力产生影响，其中当目标物垂直于航迹线方向时，不同测量模式下分辨力差异较小，误差最大变化为0.2m，而当目标物平行于航迹线方向时，不同测量模式下分辨力表现差异较大，最大变化约为0.4m。总体来说不同测量模式使得波束发射的间距不同，高密模式下声呐分辨力最高。

试验采用ping率为10Hz、15Hz和20Hz，随着ping率的减小，探测结果随着实际物体尺寸差异也不断变化，0.25m立方体和0.40m立方体随着ping率的减小，误差增大；当ping率为20Hz时，取得相对较好的分辨效果。

4.4 测量不确定度分析

基于标准目标块的底物分辨计量标准装置的目标物测量不确定度由若干个直接测量的不确定度分量合成，本项目依据《测量不确定度评定与表示》（JJF 1059.1—2012），对本装置测量不确定度进行科学评定。

4.4.1 测量模型

$$\Delta R = \Delta R_1 + \Delta R_2 + \Delta R_3 \tag{4-8}$$

式中，ΔR 为声呐底物分辨力示值误差(cm)；ΔR_1 为标准目标物误差(cm)；ΔR_2 为标准目标物安置误差(cm)；ΔR_3 为声速误差(cm)。

以 Kongsberg EM2040P 多波束测深系统在频率 400kHz、声源级-10dB、增益 40dB、ping 率 20Hz 的条件下的测量结果为例，进行 30cm 标准目标物分辨力校准结果不确定度评定。

4.4.2 不确定度来源分析

根据《测量不确定度评定与表示》(JJF 1059.1—2012)，就声呐底物分辨力校准结果的测量不确定度进行分析评定，声呐底物分辨力校准结果不确定度来源主要有 3 个因素：标准目标物引入的不确定度 $u_1(R_x)$、标准目标物安置引入的不确定度 $u_2(R_x)$、声速剖面引入的不确定度 $u_3(R_x)$。

4.4.3 不确定度评定

(1) 标准目标物引入的不确定度 $u_1(R_x)$。

标准目标物不确定度如表 4-28 所示。

表 4-28　　　　　　　　　　标准目标物不确定度

名称	不确定度(mm)	k
长度、宽度、高度	0.08	2
直径	0.5	2

因此，该标准目标物套组符合《侧扫声呐》(JJG(交通) 165—2020)中目标物边长最大允许误差±0.2cm 的要求。不确定度区间半宽为 0.2cm，应为均匀分布，不确定度为

$$u_{11}(R_x) = \frac{0.2}{\sqrt{3}} = 0.12 \text{cm}$$

当温度在 0~50℃范围内时，304 不锈钢的热膨胀系数为 17.2。30mm 目标物由于

温度变化引起的尺寸形变为:

$$300\text{mm} \times (100 - 0)℃ \times 17.2 \times 10^{-6} = 0.052\text{cm}$$

则不确定度区间半宽为0.052cm,应为均匀分布,不确定度为:

$$u_{12}(R_x) = \frac{0.052}{\sqrt{3}} = 0.03\text{cm}$$

因此,由标准目标物引入的不确定度为:

$$u_1(R_x) = \sqrt{u_{11}^2(R_x) + u_{12}^2(R_x)} = 0.12\text{cm}$$

(2)标准目标物安置引入的不确定度 $u_2(R_x)$。

标准目标物安置在消声水池底部,沿航迹方向与水平面之间的最大倾角为±7°。由目标物安置不平整引入的目标物测量误差(表4-29)为

$$\Delta = l - l \times \cos(14°) \tag{4-9}$$

表4-29　　　　　　　　　　目标物安置引入的测量误差

目标物尺寸(cm)	5	10	15	20	25
误差(cm)	0.15	0.30	0.45	0.59	0.74

因此,由目标物安置不平整引入的测量误差最大为0.89cm,则不确定度区间半宽为0.445cm,应为均匀分布,不确定度为

$$u_2(R_x) = \frac{0.445}{\sqrt{3}} = 0.26\text{cm}$$

(3)声速剖面引入的不确定度 $u_3(R_x)$。

在消声水池中换能器发射的声波在穿透的单位水层内声速为常声速,故可得波束在换能器坐标系下坐标为(x, y, z):

$$\begin{pmatrix} x \\ y \\ z \end{pmatrix} = \frac{1}{2}ct \begin{pmatrix} \sin\theta \\ 0 \\ \cos\theta \end{pmatrix} \tag{4-10}$$

消声水池目标物处平均水深为5m,声速变化较小,平均声速为v,可看作常声速传播。声速剖面仪的测量精度为±0.2m/s。波束角度为θ,声速误差引入的误差为

$$\Delta_v = t\Delta_c = \frac{5/\cos\theta}{v} \times (\pm 0.2) \tag{4-11}$$

消声水池平均声速变化如表4-30所示。

表 4-30　　　　　　　　　　　消声水池平均声速变化

次数	1	2	3	4	5	6
平均声速 v(m/s)	1530.54	1529.47	1530.71	1531.05	1531.52	1530.91

因此,消声水池声速变化范围为(1530.495±1.025)m/s。

声速对底物分辨力的影响随入射角增大而增大,随声速的减小而增大。水池中有效扫测的最大波束开角为50°,平均声速为1529.47m/s时,声速误差引入的误差最大:

$$\Delta_v = t\Delta_c = \frac{5/\cos 50°}{1529.47} \times (\pm 0.2) = \pm 0.10 \text{cm}$$

则不确定度区间半宽为0.16cm,应为均匀分布,声速剖面引入的不确定度为

$$u_3(R_x) = \frac{0.10}{\sqrt{3}} = 0.06 \text{cm}$$

(4)合成标准不确定度。

各不确定度分量汇总见表4-31。

表 4-31　　　　　　　　　　　不确定度分量一览表

不确定度来源	符号	标准不确定度
标准目标物引入的不确定度	$u_1(R_x)$	0.12cm
标准目标物安置引入的不确定度	$u_2(R_x)$	0.26cm
声速剖面引入的不确定度	$u_3(R_x)$	0.06cm

(5)合成扩展不确定度。

以上分量互不相关(或近似认为互不相关,按互不相关处理),声呐底物分辨力示值误差校准结果的合成标准不确定度按下式计算:

$$u(\Delta R) = \sqrt{u_1^2(R_x) + u_2^2(R_x) + u_3^2(R_x)} = 0.3 \text{cm}$$

(6)扩展不确定度。

校准试验中,包含因子取 $k=2$,则声呐底物分辨力示值误差校准结果的扩展不确定度为:

$$U(\Delta R) = k \times u(\Delta R) = 0.6 \text{cm}, \ k = 2$$

4.5 应用示范

4.5.1 目的

当前,为满足海洋工程与科研调查任务,多种水声学设备被研发、制造并投入使用,在航道疏浚、港口建设、海洋石油平台建设等军事和民用领域发挥极其重要的作用,并创造了可观的经济效益。

在浅浊水域底物分辨与定位测量方面,声呐测量设备精度高且应用广泛,但我国水下声呐计量标准难以形成体系,水域代表性不足,底物与底质结构分辨率较低,难以保证信息的有效性、安全性。针对浅水域底物探测分辨对底物精细探测计量测试技术的需求,制定研究声呐设备几何指标和水声指标测试方案,开展浅水域声呐设备分辨力及计量标准测试技术研究有助于保障我国水运工程建设质量,确保声呐系统更加科学、有效地应用于水运工程。

4.5.2 试验依据

《侧扫声呐》(JJG(交通)165—2020);

《多波束测深系统测量技术要求》(JT/T 790—2010)。

4.5.3 仪器设备

(1)计量标准器及其配套设备。

浅浊水域声呐底物分辨力计量标准装置位于山东科技大学消声水池标准场,由试验水池、试验车、升降装置、标准目标物套组组成。设备清单见表4-32。

表4-32 配套设备

	名称	型号	测量范围	不确定度或准确度等级	制造厂及出厂编号
主要配套设备	标准目标物套组	—	—	最大允许误差≤2cm	自建专用
	试验车	自建	0~0.2m/s	±0.01m/s	自建专用
	升降装置	自建	0~5m	位移:±0.5cm	自建专用

(2)计量标准的量值溯源和传递。

侧扫声呐计量标准的量值溯源和传递如图 4-67 所示。

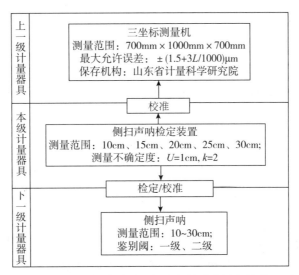

图 4-67　侧扫声呐计量标准的量值溯源和传递

4.5.4　操作程序

1. 环境条件

环境条件如表 4-33 所示。

表 4-33　　环　境　条　件

序号	项目	要求	实际情况	结论
1	环境温度	(20±15)℃	(20±15)℃	合格
2	湿度	应不大于 90%	不大于 90%	合格
3	池水温度	(20±15)℃	(20±10)℃	合格
4	其他	周围无影响声呐正常工作的机械振动和电磁干扰	周围无影响声呐正常工作的机械振动和电磁干扰	合格

2. 操作步骤

1）固连式声呐设备底物分辨力

将声呐设备的换能器水平安装到升降装置，通过调节升降装置固定其入水深度为

1m，距标准目标物所在平面垂直距离 5m，并使声波扇面垂直试验车行驶方向。设置固连式声呐设备的工作参数，使其正常、稳定发射声信号，调整波束开角使声照射区能覆盖目标物垂直于试验车方向的宽度。设置一组测线，每条测线调整一个声呐工作参数。在测量过程中，试验车以 0.1m/s 的固定速度移动，完整扫过池底铺设的标准目标物套组，按照测线调节仪器工作参数对池底目标物进行往返测量 3 次；将声呐图像（及测深曲面）中可分辨的最小目标物尺寸作为指标，选取 3 幅图像作为校准所用图像；分别计算图像平行航迹线方向和垂直航迹线方向上的误差；取两种图像误差均值作为最后误差。

2）拖曳式声呐设备底物分辨力

将拖曳式声呐设备的拖鱼系统通过绳索两侧等距连接安装在试验车的升降装置底端，保证拖鱼系统前进方向与试验车行进方向一致，固定其入水深度为 1m，距标准目标物套组所在平面垂直距离 5m，拖鱼的发射扇面垂直于试验车行驶方向。调节声速剖面仪与拖曳式声呐设备位于同一水深位置，获取声速值并输入拖曳式声呐设备甲板单元，调节声呐的工作参数，使其正常、稳定发射声信号；设置一组测线，每条测线调整一个拖曳式声呐工作参数。在测量过程中，试验车以 0.1m/s 的固定速度移动，完整扫过池底铺设的标准目标物，按照测线调节仪器工作参数对池底目标物进行往返测量 3 次以上；将声呐图像（及测深曲面）中可分辨的最小目标物尺寸作为指标，随机选取 3 幅图像作为校准所用图像；分别计算图像平行航迹线方向和垂直航迹线方向上的误差；取两种图像误差均值作为最后误差，当误差小于合成标准不确定度的 2 倍时可认为声呐底物分辨力示值合格。

3. 计量标准的稳定性考核

1）标准目标物安置误差

在进行稳定性试验时，使用标准目标物套组作为核查标准。具体的测量数据如表 4-34 所示。标准目标物安置在消声水池底部，沿航迹方向与水平面之间的最大倾角为 ±7°，根据几何关系，由目标物安置不平整引入的目标物测量误差为

$$\Delta = l - l \times \cos(14°) \tag{4-12}$$

表 4-34　　　　　　　　　目标物安置引入的测量误差

目标物尺寸(cm)	5	10	15	20	25	30
误差(cm)	0.15	0.30	0.45	0.59	0.74	0.89

2) 声速剖面测量误差

在消声水池中，换能器发射的声波在穿透的单位水层内声速为常声速，则波束在换能器坐标系下坐标为

$$\begin{pmatrix} x \\ y \\ z \end{pmatrix} = \frac{1}{2}ct \begin{pmatrix} \sin\theta \\ 0 \\ \cos\theta \end{pmatrix} \quad (4\text{-}13)$$

消声水池目标物处平均水深为5m，声速变化较小，平均声速为v，可看作常声速传播。声速剖面仪的测量精度为±0.2m/s。波束角度为θ，声速误差引入的误差为

$$\Delta_v = t\Delta_c = \frac{5/\cos\theta}{v} \times (\pm 0.2) \quad (4\text{-}14)$$

消声水池平均声速变化如表4-35所示。

表4-35 消声水池平均声速变化

次数	1	2	3	4	5	6
平均声速v(m/s)	1530.54	1529.47	1530.71	1531.05	1531.52	1530.91

因此，消声水池声速变化范围为(1530.495±1.025)m/s。

声速对底物分辨力的影响随入射角增大而增大，随声速的减小而增大。水池中有效扫测的最大波束开角为50°，平均声速为1529.47m/s时，声速误差引入的误差最大为±0.1cm。

4.5.5 试验结论

依据计量检定规程——《侧扫声呐》(JJG(交通)165—2020)和《多波束测深系统测量技术要求》(JT/T 790—2010)，验证了浅浊水域声呐底物分辨力计量标准装置功能及测量流程，完成了浅浊水域声呐底物分辨力计量标准装置的示范应用研究。

4.6 本章小结

本章开展了底物分辨设备几何和声学指标计量测试方法、水体环境对设备参数影响试验、声呐设备计量过程的综合数据处理模型，以及底物分辨计量标准装置研制等工作。具体情况如下：

(1)声呐仪器工作过程中受不同悬沙、近底淤积环境影响，对底物和地层构造探

测产生干扰，造成分辨率较低，甚至底物检测不到的问题。

(2)针对浅浊水域底物分辨力的溯源难题，项目组通过研究基于标准目标块的底物分辨计量测试技术，构建了1套常用海底声呐底物分辨计量测试装置。

(3)并对计量测试装置进行了不确定来源分析，建立了不确定评定模型以及完整的量值溯源和传递链，形成了标准、系统的底物分辨设备的几何指标和声学指标的测试流程。

(4)研制的底物分辨力计量标准装置，属于国内首创，经测量不确定度评定得出，该标准装置的合成标准不确定度为0.6cm，填补了我国海底声呐底物分辨计量标准的空白。

第 5 章 基于地层剖面标准样品的水下地层剖面分辨率计量技术

浅地层剖面探测技术起源于 20 世纪 60 年代初期，其后广泛应用于港口建设、航道疏浚、海底管线布设，以及海上石油平台建设等方面。70 年代以来，随着近海油气资源的大规模开发和各种近岸水上工程建设项目的不断增加，以及各种地质灾害的频繁发生和发现，浅地层剖面探测的重要性越来越为人们所认识。

浅地层剖面探测是一种基于水声学原理的连续走航式探测水下浅部地层结构和构造的地球物理方法。浅地层剖面仪(Sub-bottom Profiler)又称浅地层地震剖面仪，是在超宽频海底剖面仪基础上的改进，是利用声波探测浅地层剖面结构和构造的仪器设备。以声学剖面图形反映浅地层组织结构，具有很高的分辨率，能够经济高效地探测海底浅地层剖面结构和构造。

随着海洋工程的发展，水下光缆建设规模的逐年上升，河道、近海口的地层结构也变得复杂，这就使得水下工程开工前对水下地层剖面探测的精度要求越来越高，但国内相应的水下地层剖面探测设备的计量体系却没有建立。水下地层剖面分辨计量技术研究就是为了建立水下地层剖面探测设备的计量体系，准确校准水下地层剖面探测设备，为海洋工程的发展提供保障。

为满足不同情况的海底环境，地层剖面探测设备的工作原理、频率范围、信号类型也各有不同。为了更好地构建研究水下地层剖面探测设备的计量体系，需要对当前市面上常用的水下地层剖面探测设备进行调研。

浅地层剖面仪是在测深仪基础上发展起来的，只是其发射频率更低，声波信号通过水体穿透床底后继续向底床更深层穿透，结合地质解释，可以探测到海底以下浅部地层的结构和构造情况。浅地层剖面探测在地层分辨率(一般为数十厘米)和地层穿透深度(一般为近百米)方面有较高的性能，并可以任意选择扫频信号组合，现场实时设计调整工作参量，可以在航道勘测中测量海底浮泥厚度，也可以勘测海上油田钻井平台基岩深度。浅地层剖面仪采用的技术主要包括压电陶瓷式、声参量阵式、电火花式和电磁式 4 种。

其中，压电陶瓷式主要分为固定频率和线性调频两种；电火花式主要利用高电压在海水中放电产生声音的原理;声参量阵式利用差频原理进行水深测量和浅地层剖面勘探;电磁式通常多为各种不同类型的爆炸声源,穿透深度及分辨率适中。浅地层剖面仪不同技术类型各项指标对比如表5-1所示。

表5-1　　　　　　　　　　　浅地层剖面仪技术类型各项指标对比

技术名称	信号类型	优点	缺点
压电陶瓷式	调频脉冲、单频脉冲	分辨率高	体积大,穿透深度浅
声参量阵式	非线性调频(差频)	穿透深度高,分辨率高	体积大,成本高
电火花式	高、低频爆炸声源	体积小,成本低	信号稳定性差,分辨率低
电磁式	宽带脉冲	体积小,成本低	分辨率低,输出电压较高

浅地层剖面探测设备性能指标中分辨率与穿透深度是互相矛盾的。20世纪80年代,美国Datasonics公司与罗得岛州州立大学的海军研究所及美国地质调查局联合开发了一种称为"Chirp"的压缩子波,并被广泛地应用于海底浅地层勘探中。通过长时间的调频脉冲,接收信号经过滤波处理,得到一个比发射脉宽的宽度窄很多的压缩脉冲,压缩后的脉冲宽度与发射脉冲宽度无关,此压缩脉冲宽度等于调频带宽的倒数,即 $\tau p = 1/\Delta f$,(τp 为处理后的脉冲宽度;Δf 为调频宽度)。发射较宽的线性调频(Chirp)脉冲,能够保证一定的穿透深度,同时不会降低垂直分辨率。其中,GeoChirp II 是采用线性调频(Chirp)声呐作为声源,来探测海底浅地层构造情况的一种浅地层剖面仪。与此同时,为了产生具有足够穿透力的低频,它的换能器必须做得大而重,分辨率也较差。于是人们提出了参量阵(非线性调频)原理,利用该原理德国Innomar公司研制了SES-96参量阵测深/浅地层剖面仪。总体来看,Chirp技术在地层分辨率上具有极高的性能,而其勘探深度的限制使其应用范围具有很大的限制。同时,传统的Boomer为电磁式剖面仪,但其声能发射机(震源)输出的电压通常为几千伏,针对该问题研究人员在设计上进行了重大改进,采用独特低压技术的新型浅地层剖面仪(C-Boom)应运而生。

从表5-1中可以看到,现如今最常用的浅地层剖面探测设备使用的信号大多为调频脉冲信号。普通的调频信号的频率跨度越大,测量的分辨率越高,工作频率越低,穿透深度越深;参量阵的差频信号与普通的调频信号的特点相同,但穿透深度较深;若是单频脉冲信号,频率越高,分辨率越高,但测量深度相应地也会减小;爆炸声源的频率比较低,分辨率低,但穿透性较强,适合深度探测;宽带脉冲则可以根据使用条件和要求改变信号工作频段,但对声源要求较高,分辨率适中。

不同的浅地层剖面仪的工作深度也不尽相同。因为技术类型、制作工艺、外形设计、防水性能的不同,工作深度也会有变化。声参量阵式的地层剖面探测设备由于工艺较复杂，重要部件的防水、耐压性能较弱，工作的环境水深较浅；压电陶瓷式的设备工艺相比于声参量阵式的地层剖面探测设备更简单、成熟，因此可以胜任水下3000m的工作环境，但也是由于信号的反射及信号处理限制，使用时必须与海底的距离较近，否则会影响实验结果；电磁式与电火花式的工艺简单，信号的探测深度较深，可以根据情况调整使用方法，适用的环境更广泛。

5.1 水下地层剖面声学模型构建

水下地层剖面精细探测技术是以分层介质理论为基础发展而来的，而分层介质理论中各层介质的物理参数对声波的反射、透射和吸声现象的分析与预测起着至关重要的作用，因此研究水下沉积物各层不同种类介质的物理性质，并依据各物理性质参数间的关系建立适合的声学模型是建立水下地层剖面精细探测分析技术的基础。对水下沉积物各层不同种类介质物理性质的测量分为两个主要部分：介质中声速测量与介质声参数(反射、透射、吸声系数)测量。

一般对于声波的反射、透射行为，分为两大类：分层介质界面的反射、透射行为与介质层的反射、透射行为。分层介质界面的声波行为只考虑不同介质间特性阻抗的差异导致的反射、透射现象，同向声波间不存在声波间的干涉，如图5-1所示，分界面的反射、透射系数是固定的，与声波的长短、频率无关；介质层的声波行为则至少涉及两个分层介质界面，声波会在两个分层介质界面间往复运动，并在每一次接触分层介质界面时发生反射、透射，这时介质层的反射、透射系数是声波在单一频率且声场达到稳态时得到的，如图5-1和图5-2所示。

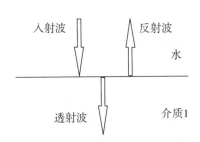　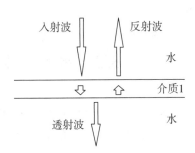

图5-1　声波接触分层介质界面的反射、透射行为示意图　　图5-2　介质层的反射、透射行为示意图

介质层的反射、折射现象，是由多个介质分界面的反射、折射现象叠加形成的，介质层的反射波与透射波实际上也是由多个声波叠加干涉形成的，因此不同界面产生的声波在分层介质中的运动应该是线性且相互独立的，如图5-3所示。

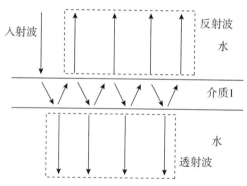

图 5-3 将介质层反射、透射行为分界的示意图

界面的反射系数与透射系数,由界面两边介质的特性阻抗决定:

$$R = \frac{z_1 - z_2}{z_1 + z_2} \tag{5-1}$$

$$T = \frac{2z_2}{z_1 + z_2} \tag{5-2}$$

式中,R 为反射系数;T 为透射系数;z_1、z_2 分别为界面入射一侧与透射一侧介质的特性阻抗。而多次反射波与多次透射波的时间间隔 t,则与介质中声速 c 与界面间距离 l 有关:

$$t = \frac{l}{c} \tag{5-3}$$

因此只需要知道不同介质层的特性阻抗,声波在介质中的传播速度与各个介质的厚度就可以构建出地层剖面的声学模型。对于不同种类的介质就需要对其声速及声参数进行测量。

5.2 水下地层剖面分辨率计量标准装置研制

我们基于水下分层介质理论应用研究,分析水下地层剖面中的反射、折射及吸声现象的相关参数对剖面精细探测能力的影响,进行了水下浅地层反射系数与声速等声学参数测量实验并构建了地层剖面标准样品;开展水下地层声学参数及地层剖面精细探测等相关实验,最终建立水下浅地层剖面精细探测分辨率计量标准装置。

5.2.1 水下地层剖面分辨率计量标准装置研制

水下地层剖面分辨率计量标准装置构成如图5-4所示。

第 5 章　基于地层剖面标准样品的水下地层剖面分辨率计量技术

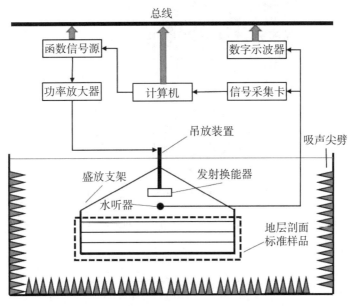

图 5-4　水下地层剖面分辨测量系统构成示意图

水下地层剖面分辨率计量标准装置由信号发生器、功率放大器、示波器、信号采集卡、计算机、地层剖面标准样品、发射换能器和水听器构成。其中信号采集卡为 NI 公司 USB6251 型采集卡，计算机内的数据处理程序则通过 Labview 编写。其余装置为地层剖面样品单层介质反射、透射、吸声系数测量系统中使用的仪器。

为了降低信号处理难度，需要对水下地层剖面分辨测量系统使用的信号类型进行研究。图 5-5 为 30kHz 单频脉冲信号经过声波叠加后的效果，图 5-6 为 30kHz 频宽的调频信号经过声波叠加后的效果，图 5-7 为经过叠加的调频信号匹配滤波后的效果图。

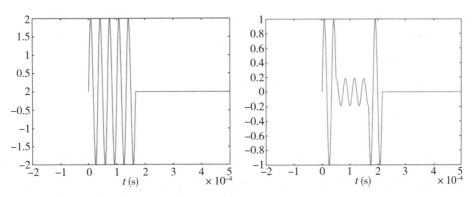

图 5-5　30kHz 单频脉冲信号类型(上)与声波叠加后效果(下)

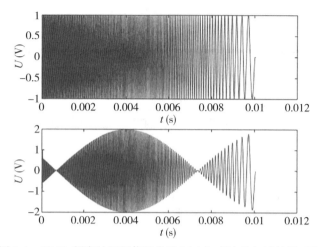

图 5-6 30kHz 频宽的调频信号类型（上）与声波叠加后效果（下）

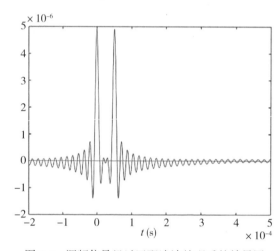

图 5-7 调频信号经过匹配滤波处理后的效果图

从图 5-5~图 5-7 中可以看出，线性调频信号对硬件的要求更高，但其包含的能量更大、抗干扰能力更强。单频脉冲信号的分辨率由频率和发出声波的周期决定。声波的周期一定时，频率越高的信号分辨率越高，但介质对声波的吸收也会越大。最终，选择的信号类型需要通过分析后期的实验结果来确定。

水下地层剖面分辨率计量标准装置的实验流程图如图 5-8 所示。

作为水下地层剖面标准样品测试的第一次实验，实验的目的是为后续的实验优化提供参考为主，因此本次实验只对石板进行了测量。石板外形为 1.2m×1.2m×0.2m 的长方体，测量时放在 1.5m×1.5m×0.5m 的铁框内，如图 5-9 所示。

利用玻璃胶，将厚度为 10mm 的有机玻璃围栏安装在石板上，如图 5-10 所示。

第 5 章　基于地层剖面标准样品的水下地层剖面分辨率计量技术

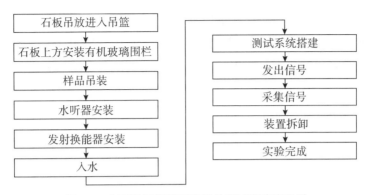

图 5-8　水下地层剖面标准样品测试实验流程图

图 5-9　石板吊放入铁框的现场照片　　图 5-10　石板上方有机玻璃围栏安装完成后的照片

然后利用吊带,通过行车将样品运至测试场地上端。随后安装水听器与发射换能器,如图 5-11 所示。换能器距离水听器的距离约为 200cm,水听器距换能器距离约为 75cm。

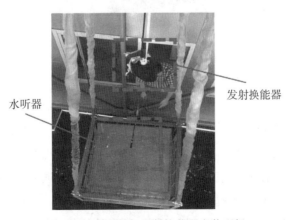

图 5-11　水听器与发射换能器安装现场

215

将安装好的设备吊放入水中，而后连接测试装置。本次测试使用了 2 种信号：20kHz 单频脉冲信号与 18~32kHz 的扫频信号。20kHz 单频脉冲信号的测试结果如图 5-12 所示，18~32kHz 扫频信号测试结果如图 5-13 所示。

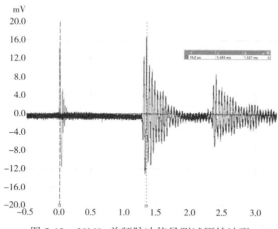

图 5-12　20kHz 单频脉冲信号测试原始波形

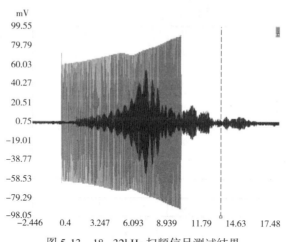

图 5-13　18~32kHz 扫频信号测试结果

20kHz 的单频脉冲信号测试结果数据可以分为三个组成部分：发射换能器两端的电压信号、水听器接收到的直达声信号与石板的反射信号。信号组成如图 5-14 所示。

由于直达信号的时长较长，使得反射信号中的一次反射与二次反射出现了部分重叠。为了清楚区分两种信号，应提高测量频率，减短信号时长，但本次测量数据依然可以尝试通过信号处理的方式提取二次反射波。

第一步要对信号进行滤波处理，只保留 20kHz 的信号，如图 5-15 所示。测量直达波信号与反射信号间的时延（图中为采样点数）。而后截取直达波信号，如图 5-16 所示。

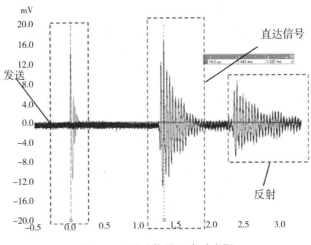

图 5-14 测试信号组成示意图

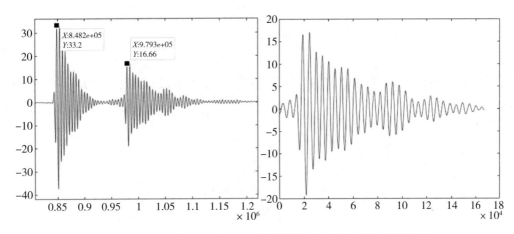

图 5-15 经过滤波处理后的 20kHz 测量结果(左)放大后的反射波(右)

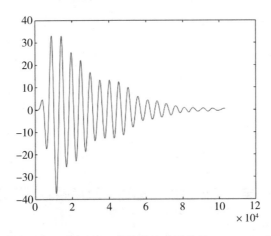

图 5-16 截取的直达波信号

根据直达信号与反射信号的最大幅值之比,调整直达信号,得到模拟的一次反射信号。而后在适当的位置,用反射波减去一次反射波,结果如图 5-17 所示。

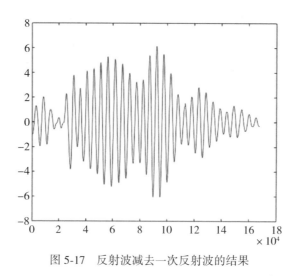

图 5-17　反射波减去一次反射波的结果

而后对反射信号和经过处理的反射信号进行与电压信号的卷积处理,结果如图 5-18 所示。

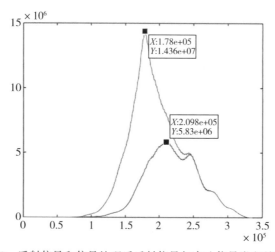

图 5-18　反射信号和信号处理后反射信号与直达信号卷积处理结果

5.2.2　地层剖面样品单层介质反射、透射、吸声系数测量方法

根据地层剖面样品声学模型的设计与分析,其中地层剖面样品的吸声系数会随着

频率的升高而增大,拟开展高低两个频段的地层剖面样品单层介质反射、透射、吸声系数测量系统构成设计研究,系统构成示意图如图 5-19 所示。

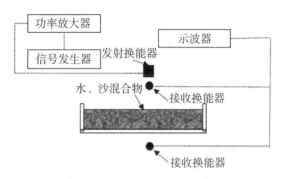

图 5-19　单层剖面介质声参数测量装置示意图

该系统由信号发生器、功率放大器、示波器、发射换能器与接收换能器构成。该装置中使用的信号发生器、功率放大器、示波器均为声速测量中同型号仪器。测量时,根据待测介质种类将样品横置于水池中。将发射换能器、水听器按示意图中位置摆放。

地层剖面样品单层介质反射、透射、吸声系数测量系统实物如图 5-20 所示。

图 5-20　地层剖面样品单层介质声参数测量系统实物照片

1. 地层剖面标准样品研制

在《水运工程　浅地层剖面仪检定规程》(JJG(交通) 140—2017)中,对浅地层剖面仪的垂直分辨力的检定是在专用的实验水槽中进行的。水槽边壁铺设有消声材料,底部铺设有标准土层。铺设方式可参照《水运工程　浅地层剖面仪检定规程》(JJG(交通) 140—2017)7.1.2.1 实验水槽中介绍的方法。而后利用浅地层剖面仪对水池底部的地形进行探测,最终将探测结果与铺设数据进行比较,并以此为依据评价浅地层剖面仪的垂直分辨力。

该方案可以基本满足对浅地层剖面仪垂直分辨力的基本性能检定，但在精细探测领域缺乏可靠性与稳定性。

首先在土层铺设完毕后，向水槽中注水的过程中，水流会对水池底部的土层造成影响，不同高度的平台间可能会发生塌方；其次在长期的使用过程中，行车与被测浅地层剖面仪的运动造成的水流也会积累对池底的影响；最后在对场地的检修过程中，由于无法直观地观察和测量水池底部土层的状态，只能使用声学手段确认场地是否符合测量要求，缺少可靠的溯源途径，会带来极大的测量不确定度。

另外，该类实验水池的底部是由泥沙铺设的，除一些如测深仪、浅地层剖面仪等在该环境下专用的设备，不适合其他设备的校准，从经济的角度来看会造成一定的浪费。基于以上原因，本书提出了水下地层剖面标准样品的构建。水下地层剖面标准样品的构成如图 5-21 所示。

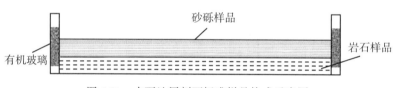

图 5-21　水下地层剖面标准样品构成示意图

水下地层剖面标准样品由岩石样品层、砂砾样品层和有机玻璃围栏组成。样品外形为长方体，长方体底面最小几何尺寸不小于 1m，岩石样品与砂砾样品的厚度不小于 0.2m，且各层介质分界面的平整度优于 2cm。水下地层剖面标准样品用于浅地层剖面仪垂直分辨力检定的优点为以下 3 点：首先，有机玻璃围栏有利于直接测量各层介质的厚度，且测量用具可直接溯源至中国计量科学研究院，能够极大地提高场地的可靠性；其次，根据大量的文献与产品调研可知，现今常用型号的浅地层剖面仪的水平分辨力均小于 0.5m，最小几何尺寸不小于 1m 的水下地层剖面标准样品可以在满足测量需求的同时，极大地降低场地的铺设成本与铺设难度，适用于各类水池；第三，水下地层剖面标准样品的介质厚度可以根据使用条件任意调节，灵活性高且经济实惠而易于推广。因此，水下地层剖面标准样品的提出有效地提高了测量的可靠性、实用性，且极大地降低了检测成本。

此外，在研制地层剖面标准样品的过程中发现，地层剖面标准样品对砂砾样品的粒径有着一定的限制。粒径的范围最好为 0.1~1mm。砂砾粒径不宜小于 0.1mm 的原因是，若砂砾粒径过小，那么在将砂砾层搅拌均匀的过程中，粉尘会聚集在砂层表面。这样会导致砂砾样品表面的反射系数过高，不利于浅地层剖面仪的测量。此外，砂砾粒径过小也会导致放置地层剖面标准样品时，砂砾因水流冲击出现溅射，污染实验水池。对淘洗前、后砂砾粒径的检测结果进行对比后发现，淘洗后的砂砾中几乎不含小于 0.1mm 的粉尘。砂砾的粒径不宜大于 1mm 的原因是，若砂砾粒径过大，将会导致砂砾间存在较大的缝隙，容易产生气泡不利于水的浸润，影响介质稳定。砂砾粒径的检测可以溯源至上海计量院，参照的标准为《粒度分析激光衍射法》(GB/T 19077—2016)。地层剖面标准样品中使用的砂砾样品如图 5-22 所示。

图 5-22　砂砾样品

海底地质结构测绘在海洋开发、灾难预测、油气田勘探等领域有着很重要的应用。利用声波的反射现象测量海底沉积层厚度是测绘海洋地质结构中较常用的手段。根据分层介质理论，声波在经过不同介质时会产生反射波，因此可以根据不同介质分界面产生反射波的时间间隔配合各介质层的声速来测量各介质层的厚度。想要较精确地测绘海底地质结构就需要准确地测量不同介质分界面反射波的时间间隔和各介质层的声速。

目前在海洋沉积层声学性质研究领域，对于介质层声速的测量主要还是以原位测量和取样测量为主。原位测量是利用事先搭建好的测量系统，将换能器与水听器固定好相对位置后投入沉积层，对沉积层声速进行直接测量；取样测量则是利用一根空心圆管插入沉积层对其进行采样，而后根据测量得到的样品声速估算沉积层声速。原位测量的结果较准确，但测量深度有限，测量结果仅对单层地质测量有帮助，实用性有限；取样测量的取样深度较深，可测量多层介质层的声速，但在取样过程中样品会受到运输过程中的振动、水流扰动等影响，可能会对样品的声速造成影响。

为了确认此类干扰对样品声速的影响，需要进行沉积时间对水下沉积物声速影响的实验研究。本书首先介绍测量原理，描述测量装置的组成，而后利用测量装置测量沉积时间为 30s、1h、1 天、1 个月的沉积物样品，根据测量结果分析沉积时间对水下沉积物声速影响，并最终得出结论。

在测量系统调试过程中，测得在 50~500kHz 频率范围内，样品的声速不随频率的变化而变化，且发射换能器在 180kHz 时接收换能器接收到的信号幅值最大且信噪比优于其他频率，因此在实验中将选择 180kHz 单频脉冲信号进行测量。

首先对样品进行充分搅拌，每次搅拌后，静置样品 1h，而后测量样品声速。对同一样品进行 6 次搅拌，测量结果如表 5-2 所示。

表 5-2　　　　　　　　　　　　以搅拌次数分组后的实验数据结果

搅拌次数	声速(m/s)
1	1651.2
2	1642.9
3	1650.7
4	1657.1
5	1653.0
6	1650.2

由测量结果可知，6 次搅拌测量的样品声速均值为 1650.9m/s。标准差的值为 4.64m/s，约为均值的 0.3%。由此可知，对被测样品进行搅拌的次数不会对声速测量造成较大影响。

此外，本实验还测量了搅拌后静置 30s 与静置 1h 的样品声速。经过 6 次测量，搅拌后静置 30s 的测量结果平均值为 1646.4m/s，标准差为 15.66m/s，标准差约为均值的 1.0%。静置 30s 后测得的信号与静置 1h 后测得的信号如图 5-23 所示，由图与测量结果可知，静置前后声速测量的结果差异不大，但对介质的搅拌与静置会对接收换能器接收到的信号产生影响。图 5-23(a) 中的直达信号比图 5-23(b) 中的直达信号更散乱，这是因为样品刚刚开始沉淀时，样品的分布不够均匀，会造成声波的散射。由结果可知，静置时间越长，测量的不确定度越小。

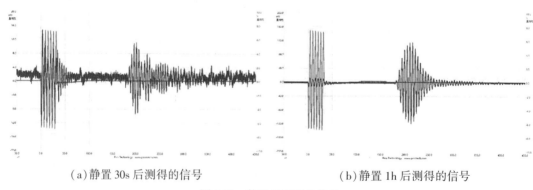

(a) 静置 30s 后测得的信号　　　　　　(b) 静置 1h 后测得的信号

图 5-23　静置后测得的信号

在对样品进行第六次搅拌后，将其静置 1 个月。在静置时间为 1h、1 天、1 个月的三个状态下对样品声速进行再次测量。测量结果如表 5-3 所示。

表 5-3　　　　　　　　　　　不同静置时间，样品的声速

静置时间	声速(m/s)
1h	1650.2
1 天	1645.9
1 个月	1648.7

从测量结果看，三个状态下样品的声速差异不大，可以认为静置时间对样品的声速没有明显影响，因此在对水下沉积物的声速进行取样分析时，可以不考虑沉积时间对样品声速的影响。

2. 水下单层介质声参数测量实验

1）测量原理

水下沉积层的反射系数、透射系数与吸声系数方案如图 5-24 所示。

由于细砂或者粗砂需要边界材料支撑才能成形，因此为了减少其他支撑材料对细砂或者粗砂声学参数的影响，利用被测岩石作为细砂或者粗砂声学参数测量时的支撑材料。

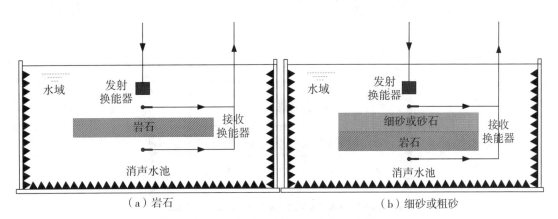

(a) 岩石　　　　　　　　　　　　　　(b) 细砂或粗砂

图 5-24　水下沉积层测量方案示意图

首先开展岩石反射系数、透射系数与吸声系数的测量，其测量声场示意图如图 5-24(a)所示，布置完成后由发射换能器发出声波，分别通过岩石上下的接收换能器得到声波的入射、反射声压和透射声压，岩石的声速和厚度已知，利用测量数据计算得到岩石介质的反射系数、透射系数与吸声系数。

其次开展细砂或者粗砂的反射系数、透射系数与吸声系数的测量，其测量声场示意图如图 5-24(b)所示，布置完成后由发射换能器发出声波，分别通过岩石上下的接

收换能器得到声波的入射、反射声压和透射声压,组合被测沉积层中的吸声系数已知,利用测量数据计算得到介质的反射系数、透射系数与吸声系数。

2)声参数测量实验仪器

(1)可发出 30kHz 频率信号的换能器一只(声材组有一直径为 30cm 的圆面活塞式换能器,指向性主瓣-3dB 为 9.8°,30kHz 频率下远场距离应大于 45cm);

(2)30kHz 频率功率放大器一台,可以使换能器声源级大于 95dB(30kHz 频率声波每经过一层模拟样品信号衰减量约为 20dB,水池本底噪声声源级约为 65dB,信号处理所需信噪比为 10dB),408 实验室现有适合频率且功率为 3000W 的功率放大器一台;

(3)工作频率为 30kHz 的标准水听器一只;

(4)信号发生器一台;

(5)信号采集系统一套;

(6)信号处理软件一套;

(7)样品(岩石样品应为 1.5m×1.5m×0.4m 的长方体;砂砾应为 1.5m×1.5m×0.2m 的长方体,可避开边缘衍射波和区分多次反射波);

(8)样品支架。

3)声参数测量实验方案

(1)将样品横向放置,如图 5-25 所示。

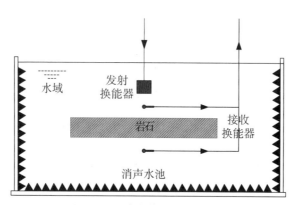

图 5-25 声参数测量方案示意图

注:测量透射声波的水听器的位置放置有一定难度。

(2)发射换能器发出 8 个周期频率为 30kHz 的声波,样品上方的水听器会接收到直达波、反射波、二次反射波、样品边缘衍射波。

(3)样品上方的水听器会接收到透射波与二次透射波。

(4)根据采集到的信号确认不同种类声波的幅值,利用公式计算样品的反射系数、透射系数和吸声系数。

3. 水声材料单层介质反射系数测量实验

水声材料反射系数的测量一般在模拟自由场的消声水池和水声声管中进行。在消声水池中测量水声材料的反射系数，工作频率与样品的大小有关，样品的尺寸越大，工作频率下限越低。一般大面积样品的最大边长为1~2m，采用宽带压缩脉冲法测量，测量样品反射系数的最低频率在2kHz左右。声管的工作频率与声管长度和内径有关。声管内径越小，声管的截止频率越高，工作频率上限越高，而声管的长度越长，可测量的声波波长越长，工作频率下限越低。目前利用水声材料的行波管测量技术可以在内径为ϕ208mm、高度为5m的声管中测量100Hz~4kHz频率范围内样品的反射系数。

由于场地、设备及样品尺寸的限制，对同一种样品的声性能测量往往需要制作多个样品。在水声材料研制过程中，若要对新材料的声性能进行测试需要专门的设备和场地，测量用的时间也比较长，增加新材料的研发成本与研发周期。此外，在测量水中沙层、淤泥、油层等流体介质的反射系数时，声场的布置难度大，污染水池、声管的风险较高。为了减少水声材料的研发成本、缩短研发周期、降低测试装置的实验风险，介绍了一种在狭小有限水域中，利用高频脉冲分析水声材料反射波的构成，能够较精确地测量水声材料反射系数的离散法。

本书首先介绍离散法测量水声材料反射系数的理论依据，并推导出相应的计算公式；而后通过计算机模拟计算对比该方法与经典公式间的差异，论证离散法理论依据的可靠性；最后通过实验验证证明，离散法测量水声材料反射系数具有可行性，能够实现在狭小水域中对材料反射系数的低频测量。

离散法测量水声材料反射系数的原理如图5-26所示。现有由0#、1#、2#三层介质构成的分层介质模型：0#与2#介质层的特性阻抗均为z_0，厚度都是正无穷；1#介质层厚度为D_1，特性阻抗为z_1，声速为c_1。设0#介质层中有声源A于无穷远处垂直向1#介质层发射平面波$S_{in}(t)$，S_{in}到达0#、1#介质层分界面时会产生反射波$S_{R0}(t)$与透射波$S_{T0}(t)$，而后透射波$S_{T0}(t)$再经过1#、2#介质层分界面的反射重新到达0#、1#介质层分界面时，会再次产生$S_{R1}(t)$与$S_{T1}(t)$，随后周而复始。此时1#介质层的反射波$S_R(t)$的表达式为

$$S_R(t) = S_{R0}(t) + S_{R1}(t) + \cdots + S_{Rn}(t) \tag{5-4}$$

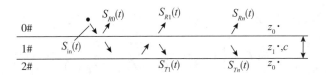

图5-26 离散法测量水声材料反射系数的原理示意图

在反射波的构成中，除去 $S_{R0}(t)$ 以外，所有的反射波分量都满足公式：

$$S_{Rn}(t) = \left(\frac{z_0 - z_1}{z_1 + z_0}\right)^2 \left\{[1 - \alpha(t)]^{(2D_1)} * S_{Rn-1}(t) * \delta\left(t - \frac{2D_1}{c_1}\right)\right\} \quad (5\text{-}5)$$

式中，"$*$"为卷积运算符；$\alpha(t)$ 为 1#介质吸声系数的时域表达式。对式(5-5)进行傅里叶变换后得到：

$$S_{Rn}(f) = C(f) S_{Rn-1}(f) \quad (5\text{-}6)$$

式中，$C(f)$ 为 $S_{Rn}(f)$ 与 $S_{Rn-1}(f)$ 间的衰减函数，表达式为

$$C(f) = [1 - \alpha(f)]^{2D_1} e^{j2\pi f\left(t - \frac{2D_1}{c_1}\right)} \left(\frac{z_0 - z_1}{z_1 + z_0}\right)^2 \quad (5\text{-}7)$$

将式(5-7)进行傅里叶变化，并将式(5-6)代入后得到：

$$S_R(f) = S_{R0}(f) + S_{R1}(f) \times [1 + C(f) + C(f)^2 \cdots + C(f)^{n-1}] \quad (5\text{-}8)$$

当反射信号时长趋近于正无穷时，$S_R(f)$ 的表达式可以近似为

$$S_R(f) = S_{R0}(f) + S_{R1}(f) \times \frac{1}{1 - C(f)} \quad (5\text{-}9)$$

此时，1#介质层的反射系数 $R(f)$ 可以表示为

$$R(f) = \left|\frac{S_R(f)}{S_{in}(f)}\right| = \left|\frac{S_{R0}(f)}{S_{in}(f)} + \frac{S_{R1}(f)}{S_{in}(f)} \times \frac{1}{1 - C(f)}\right| \quad (5\text{-}10)$$

式中，$S_{in}(f)$、$S_{R0}(f)$ 和 $S_{R1}(f)$ 在 $S_{in}(t)$ 有效时长小于 $\frac{2D_1}{c_1}$ 时均可以在实验中测量得到，因此只要求出 $C(f)$ 便可以得到 1#介质层的反射系数。

根据分界面反射公式可以得到，$S_{R0}(f)$ 和 $S_{R1}(f)$ 之间的关系 $R_{01}(f)$：

$$R_{01}(f) = \frac{S_{R1}(f)}{S_{R0}(f)} = [1 - \alpha(f)]^{2D_1} e^{j2\pi f\left(t - \frac{2D_1}{c_1}\right)} \left[\left(\frac{z_0 - z_1}{z_1 + z_0}\right)^2 - 1\right] \quad (5\text{-}11)$$

代入式(5-8)可以得到 $R_{01}(f)$ 与 $C(f)$ 间的关系：

$$C(f) = 1 - \frac{1}{1 - \left(\frac{z_0 - z_1}{z_1 + z_0}\right)^2} R_{01}(f) \quad (5\text{-}12)$$

式中：

$$\frac{z_1 - z_0}{z_1 + z_0} = \frac{S_{R0}(f)}{S_{in}(f)} \quad (5\text{-}13)$$

将式(5-13)代入式(5-12)中，得到 $C(f)$ 的最终表达式：

$$C(f) = \left(1 - \frac{1}{1 - \left(\frac{S_{R0}(f)}{S_{in}(f)}\right)^2}\right) \frac{S_{R1}(f)}{S_{R0}(f)} \quad (5\text{-}14)$$

由此，通过式(5-14)可以得到1#介质层的反射系数。

为了验证离散法测量材料反射系数理论的可行性，需要用传统材料反射系数计算公式的计算结果与离散法的公式计算结果进行对比。

首先使用厚度为1cm的有机玻璃板模型进行对比，对比结果如图5-27所示。而后使用厚度为1cm的钢板模型进行对比，对比结果如图5-28所示。

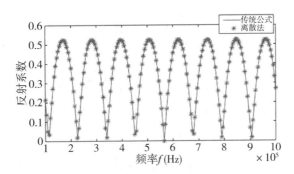

图 5-27　厚度为1cm的有机玻璃板的反射系数计算结果对比图

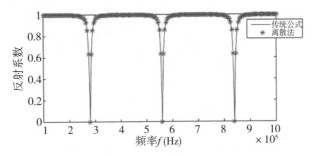

图 5-28　厚度为1cm的钢板的反射系数计算结果对比图

通过两次模拟计算的结果可知，在被测材料的特性阻抗与水匹配和极度失配的情况下，两种方法都得到一致的结果。由此可知，离散法测量水声材料反射系数在理论上是可行的。

经过模拟计算验证了离散法测量材料的反射系数在理论上可行，而后须通过实验验证该方法在实际测量中的可行性。

实验装置如图5-29所示。实验在尺寸为30cm×30cm×30cm的有机玻璃水池中进行。被测材料为1cm厚，面积为20cm×20cm的有机玻璃板。水听器安装在被测材料前表面几何中心轴，距离前表面2cm处；换能器最大有效尺寸为2cm，谐振频率为1MHz，远场距离为17cm；换能器位于被测材料前表面几何中心轴，距离前表面20cm处，与水听器间距满足远场距离。实验时，先由信号源产生频率为1MHz的脉冲信号，经功率放大器放大后,传输至换能器;换能器受激励后发出声波,发出的直达波及被测材料反射的反射波由水听器接收;水听器与示波器连接,在示波器上观察水听器接收到的波形。

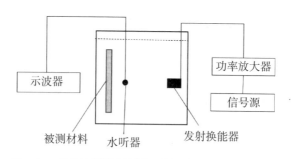

图 5-29 离散法测量材料的反射系数实验装置示意图

实验结果如图 5-30 所示。图中可以清晰地看到直达波、前表面反射和后表面反射三个部分。而后在信号中分别截取这三种波做傅里叶变换得到 $S_{in}(f)$、$S_{R0}(f)$ 和 $S_{R1}(f)$,并代入式(5-15)。求得在 1MHz 频率下,厚度为 1cm 的有机玻璃板的反射系数为 0.28,与理论值 0.2707 相差 3.32%。实验结果证明,离散法测量材料反射系数具有可靠性。

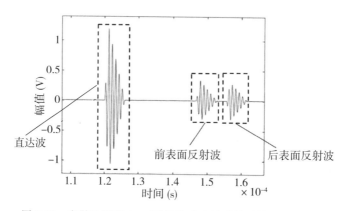

图 5-30 离散法测量 1cm 厚有机玻璃板反射系数的实验波形

有机玻璃为固体单质,其吸声系数极小,可以忽略不计。因此,$C(f)$ 的函数表达式中 $R_{01}(f)$ 可以简化为

$$R_{01}(f) = \frac{S_{R1}(f)}{S_{R0}(f)} = e^{j2\pi f(t-\frac{2D_1}{c_1})}\left[\left(\frac{z_0-z_1}{z_1+z_0}\right)^2 - 1\right] \tag{5-15}$$

进而可以推导 1cm 厚有机玻璃板在其他频率上的反射系数。经过计算 1~50kHz 范

围内，离散法推导的测量结果与理论值对比的结果如图 5-31 所示。

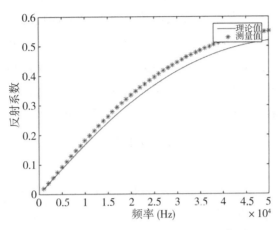

图 5-31　离散法推导的测量结果与理论值对比

可以看出推导值与理论值在反射系数随频率变化的趋势上基本相同，但在某些频率上与理论值相差较大。原因是材料的反射系数主要是通过直达波、前表面反射波和后表面反射波的幅值与相位信息推导出的，而 1MHz 的相位信息对噪声的影响比较敏感，因此会造成较大的测量误差。此外，理论计算中有机玻璃的密度、声速与实际测量中使用的材料有一定的差别也会使结果产生差异。因此该方法的测量结果具备一定的可信度。

本节介绍了离散法测量水声材料反射系数的理论，通过分析入射波、前表面反射波和后表面反射波间的关系对水声材料反射系数进行测量。而后通过仿真计算，验证了该方法在阻抗匹配和失配情况下，离散法在理论上均具有可行性。最后通过实验验证了该方法在实际测量中具有可行性。在频率为 1MHz 时，测量值与理论值间误差小于 5%。

随后根据实验数据推导 1~50kHz 范围内被测材料的反射系数，推导值与理论值在反射系数随频率变化的趋势上基本相同，证明该方法的低频测量结果具有一定的可信度。

5.3　测量不确定度分析

在使用地层剖面标准样品前应检查岩石样品是否破损，表面是否平整，而后铺设砂砾样品，尽可能地使其表面平整；在地层剖面标准样品的有机玻璃围栏中缓速注水，直至水平面与围栏上沿相距 2cm 以内；在水平面上随机选取 6 个点位，使用钢卷尺测量水平面到砂砾样品上表面间的距离，检查平整度是否符合要求；在有机玻璃边框外随机选取 8 个位置(4 个侧面，各 2 个位置)，使用钢卷尺测量砂砾介质厚度，取平均值作为介质厚度参考值。

将地层剖面标准样品放入测量水池，地层剖面标准样品上方的水平面与围栏上沿相距需在 2cm 以内，以减小放入水池时水流对砂砾样品的影响。而后使用待检测浅地层剖面仪测量地层剖面标准样品介质层厚度，并与介质厚度参考值进行对比，测量结果与样品介质厚度间的误差即为待检测浅地层剖面仪的垂直分辨率。

本装置校准浅地层剖面仪垂直分辨率的原理为构建介质层厚度已知的地层剖面标准样品，而后使用被校准浅地层剖面仪测量地层剖面标准样品的介质层结构，并将测量结果同地层剖面标准样品的介质层结构进行对比。测量得到的介质层厚度与地层剖面标准样品介质层的实际厚度之差即为被校准浅地层剖面仪的垂直分辨率。

$$\Delta d = |d - d_0| \tag{5-16}$$

式中，d 为被校准浅地层剖面仪测量地层剖面标准样品介质层结构得到的介质层厚度，d_0 为地层剖面标准样品介质层的实际厚度。

5.3.1 合成灵敏度系数

由于浅地层剖面仪垂直分辨率计量标准装置测量结果数学模型中 d、d_0、r 互不相关，故其合成方差为

$$u_c(\Delta d) = \sqrt{c^2(d)u_c^2(d) + c^2(d_0)u_c^2(d_0)} \tag{5-17}$$

式中，灵敏系数为

$$c(d) = 1$$
$$c(d_0) = 1$$

5.3.2 浅地层剖面仪测量标准样品介质层厚度引入的测量不确定度

(1) 测量重复性引入的标准不确定度 $u_A(d_0)$。

使用浅地层剖面仪测量地层剖面标准样品介质厚度，进行 10 次重复测量(测量数据见表 5-4，计算算术平均值，作为本次介质厚度测量值参与重复性计算。

表 5-4　　　　　　　介质厚度重复性试验数据　　　　　　（单位：cm）

序号	1	2	3	4	5	6	7	8	9	10
测量值	15.2	15.2	15.3	15.1	15.4	15.1	15.0	15.3	14.9	14.9
平均值	15.2									

第 5 章　基于地层剖面标准样品的水下地层剖面分辨率计量技术

$$S = \sqrt{\frac{\sum_{i=1}^{n}(x_i - \overline{x})^2}{n-1}} = 0.2\text{cm}$$

式中，x_i 为单次介质层厚度测量值，cm；$\overline{x}$ 为质层厚度测量平均值，cm；S 为质层厚度测量标准偏差，cm。

校准时，通常取 10 个介质厚度测量值的平均值进行校准结果计算，则介质层厚度测量重复性引入的测量不确定度为 $u_A(d_0) = 0.2\text{cm}$。

（2）浅地层剖面仪测量地层剖面标准样品介质层厚度引入的不确定度 B 类评定 $u_B(d)$。

①消声水池中环境干扰引入的测量不确定度，浅地层剖面仪测量过程中会受到水池中低频自然波、吊放设备产生的机械波、标准样品盛放支架产生的衍射波等干扰源干扰。依据经验估计，消声水池中环境干扰引入的测量不确定度为 $u_{B1}(d) = 0.3\text{cm}$。

②浅地层剖面仪测量地层剖面标准样品时，由于换能器声中心偏移引入的测量不确定度分量，浅地层剖面仪测量地层剖面标准样品介质层厚度时，发射换能器声中心与介质层表面不是垂直关系会造成测量误差，换能器声中心偏移引入的测量不确定度分量根据测量经验为 $u_{B2}(d) = 0.7\text{cm}$。

③浅地层剖面仪在测量过程中的晃动引入的测量不确定度分量，由于在测量过程中浅地层剖面仪与吊放装置间采用软连接，浅地层剖面仪会产生一定的晃动造成测量误差，浅地层剖面仪在测量过程中的晃动引入的测量不确定度分量根据测量经验为 $u_{B3}(d) = 0.7\text{cm}$。

综上所述，钢卷尺测量地层剖面标准样品介质层厚度引入的不确定度 B 类评定：

$$u_B(d) = \sqrt{u_{B1}^2(d) + u_{B2}^2(d) + u_{B3}^2(d)} \approx 1.0\text{cm}$$

（3）测量不确定度一览表（表 5-5）。

表 5-5　　　　　　　　　　不确定度分量一览表

标准不确定度分量	不确定度来源	类型	标准不确定度值
$u_A(d)$	测量重复性	A	0.2cm
$u_B(d)$	仪器使用引入的测量不确定度	B	1.0cm

（4）浅地层剖面仪测量引入的合成标准不确定度。

$$u_c(d) = \sqrt{u_A^2(d_0) + u_B^2(d_0)} \approx 1.0\text{cm}$$

5.3.3 钢卷尺测量标准样品介质层厚度引入的测量不确定度

(1)测量重复性引入的标准不确定度 $u_A(d_0)$。

使用钢卷尺测量地层剖面标准样品介质厚度,进行 10 次重复测量(测量数据见表 5-6,计算算术平均值,作为本次介质厚度测量值参与重复性计算。

表 5-6　　　　　　　　　介质厚度重复性试验数据　　　　　　　(单位:cm)

序号	1	2	3	4	5	6	7	8	9	10
测量值	15.1	14.9	15.1	15.3	15.3	15.2	15.0	15.4	15.2	15.2
平均值	15.2									

$$S = \sqrt{\frac{\sum_{i=1}^{n}(x_i - \bar{x})^2}{n-1}} = 0.2\text{cm}$$

式中,x_i 为单次介质层厚度测量值(cm); $\bar{x}$ 为质层厚度测量平均值(cm); S 为质层厚度测量标准偏差(cm)。

校准时,通常取 10 个介质厚度测量值的平均值进行校准结果计算,则介质层厚度测量重复性引入的测量不确定度为 $u_A(d_0) = 0.2\text{cm}$。

(2)钢卷尺测量地层剖面标准样品介质层厚度引入的不确定度 B 类评定 $u_B(d_0)$。

①钢卷尺的校准误差引入的测量不确定度,钢卷尺的最大示值误差为 $\Delta = \pm(0.1 + 0.1L)\text{mm}$,采用测量不确定度 B 类评定方法进行评定,取半宽区间且估计其概率密度为均匀分布,取包含因子 $k=\sqrt{3}$,则标准钢卷尺引入的标准不确定度为 $u_{B1}(d_0) = 0.06\text{mm}$。

②钢卷尺测量地层剖面标准样品介质层表面平整度时,引入的测量不确定度分量,测量地层剖面标准样品介质层表面平整度时,钢卷尺与介质层表面不是垂直关系,钢卷尺与样品接触挤压使样品发生形变会造成测量误差,根据测量经验 $u_{B2}(d_0) = 0.8\text{cm}$。

③地层剖面标准样品放入水池时水流扰动造成样品形变,引入的测量不确定度分量,地层剖面标准样品放入水池时,地层剖面标准样品破坏水表面张力时会产生水流,水流会使样品发生形变,造成测量误差,根据测量经验 $u_{B3}(d_0) = 0.6\text{cm}$。

综上所述,钢卷尺测量地层剖面标准样品介质层厚度引入的不确定度 B 类评定:

$$u_B(d_0) = \sqrt{u_{B1}^2(d_0) + u_{B2}^2(d_0) + u_{B3}^2(d_0)} \approx 1.0\text{cm}$$

(3)测量不确定度一览表(表 5-7)。

表 5-7　　　　　　　　　流速不确定度分量一览表

标准不确定度分量	不确定度来源	类型	标准不确定度值
$u_A(d_0)$	测量重复性	A	0.2cm
$u_B(d_0)$	钢卷尺使用引入的测量不确定度	B	1.0cm

(4)钢卷尺测量引入的合成标准不确定度。

$$u_c(d_0) = \sqrt{u_A^2(d_0) + u_B^2(d_0)} \approx 1.0\text{cm}$$

5.3.4　合成标准不确定度

水下地层剖面分辨率计量标准装置的合成标准不确定度：

$$u_c(\Delta d) = \sqrt{c^2(d)u_c^2(d) + c^2(d_0)u_c^2(d_0)} = 1.4\text{cm}$$

5.4　声学方法对浅地层剖面标准样品介质厚度验证试验

5.4.1　水下沉积物声速测量实验设计方案

1. 测量原理

水下沉积物声速测量方案利用声波脉冲时间飞跃法原理，方案如图 5-32 所示。

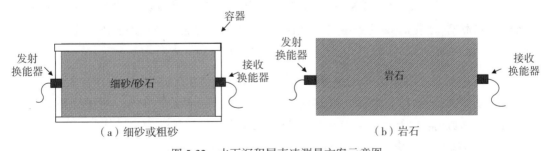

图 5-32　水下沉积层声速测量方案示意图

发测量细砂或粗砂的声速时，将发射和接收换能器固定安装在容器的两侧，事先测量好两者之间的间距 d，将被测细砂或粗砂放置于容器内，容器内再放满水，保证水充分浸润细砂或粗砂。测量岩石的声速时,要先将岩石的两个端面加工成平行度优于±3°的平面,粗糙度优于 0.01mm,得到两个端面之间的距离为 d,将发射和接收换能器分别紧贴两个端面固定安装。发射换能器发出声波,经过一段时间 t 后传感器接收到声波并转换为电信号,记录时间为最终得到声速 $c=d/t$。

2. 声速测量实验仪器

实验仪器中的信号发生、采集推荐使用 Pico 公司生产的采集卡,节省实验空间、减少准备时间,可与普通电脑直接进行数据交换,减少数据传输的步骤与时间。

实验中所需的仪器如下:

(1)可发出 30kHz 频率信号的活塞式互易换能器两只;

(2)功率为 1000W 的功率放大器一台,可以使换能器声源级大于本底噪声即可;

(3)信号发生器一台(测量期间使用的信号为 30kHz 单频脉冲,一般的信号发生器均可满足要求,Pico 公司生产的采集卡兼具一定的信号发生能力);

(4)信号采集系统(推荐使用 Pico 公司生产的采集卡,可以将电脑直接作为示波器与信号采集器使用);

(5)信号处理软件(可使用 Matlab 处理采集到的信号);

(6)样品支架与容器一套(固体样品的大小为半径 10cm、高 25cm 的圆柱;容器为内径 10cm、高 15cm 的圆柱)。

3. 声速测量详细实验步骤

(1)准备试样时,将用来测量声速的样品制成圆柱形。当测量细砂或砂砾时,将被测介质装入圆柱形容器中,测量岩石时,将岩石制成圆柱体。

注:圆柱形的平面半径应大于波导理论中截止频率的对应半径,以确保在样品中传播的声波为平面波,便于观察声波的到达时间。根据目前的调研结果,常用的地层剖面仪发射信号的最高频段一般为 30kHz,经过水充分浸润的砂砾中声速为 1500~1700m/s,经计算:

$$kr \leqslant 3.83, r \leqslant 0.03$$

式中,k 为波数;r 为样品半径。可得到结果:样品半径应大于 3cm;测量介质为岩石时,声速在 20000m/s 左右,样品半径应大于 6cm。

(2)实验前将发射换能器与接收换能器分别置于样品两侧。

注:固体中声速的传播一般高于 2500m/s,且样品为固体或固液混合,如果样品与其他介质接触,会产生耦合效应对声速测量产生干扰。为了防止该现象发生,应制作支架,对样品进行物理隔离。且两端换能器的最大有效尺寸应小于样品直径,防止

换能器直接作用于样品外层产生拉姆波。

（3）使用发射换能器发射脉冲信号，通过示波器测量触发信号与接收换能器接收到信号的时间差。

注：可以用多种信号测量，为后面的地层剖面勘测提供基础的实验依据。

（4）根据样品长度与时间差计算声速。

注：样品的长度越长，测量不确定度越低。此外为了能够清楚地辨认直达声波，反射波应在直达信号达到稳态后到达。因此，在测量信号频率为30kHz、采样频率为100kHz、换能器发出5个周期声波即可达到稳态的情况下，若使测量不确定度小于1%，样品的长度应大于25cm。

5.4.2 水下沉积物声速测量实验设计方案

1. 灵敏系数

根据水下地层介质声速测量模型，测量不确定度的B类评定主要来源于两个分量：发射换能器与接收换能器间距离d、声波的飞跃时间t。

水下地层介质声速测量不确定度分量B类评定的灵敏系数分别为

$$c(d) = \frac{\partial c}{\partial d} = \frac{1}{t} \tag{5-18}$$

$$c(t) = \frac{\partial c}{\partial t} = -\frac{d}{t^2} \tag{5-19}$$

2. 标准测量不确定度评定

1）由测量重复性引入的标准测量不确定度分量

用水下地层介质声速测量实验报告中的条件，在相同的测量条件下，充分考虑定位、温度、声场等因素对测量结果的影响，每一次校准都重新放置样品。在特定频率180kHz下，对同一水下地层介质样品的声速重复测量6次，得到的结果如表5-8所示。

表5-8　　　　　　　　　　水下地层介质声速的测量数据

次数	距离d(m)	时间t(s)	声速c(m/s)
1	0.302	1.829×10^{-4}	1651.2
2	0.302	1.849×10^{-4}	1632.9

续表

次数	距离 d(m)	时间 t(s)	声速 c(m/s)
3	0.302	1.837×10^{-4}	1643.7
4	0.302	1.812×10^{-4}	1667.1
5	0.302	1.827×10^{-4}	1653.0
6	0.302	1.822×10^{-4}	1657.2
均值	0.302	1.829×10^{-4}	1650.9
S_n	——	——	11.68

求得水下地层介质声速的最大实验标准偏差 S_n 为 11.68m/s，则单次测量的标准偏差为

$$u_A = 11.68 \text{m/s}$$

2) 按 B 类方法评定的标准测量不确定度分量

根据式(5-18)水下地层剖面声速的测量不确定度 B 类评定为

$$u_B = \sqrt{c^2(t)u_B^2(t) + c^2(d)u_B^2(d)} \qquad (5\text{-}20)$$

将表数据代入式(5-18)和式(5-20)中，计算得到水下地层介质声速测量不确定度分量 B 类评定的灵敏系数：

$$c(d) = 5.47 \times 10^5 \text{s}^{-1}$$
$$c(t) = -9.03 \times 10^6 \text{m/s}^2$$

(1) 换能器间距离 d 的测量不确定度 $u_B(d)$ 分析如下：

游标卡尺引入的测量不确定度分量，游标卡尺测量误差不超过 ± 0.1mm，以均匀分布考虑，取 $k = \sqrt{3}$，则信号采样误差引入的测量不确定度分量为 $u_{B1} = \dfrac{0.0001}{\sqrt{3}}\text{m} = 5.8 \times 10^{-5}\text{m}$。

(2) 声波飞跃时间 t 的测量不确定度 $u_B(t)$ 分析如下。

① 示波器采样误差引入的误差，示波器采样时间间隔为 8×10^{-9}s，以均匀分布考虑，取 $k = \sqrt{3}$，则示波器采样误差引入的测量不确定度分量为 $u_{B2} = \dfrac{8\times10^{-9}}{\sqrt{3}}\text{s} = 4.6\times10^{-9}\text{s}$。

② 信噪比不足引入的测量不确定度分量，换能器瞬态产生的声信号与背景噪声间小于 2 倍信噪比导致误判，180kHz 信号一个周期时长为 5.6×10^{-6}s，以均匀分布考虑，取 $k = \sqrt{3}$，信噪比不足引入的测量不确定度分量为 $u_{B3} = \dfrac{5.6 \times 10^{-6}}{\sqrt{3}}\text{s} = 3.2 \times 10^{-6}\text{s}$。

③示波器上升时间引入的测量不确定度分量,示波器的上升时间不大于10^{-8}s,以均匀分布考虑,取$k=\sqrt{3}$,则示波器上升时间引入的测量不确定度分量为$u_{B4}=\dfrac{10^{-8}}{\sqrt{3}}$s = 5.8×10^{-9}s。

④电干扰引入的测量不确定度分量,脉冲形式的电干扰对飞跃时间的测量影响小于测量频率(180kHz)的一个周期时长,即不大于$\pm5.6\times10^{-6}$s,以均匀分布考虑,取$k=\sqrt{3}$,则电干扰引入的测量不确定度分量为$u_{B5}=\dfrac{5.6\times10^{-6}}{\sqrt{3}}$s $= 3.2\times10^{-6}$s。

⑤发射换能器发射声信号延时引入的测量不确定度分量,发射换能器发射声信号延时一般小于测量频率(180kHz)的一个周期时长,即不大于$\pm5.6\times10^{-6}$s,以均匀分布考虑,取$k=\sqrt{3}$,则发射换能器发射声信号延时引入的测量不确定度分量为$u_{B6}=\dfrac{5.6\times10^{-6}}{\sqrt{3}}$s $= 3.2\times10^{-6}$s。

⑥接收换能器接收声信号延时引入的测量不确定度分量,接收换能器接收声信号延时一般小于测量频率(180kHz)的一个周期时长,即不大于$\pm5.6\times10^{-6}$s,以均匀分布考虑,取$k=\sqrt{3}$,则接收换能器接收声信号延时引入的测量不确定度分量为$u_{B7}=\dfrac{5.6\times10^{-6}}{\sqrt{3}}$s $= 3.2\times10^{-6}$s。

3. 合成测量不确定度

测量不确定度分量来源汇总于表5-9。

表5-9　　测量不确定度来源汇总表

序号	标准不确定度		
	来源	符号	数值
1	游标卡尺	u_{B1}	5.8×10^{-5}m
2	示波器采样	u_{B2}	4.6×10^{-9}s
3	信噪比	u_{B3}	3.2×10^{-6}s
4	上升时间	u_{B4}	5.8×10^{-9}s
5	电干扰	u_{B5}	3.2×10^{-6}s
6	发射换能器	u_{B6}	3.2×10^{-6}s
7	接收换能器	u_{B7}	3.2×10^{-6}s

由于不确定度分量间独立不相关,可得 d、t 采用 B 类方法评定的测量不确定度为

$$u_{\mathrm{B}}(d) = \sqrt{u_{\mathrm{B1}}^2(d)} = 5.8 \times 10^{-5} \mathrm{m} \tag{5-21}$$

$$u_{\mathrm{B}}(t) = \sqrt{u_{\mathrm{B2}}^2(d) + u_{\mathrm{B3}}^2(d) + u_{\mathrm{B4}}^2(d) + u_{\mathrm{B5}}^2(d) + u_{\mathrm{B6}}^2(d) + u_{\mathrm{B7}}^2(d)}$$
$$= 6.4 \times 10^{-6} \mathrm{s} \tag{5-22}$$

将式(5-21)和式(5-22)代入式(5-20),得到水下地层介质声速 B 类方法评定的标准测量不确定度分量 u_{B}:

$$u_{\mathrm{B}} = \left[\sqrt{5.47^2 \times (5.8 \times 10^{-5})^2 + 9.03^2 \times (6.4 \times 10^{-6})^2}\right] \mathrm{m/s} = 65.93 \mathrm{m/s}$$

计入 A 类测量不确定度分量后,可得水下地层剖面声速的合成标准不确定度为

$$u_c = \sqrt{u_{\mathrm{A}}^2 + u_{\mathrm{B}}^2} = 66.96 \mathrm{m/s}$$

4. 扩展不确定度

取包含因子 $k = 2$,则水下地层剖面声速的扩展不确定度为:

$$U = 2u_c = 133.92 \mathrm{m/s}$$

5. 结论

根据文献查阅与实验数据分析可知,水下地层剖面声速一般不低于 1500m/s,可得本次实验测量水下地层剖面声速的合成标准不确定度不大于 4.5%。根据"水下地层剖面分辨率计量技术研究"实施方案中对水下地层剖面声速的合成标准不确定度要求为不大于 5%,故该数据可用。

5.4.3 水下地层剖面分辨声学测量参考系统测量结果不确定度

将被测样品放入水中,将发射和接收换能器固定安装在样品的上方。发射换能器发出声波,经过一段时间 t_0(单位:s)后声波触碰到样品前表面产生反射波与透射波。而后在 t_1 时刻,透射波经过样品的后表面反射后在样品前表面重新透射出来,前表面与后表面的时间差为 Δt。已知介质声速为 c,可以求出介质的厚度 d:

$$d = c_0 \times \Delta t \tag{5-23}$$

上述测量模型中,输入量为介质声速 c_0、声波的前表面反射和后表面反射时间差 Δt,它们是相互独立测量得到的。

1. 合成灵敏度系数

由于浅地层剖面仪垂直分辨率计量标准流速测量结果数学模型中的 d、c_0、Δt 互不

相关，故其合成方差为

$$u_c^2(d) = u_A^2(d) + c^2(c_0)u_B^2(c_0) + c^2(\Delta t)u_B^2(\Delta t) \quad (5\text{-}24)$$

式中，灵敏系数为

$$c(c_0) = \frac{\partial d}{\partial c} = \Delta t, \quad c(\Delta t) = \frac{\partial d}{\partial \Delta t} = c_0 \quad (5\text{-}25)$$

在实际进行测量不确定度评定的过程中，采用标准点进行测量不确定度的评定。采取的标准点为反射波时间间隔 1.810×10^{-4}s，介质声速 1660m/s。将这些结果代入灵敏度系数，则有：

$$c(c_0) = \frac{\partial d}{\partial c} = \Delta t = 1.810 \times 10^{-4}\text{s}, \quad c(\Delta t) = \frac{\partial d}{\partial \Delta t} = c_0 = c(\Delta t) = 1660\text{m/s}$$

2. 计算分量不确定度

测量不确定度的主要来源有：测量重复性引入的标准不确定度，声速测量引入的标准不确定度，反射时间间隔测量引入的不确定度。

(1) 测量重复性引入的标准不确定度 $u_A(d)$。

使用浅地层剖面仪测量地层剖面标准样品介质厚度，设定介质厚度为 0.15m，进行 10 次重复测量（测量数据见表 5-10），计算算术平均值，作为本次介质厚度测量值参与重复性计算。

表 5-10　　　　　　　　　　介质厚度重复性试验数据　　　　　　　　（单位：m）

序号	1	2	3	4	5	6	7	8	9	10
测量值	0.1501	0.1499	0.1501	0.1503	0.1503	0.1502	0.1500	0.1504	0.1502	0.1502
平均值	0.1502									

$$S = \sqrt{\frac{\sum_{i=1}^{n}(x_i - \bar{x})^2}{n-1}} = 1.496 \times 10^{-4}\text{m}$$

式中，x_i 为单次流速测量值(m/s)；$\bar{x}$ 为流速平均值(m/s)；S 为标准偏差(m/s)。

校准时，通常取 10 个介质厚度测量值的平均值进行校准结果计算，则流速测量重复性引入的测量不确定度为 u_A。

(2) 声速测量引入的不确定度 B 类评定 $u_B(c_0)$。

地层剖面标准样品各层介质的声速，可以使用时间飞跃法测量。根据时间飞跃法的测量原理，测量结果会受到测量重复性、飞跃距离测量、声波信噪比、采集系统上升时间、发射换能器、传声器、电磁干扰等因素影响。根据经验，声速测量引入的不确定度 B 类评定 $u_B(c_0)$ 约为 67.0m/s。

(3) 浅地层剖面仪测量反射波时间间隔引入的测量不确定度 B 类评定 $u_B(\Delta t)$。

①钢卷尺测量地层剖面标准样品介质厚度的误差引入的测量不确定度分量，钢卷尺的分度值为 0.1mm，砂砾样品在水中的声速约为 1600m/s，因此产生的时间间隔测量误差 $u_{B1}(\Delta t)$ 约为 1.0×10^{-7}s。

②钢卷尺测量地层剖面标准样品介质层表面平整度时，引入的测量不确定度分量，钢卷尺的分度值为 0.1mm，砂砾样品在水中的声速约为 1600m/s，以均匀分布考虑，取 $k=\sqrt{3}$，产生的时间间隔测量误差 $u_{B1}(\Delta t)$ 约为 1.0×10^{-7}s。

③钢卷尺测量地层剖面标准样品介质层表面平整度时，钢卷尺与水平面不垂直引入的测量不确定度分量，根据实际测量经验可知，钢卷尺与水平面法向间的角度误差约为 10°，若测量深度为 50cm，砂砾样品在水中的声速约为 1600m/s，以均匀分布考虑，取 $k=\sqrt{3}$，产生的时间间隔测量误差 $u_{B1}(\Delta t)$ 约为 8.0×10^{-7}s。

④钢卷尺测量地层剖面标准样品介质层表面平整度时，钢卷尺与样品上表面接触后产生形变引入的测量不确定度分量，根据实际测量经验可知钢卷尺形变会造成约 10mm 的测量误差，砂砾样品在水中的声速约为 1600m/s，以均匀分布考虑，取 $k=\sqrt{3}$，产生的时间间隔测量误差 $u_{B1}(\Delta t)$ 约为 1.0×10^{-5}s。

综上所述，浅地层剖面仪测量反射波时间间隔引入的测量不确定度 B 类评定：

$$u_B(\Delta t) = \sqrt{u_{B1}^2(\Delta t) + u_{B2}^2(\Delta t) + u_{B3}^2(\Delta t) + u_{B4}^2(\Delta t)} \approx 1.0\times10^{-5}\text{s}$$

3. 测量不确定度一览表

测量不确定度一览表见表 5-11。

表 5-11　　声速不确定度分量一览表

标准不确定度分量 $u(x_i)$	不确定度来源	类型	标准不确定度值	灵敏系数
$u_A(d)$	测量重复性	A	1.496×10^{-4}m	1
$u_B(c_0)$	声速测量引入的不确定度	B	67.0m/s	1.8×10^{-4}s
$u_B(\Delta t)$	反射波时间间隔测量引入的不确定度	B	5.2×10^{-6}s	1660m/s

4. 合成标准不确定度

$$u_c(d) = \sqrt{u_A^2(d) + c^2(c_0)u_B^2(c_0) + c^2(\Delta t)u_B^2(\Delta t)} \approx 1.6\text{cm}$$

5. 扩展不确定度

取扩展因子 $k=2$，则扩展不确定度 U 为

$$U = k \times u_c(d) = 3.2 \text{cm}$$

6. 测量结果的报告

浅地层剖面仪在介质声速为 1660m/s 时，测量结果的测量不确定度：

$$c_0 = 1660 \text{m/s 时}, \quad U = 3.2 \text{cm}, \quad k = 2$$

5.5 应 用 示 范

5.5.1 目的

验证浅地层剖面仪垂直分辨率。

5.5.2 试验依据

《水运工程　浅地层剖面仪检定规程》(JJG(交通)140—2017)。

5.5.3 仪器设备

设备清单见表 5-12。

表 5-12　　　　　　　　　　　　　　设 备 清 单

计量标准器			
序号	类别	测量范围	测量不确定度/准确度等级/最大允许误差
1	标准钢卷尺	0~2m	$\pm(0.03+0.03L)\text{mm}$
主要配套设备			
序号	类别	项目	要　　求
1	水池	尺寸	长 40m×宽 10m×深 8m
		消声特性	六面消声
2	行车	位移控制	可水平、垂直位移控制
3	地层剖面标准样品	尺寸	长 1.0m×宽 1.0m
		介质厚度	大于 10cm

5.5.4 环境条件

室温：18.7℃。介质温度：16.9℃。

5.5.5 操作程序

型号：100 型。编号：1#。测量参数：浅地层剖面仪垂直分辨率。本次相位测试的合成标准测量不确定度为 $u_c = 1.4\text{cm}$。（说明：Δd 为测量得到的介质层厚度 d 与地层剖面标准样品介质层的实际厚度 d_0 之差，单位为 cm。）

实验装置如图 5-33 所示。

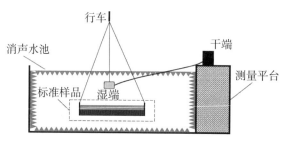

图 5-33 水下地层剖面分辨率计量标准装置框图

5.5.6 测量数据记录及分析

测试数据如表 5-13 所示。

浅地层剖面仪垂直分辨率测量结果不确定度评定：本次测量不确定度的 A 类评定为 $u_A = 0.283\text{cm}$。

表 5-13　　　　　　　　　　　　测 试 数 据

编号	d(cm)	d_0(cm)	Δd(cm)
1#	16.9	15.1	1.8

测量不确定度的 B 类评定主要来源于以下几个方面。

（1）消声水池中环境干扰引入的测量不确定度：浅地层剖面仪测量过程中会受到水

池中的低频自然波、吊放设备产生的机械波、标准样品盛放支架产生的衍射波等干扰源干扰。依据经验估计，消声水池中环境干扰引入的测量不确定度为 $u_{B1}(d)=0.3\mathrm{cm}$。

（2）地层剖面仪测量地层剖面标准样品时，由于换能器声中心偏移引入的测量不确定度分量：浅地层剖面仪测量地层剖面标准样品介质层厚度时，发射换能器声中心与介质层表面不为垂直关系会造成测量误差，换能器声中心偏移引入的测量不确定度分量根据测量经验为 $u_{B2}(d)=0.7\mathrm{cm}$。

（3）浅地层剖面仪在测量过程中的晃动引入的测量不确定度分量：由于在测量过程中浅地层剖面仪与吊放装置间采用软连接，浅地层剖面仪会产生一定的晃动造成测量误差，浅地层剖面仪在测量过程中的晃动引入的测量不确定度分量根据测量经验为 $u_{B3}(d)=0.7\mathrm{cm}$。

（4）钢卷尺的校准误差引入的测量不确定度：钢卷尺的最大示值误差为 $\Delta=(0.1\pm0.1L)\mathrm{mm}$，采用测量不确定度 B 类评定方法进行评定，取半宽区间且估计其概率密度为均匀分布，取包含因子 $k=\sqrt{3}$，则标准钢卷尺引入的标准不确定度为 $u_{B1}(d_0)=0.06\mathrm{mm}$。

（5）钢卷尺测量地层剖面标准样品介质层表面平整度时，引入的测量不确定度分量：测量地层剖面标准样品介质层表面平整度时，钢卷尺与介质层表面不为垂直关系、钢卷尺与样品接触挤压使样品发生形变会造成测量误差，根据测量经验 $u_{B2}(d_0)=0.7\mathrm{cm}$。

（6）地层剖面标准样品放入水池时水流扰动造成样品形变，引入的测量不确定度分量：地层剖面标准样品放入水池时，地层剖面标准样品破坏水表面张力时会产生水流，水流会使样品发生形变，造成测量误差，根据测量经验 $u_{B3}(d_0)=0.7\mathrm{cm}$。

5.5.7 试验结论

本次测量不确定度的 B 类评定为 $u_B=1.4\mathrm{cm}$。

本次测试的合成标准不确定度为 $u_C=1.4\mathrm{cm}$。

5.6 本章小结

本章开展了基于分层介质理论的水下沉积层声学模型、地层剖面标准样品构建、水下地层剖面分辨测量系统研制等工作。具体情况如下：

（1）针对不同悬沙、近底淤积环境下声呐仪器的计量测试要求，研制了便于溯源、可移植、可调节介质厚度的水下地层剖面标准样品。

（2）模拟水下地层结构的标准地层样品，结合分层介质理论、信号处理技术及回声探测技术，构建了水下地层剖面精细探测分辨计量标准装置。

(3)对计量标准装置进行了不确定来源分析,建立了完整的水下地层剖面分辨率计量标准的量值溯源和传递链,并以地层剖面标准样品为实际测量的依据,形成了一套水下地层剖面分辨率测量流程。

(4)经测量不确定度评定得出,计量标准装置的合成标准不确定度为1.4cm,该装置属于国内首创,可很好服务于水运工程领域广泛使用的浅地层剖面仪的选型、指标测评、年度检测等多个方面,为水运工程科学、健康发展提供支撑。

第6章 水下超短基线定位计量标准装置及溯源技术

作为水运工程领域的一种常用声呐设备,超短基线声学定位系统(Ultra Short Base Line system,USBL),通常称作超短基线水声定位仪,已被广泛应用于侧扫声呐及浅地层剖面声呐等水底探测设备定位、航道铺排施工、抓斗定位、搜救打捞、沉管安装、潜航器定位导航等水运工程实际中(图6-1),有力支撑了水运工程各相关应用中的高效率水下定位作业,创造了可观的经济效益和社会效益。但一直以来针对该设备的技术指标评价体系不完整、未建立计量检定规范和计量标准,直接导致在设备选型、性能评价及指导工程应用等方面尚无标准化的测评机制。国内外虽然已在水声计量技术及计量测试规范等领域开展了大量的研究工作,但主要集中在水声相关量值的计量测试技术及计量规范化研究方面,而在声呐系统的计量测试技术及计量标准装置的研究方面开展的工作较薄弱,特别是还没有针对超短基线水声定位仪开展计量技术与计量标准装置相关研究。

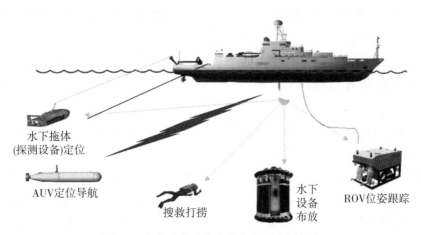

图6-1 超短基线水声定位仪主要应用领域

在国内尚未对超短基线水声定位仪计量技术及计量标准装置开展研究的背景下,开展水下超短基线定位计量与量值溯源技术研究,编制超短基线水声定位仪计量检定规程，研制具有规定不确定度的水下超短基线定位计量标准装置(图6-2)，构建相关计量量值溯源链，形成溯源体系表，以保障对超短基线水声定位仪的科学计量，更加科学有效地应用于水运工程中，具有重要研究意义。

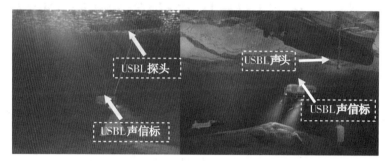

图6-2　底物与地质结构探测设备定位示意图

6.1　水下超短基线定位测量原理及计量检测存在的问题

为了解决无法对超出水池尺度定位距离条件下超短基线水声定位仪的测量问题，项目提出基于几何量值导出的水下超短基线定位计量测试方法，利用目标模拟声信标模拟远距离处超短基线水声定位仪声信标辐射的定位声信号，形成对超出水池尺度定位距离条件下超短基线水声定位仪的测量能力。在研究基于几何量值导出的计量方法之前，需先期对声学基本量值测量方法开展研究；为了简化测量流程、提高测量效率，提升测量性能，还针对六自由度计量测试方法开展研究，并最终形成了六自由度水下超短基线定位测量能力。

6.1.1　声学基本量值测量

声学计量是目前十大计量(长度、温度、力学、电磁、光学、时间和频率、无线电、电离辐射、化学、声学)之一，主要分为空气声计量、水声计量和超声计量等部分，水声计量是声学计量的一个重要分支。基本声学量值包括声压(级)、声强(级)和声功率(级)，不同传播介质中的声学计量方法和技术途径不同，因此，在开展超短基线水声定位仪的计量技术方法研究过程中，需针对性地开展相关的水声学基本量值计量技术方法研究。

水声计量中最基本、应用最广泛的量值是声压，该量值测量的准确与否至关重要，它不仅关系着水声研究的科学性，也决定着研制水声技术装备性能优劣，并对其技术指标进行科学、有效的评价。针对水声基本量值开展测量技术研究，是为了再现水声基本量,确保水声量值的准确一致。因此,声压量值的计量测试也是水下超短基线定位计量技术研究的基本内容之一,本项目中水声基本声压量值的计量技术研究是后续开展几何量值导出计量测试方法研究的基础和依据。

为了实现自由场声压基本量值的测量,需要构建声压量值测量系统,并针对被测对象确定相应的测量方法及流程。项目设计的基本声压量值测量系统主要由水听器、测量放大器(可选)、滤波器(可选)、数据采集处理器(或示波器)、计算机(数据采集软件)等部分构成,如图 6-3 所示。水声量值传递级数较少,通常水声声压标准器仅分为一、二两级,二级标准器即为工作计量器具,而一级标准器有时也被用于测量工作。为了便于水声基本量值的测量和溯源,有利于形成具有实用价值、操作流程简单、规范的声压基本量值测试方法,项目提出采用二级校准法对水声声压基本量值进行测量。

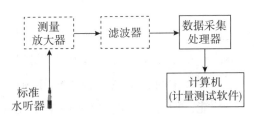

图 6-3 基本声压量值测量系统构成框图

测量过程中,具体将水听器置于待测声学换能器(本项目中为声信标换能器)的 θ 方向上(位置关系见图 6-4),水听器与待测声学换能器等效声中心(几何中心)间的距离为 L(满足自由场远场条件)。水听器自由场灵敏度级为 M(单位为 dB),输出开路电压有效值为 e_o,测量放大器增益为 G_a,则距离待测声学换能器等效声中心 1m 处的声压级(又称声源级)为

$$\mathrm{SPL}(\theta) = 20\mathrm{log}e_o - M - G_a + 20\mathrm{log}L \tag{6-1}$$

保持距离 L 不变,通过改变水听器在待测声学换能器声场中的方向 θ,即可测得各关注方向上超短基线水声定位仪声信标的辐射声源级。

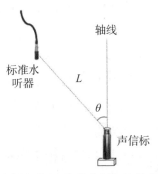

图 6-4 水听器与待测声信标间的位置关系图

综上，基本声压量值的测量流程如下：

①将水听器置于与待测声学换能器轴线成角度 θ 的方向上，两者等效声中心间的远场距离为 L；

②调节声压计量测试系统中测量放大器增益 G_a 及滤波器（或示波器幅度调节旋钮），使数据采集器（或示波器）观测信号幅度至有利于准确观测的量级；

③读取水听器输出电信号幅度的有效值 e_o，根据水听器灵敏度 M、测量放大器增益 G_a 及远场距离 L，利用声源级计算公式计算得到待测声信标的声源级 SL_θ；

④对于关注 θ 值，重复上述过程测得该方向上换能器的辐射声源级。

6.1.2 导出几何量值测量

目标的三维位置坐标是超短基线水声定位仪输出的核心探测结果信息，对其进行准确测量是水下超短基线定位计量工作的重要任务和主要目标。在水池尺度有限的条件下研究水下超短基线定位计量技术时，虽然具备了较外场更理想的测试条件，能够更好地评估待测系统的技术性能，但有限尺度水池（通常十几米到几十米）的测量条件同时也带来一个难以解决的问题，即采用直接测量方法无法对数百米甚至千米定位距离条件下的超短基线水声定位仪进行计量测试。由于水中声波传播过程中存在声衰减现象，且不同的声波传播距离（定位距离）与相应的声衰减量间存在着一一对应的关系，因此，由水声基本量值（声压幅度）的变化可以推算出定位距离量值的变化，从而可将这一基本原理应用于超短基线水声定位仪的计量测试。在本项目中，基于几何量值（定位距离量值）导出的定位测量技术方法具体即为基于目标声信标辐射声信号模拟的水下超短基线定位测量方法，利用目标模拟声信标模拟远距离处超短基线水声定位仪声信标辐射的定位信号，实现超出水池尺度定位距离条件下水下超短基线的定位测量。

项目以声压基本声学量值测量为基础，进一步开展基于几何（距离）量值导出的水下超短基线定位计量技术研究。提出基于目标声信号模拟的导出几何量值测量技术方案，解决超出水池尺度大定位距离条件下的水下超短基线定位测量问题，最终形成完整的水下超短基线定位计量测试流程。

在实际的测量过程中，为了便于操作及提高量值选取的目的性、可控性，依据大定位距离量值导出的基本思想，项目提出在预先确定定位距离的条件下开展水下超短基线定位测量的技术方案，即预先指定超短基线水声定位仪的声信标位于某一待测定位距离 R 处（R 大于水池尺度）。在开展基于目标声模拟方法的水下超短基线定位测量研究之前，需要依托基本声学量值测量结果和导出几何量值计算结果开展目标模拟声信标的配置工作，具体如下：

（1）基于水声基本声压量值测量方法，测得超短基线水声定位仪声信标辐射声源级 SL_θ。

（2）选取 θ 方向上间隔距离为 L 的 2 个测点 A、B，测量 2 个测点处的声压级 SPL_A 和 SPL_B，计算当前水中的声波衰减系数 α，单位为 dB/m：

$$\alpha = \frac{SPL_A - SPL_B - 20\log L}{L} \tag{6-2}$$

（3）针对预先确定的待测量定位距离 R，考虑声衰减和扩展损失，计算定位声呐声信标在距离其等效声中心 R 处场点的声压级 $SPL_{\theta|R}$：

$$SPL_{\theta|R} = SL_\theta - \alpha R - 20\log R \tag{6-3}$$

（4）将目标模拟声信标置于水池中，使其与超短基线水声定位仪声头等效声中心之间的距离为 D，依据 $SPL_{\theta|R}$ 值，计算目标模拟声信标辐射的声压级 $SL_{M\theta|D}$ 为

$$SL_{M\theta|D} = SPL_{\theta|R} + (\alpha D + 20\log D) = SL_\theta - \left[\alpha(R-D) + 20\log \frac{R}{D}\right] \tag{6-4}$$

（5）配置目标模拟声信标辐射定位信号的幅度，使其辐射声源级为 $SL_{M\theta|D}$。

（6）利用声速剖面仪测量水中声速，按公式 $\tau = R/c$ 配置目标模拟声信标辐射声信号的时延值，完成目标模拟声信标参数的配置。

目标模拟声信标参数配置的总体操作流程如图 6-5 所示，主要涉及使用水听器、测量放大器（可选）、滤波器（可选）、数据采集处理器、超短基线水声定位仪声信标、目标模拟声信标、信号采集器及信号采集处理软件等功能模块。完成上述配置和准备工作后，即可进一步开展后续的超短基线水声定位仪计量测试工作。

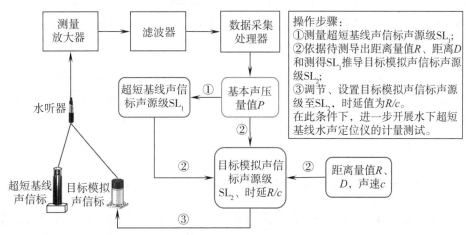

图 6-5 目标模拟声信标配置工作流程

对超短基线水声定位仪进行测量的过程中，目标模拟声信标发射定位信号主要可由以下两种方式予以实现：

（1）利用水听器接收并提取超短基线水声定位仪声信标发射的脉冲信号，然后设置目标模拟声信标辐射定位信号的幅度和时延，并将其加载至目标模拟声信标进行发射；

（2）直接设计超短基线水声定位仪声信标定位信号，设置目标模拟声信标辐射定位信号幅度及时延，将设计信号加载至目标模拟声信标发射。

通过对国内外超短基线水声定位仪调研可知，不同厂家生产超短基线水声定位仪所使用的定位信号通常不同，并且也存在不同定位模式下同一定位系统采用不同形式定位信号的情况，特别是一些具有抗多途、多目标跟踪能力的多分量定位信号，具有特殊的信号形式，难以直接设计或模拟，因此，项目研究优先选择第一种方法加载定位信号，也最大限度地维持原系统特性不改变。

6.1.3 六自由度定位测量

目前，国内外室内水池使用的声呐测控平台多为四自由度测控平台，即可实现平台左右方向（$-x$、x 轴向）、前后方向（y、$-y$ 轴向）、上下方向（z、$-z$ 轴向），以及绕垂直轴的旋转（绕 z 轴旋转）。而众所周知，六自由度控制方式可实现对物体任意姿态的描述，受这一原理的启发，本项目提出基于目前大多数测试水池建设有的四自由度测量控制平台，针对六自由度水下超短基线定位测量方法开展研究，同时达到在整个测量过程中声信标固定于水池中同一位置不动，一次测量目标声信标在水池中的位置即可实现不同斜距、方位角度条件下水下超短基线的定位测量，既提高了测量效率、简化了测量流程，又易于确保整个测试过程中测量条件的一致性。如何基于现有四自由度测控平台实现六自由度水下超短基线定位测量，并基于此构建六自由度水下超短基线定位计量装置是项目研究的重要课题之一。

为此，项目首先针对六自由度测量数学模型开展研究，然后基于测量模型进行数值计算与分析，对建立模型的正确性与功能性进行验证；最后基于该模型提出六自由度水下超短基线定位计量装置设计方案，为六自由度水下超短基线定位计量标准装置研制提供技术理论支撑。

1. 四自由度空间至六自由度空间量值传递模型

项目提出基于四自由度测控平台研制六自由度水下超短基线定位计量标准装置，以形成对超短基线水声定位仪进行六自由度测量的能力。首先，基于四自由度测控平台实现六自由度水下超短基线定位测量，需要对四自由度空间至六自由度空间的量值传递理论方法进行研究。

由于同一场点在四自由度空间和六自由度空间中的三维坐标间存在一一对应关系，项目提出研究建立四自由度空间至六自由度空间的量值传递数学模型，对六自由度水下超短基线定位测量原理进行阐述，并用于支撑六自由度水下超短基线定位计量标准装置的研制。首先，建立水下超短基线定位测量装置空间坐标系统，包括四自由度测控平台坐标系、定位声呐基准坐标系和定位声呐基阵坐标系，对各坐标系及其与测控平台间的关系具体描述如下：

①四自由度测控平台坐标系($oxyz$)原点设置在四自由度测控平台吊装杆下端的中轴线上，xoy平面与四自由度测控平台吊装杆中轴线垂直，坐标轴方向与四自由度平台距离维度上的运动方向一致，即在该坐标系中，测控平台可实现沿x轴、y轴、z轴正负轴向的双向水平移动，也可实现绕z轴的旋转运动。规定俯视方向顺时针旋转时，z轴旋转角度逐渐增大，x轴正向对应z轴的旋转角度为$0°$。

②定位声呐基准坐标系($o_k x_k y_k z_k$)的坐标原点位于超短基线水声定位仪换能器基阵的声中心，与四自由度测控平台坐标系原点间距离为d；$x_k o_k z_k$平面与换能器零刻线重合；z_k轴与定位声呐基准坐标系和四自由度测控平台坐标系原点间连线重合，并与四自由度测控平台坐标系z轴间的夹角为θ_z；z_k轴在xoy平面的投影与x轴夹角为θ_h，该角度与四自由度测控平台坐标系z轴的旋转角度相对应。

③定位声呐基阵坐标系($o'_k x'_k y'_k z'_k$)的坐标原点、z'_k轴均与定位声呐基准坐标系重合，沿$-z'_k$轴方向观看，逆时针方向旋转$o'_k x'_k$时，其与$o_k x_k$间夹角为φ_z，当$o'_k x'_k$与$o_k x_k$重合时，$\varphi_z = 0°$。

上述三个空间坐标系间的位置关系见图6-6。

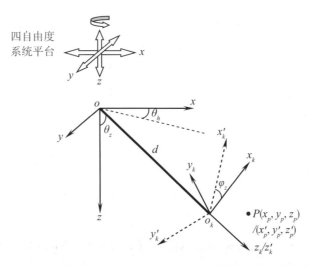

图6-6 四自由度空间至六自由度空间量值传递数学模型

针对同一场点 P 在四自由度空间和六自由度空间的几何位置关系，推导目标声信标在四自由度测控平台坐标系（四自由度空间），以及定位声呐基阵坐标系（六自由度空间）中坐标间的数学关系。首先，给出目标声信标在四自由度空间和六自由度空间的坐标位置关系，如图 6-7 所示，其中：(x_p, y_p, z_p) 为目标声信标在四自由度测控平台坐标系中的坐标值，$(x_{p\_k}, y_{p\_k}, z_{p\_k})$ 为目标声信标在定位声呐基准坐标系中的坐标值，$oo_k x_k$ 与 zoz_k 为同一个平面，$o_k y_k$ 垂直于 zoz_k，$o_k z_k$ 与 oo_k 重合，则 ox_p 在 zoz_k 平面投影的长度 x_0 可以表示为 $x_p \cos\theta_h$。

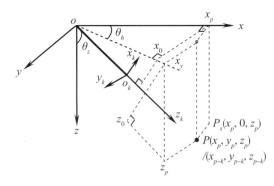

图 6-7　目标声信标在四自由度空间和六自由度空间的坐标表示

为了更加清晰地推导目标声信标在六自由度空间中的坐标值，分别沿 $+z$ 轴方向和 $-y_k$ 轴方向观看坐标系统，给出两个视角下坐标系的几何关系图如图 6-8 所示。由图中几何关系可以得到定位声呐基准坐标系中目标声信标三维坐标值 x_{p_k} 的表达式为

$$x_{p\_k} = (ox_0 + x_0 x_y)\cos\theta_z - x_y z_0 = x_p \cos\theta_h \cos\theta_z + y_p \sin\theta_h \cos\theta_z - z_p \sin\theta_z \quad (6\text{-}5)$$

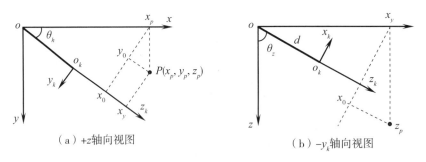

（a）$+z$ 轴向视图　　　　（b）$-y_k$ 轴向视图

图 6-8　不同视角下坐标系几何视图

同时，由图 6-8(a) 中几何关系可以推导得到定位声呐基准坐标系中目标声信标三维坐标值 y_{p_k} 的表达式：

$$y_{p\_k} = -(x_0 x_p - y_0 x_p) = -x_p \sin\theta_h + y_p \cos\theta_h \tag{6-6}$$

最后，由图 6-8(a)、图 6-8(b) 还可推出定位声呐基阵坐标系中目标声信标三维坐标的 z_{p_k} 值的表达式：

$$z_{p\_k} = (ox_0 + x_0 x_y)\sin\theta_z + x_y z_p \cos\theta_z - d = x_p \cos\theta_h \sin\theta_z + y_p \sin\theta_h \sin\theta_z + z_p \cos\theta_z - d \tag{6-7}$$

至此，建立了同一场点在四自由度空间和六自由度空间坐标间的对应关系。

四自由度空间至六自由度空间的量值传递流程如下：

①确定待测量场点 P 在四自由度测控平台坐标系中的三维坐标为 (x_p, y_p, z_p)，其中：四自由度测控平台坐标系 z 轴的旋转角度为 θ_h（$o_k x_k$ 在 xoy 平面的投影与 ox 轴夹角），而定位声呐基准坐标系和四自由度测控平台坐标系原点间连线与四自由度测控平台坐标系纵轴间的夹角为 θ_z。

②通过量值传递矩阵 $\boldsymbol{A}(\theta_h, \theta_z, d)$，将场点坐标 (x_p, y_p, z_p) 从四自由度测控平台坐标系传递至定位声呐基准坐标系，获得场点在定位声呐基准坐标系下的三维坐标 $(x_{p\_k}, y_{p\_k}, z_{p\_k})$。该过程具体表示为

$$\boldsymbol{C}_{\mathrm{MS}}(x_{p\_k}, y_{p\_k}, z_{p\_k}) = \boldsymbol{A}(\theta_h, \theta_z, d) \cdot \boldsymbol{C}_{\mathrm{4D}}(x_p, y_p, z_p) \tag{6-8}$$

其中，$\boldsymbol{C}_{\mathrm{MS}}(x_{p\_k}, y_{p\_k}, z_{p\_k}) = (x_{p\_k}\ y_{p\_k}\ z_{p\_k}\ 1)^{\mathrm{T}}$ 为定位声呐基准坐标系下场点的三维空间表示，$\boldsymbol{C}_{\mathrm{4D}}(x_p, y_p, z_p) = (x_p\ y_p\ z_p\ 1)^{\mathrm{T}}$ 为四自由度测控平台坐标系下场点的三维空间表示，$\boldsymbol{A}(\theta_h, \theta_z, d)$ 为传递矩阵，表示如下：

$$\boldsymbol{A}(\theta_h, \theta_z, d) = \begin{pmatrix} \cos\theta_n \cos\theta_z & \sin\theta_h \cos\theta_z & -\sin\theta_z & 0 \\ -\sin\theta_h & \cos\theta_h & 0 & 0 \\ \cos\theta_h \sin\theta_z & \sin\theta_h \sin\theta_z & \cos\theta_z & -d \\ 0 & 0 & 0 & 1 \end{pmatrix} \tag{6-9}$$

③将定位声呐基准坐标系绕纵轴旋转角度 φ_z，获得定位声呐基阵坐标系，利用量值传递矩阵 $\boldsymbol{B}(\varphi_z)$ 实现场点坐标 $(x_{p\_k}, y_{p\_k}, z_{p\_k})$ 从定位声呐基准坐标系向定位声呐基阵坐标系的传递，从而获得定位声呐基阵坐标系下六自由度空间中待测量场点三维坐标 (x'_p, y'_p, z'_p)。具体表示为

$$\boldsymbol{C}_{\mathrm{6D}}(x'_k, y'_k, z'_k) = \boldsymbol{B}(\varphi_z)\boldsymbol{C}'_{\mathrm{MS}}(x_{p\_k}, y_{p\_k}, z_{p\_k}) \tag{6-10}$$

其中，$\boldsymbol{C}_{\mathrm{6D}}(x'_p, y'_p, z'_p) = (x'_p\ y'_p\ z'_p)^{\mathrm{T}}$ 为定位声呐基阵坐标系下场点的三维空间表示，$\boldsymbol{C}'_{\mathrm{MS}}(x_{p\_k}, y_{p\_k}k, z_{p\_k}) = (x_{p\_k}\ y_{p\_k}\ z_{p\_k})^{\mathrm{T}}$ 为定位声呐基准坐标系下场点的三维空间坐标，传递矩阵 $\boldsymbol{B}(\varphi_z)$ 具体表示如下：

$$\boldsymbol{B}(\theta_h, \theta_z, d) = \begin{pmatrix} \cos\varphi_z & \sin\varphi_z & 0 \\ -\sin\varphi_z & \cos\varphi_z & 0 \\ 0 & 0 & 1 \end{pmatrix} \tag{6-11}$$

④通过改变θ_h和φ_z的角度值,重复②、③过程,最终获得场点在六自由度空间的三维坐标序列,即在定位声呐基阵坐标系中获得了场点在六自由度空间位置的表达。

四自由度至六自由度空间量值传递流程见图6-9。

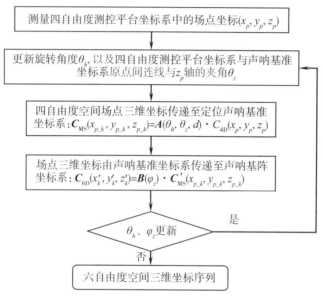

图6-9 四自由度至六自由度空间量值传递流程图

至此,通过两级空间量值传递,任意场点P在水下超短基线定位计量标准装置空间坐标系统三个坐标系中具备了如下关系:

$$P = P(x_p, y_p, z_p) = P(x_{p\_k}, y_{p\_k}, z_{p\_k}) = P(x'_p, y'_p, z'_p) \tag{6-12}$$

上述过程实现了四自由度平台坐标系中待测场点位置信息向待测声呐基阵坐标系(声头坐标系)的传递。在实际测量过程中,通过调节夹角θ_z,并绕z轴旋转四自由度测控平台吊装杆从而改变夹角θ_h,即可在六自由度空间中实现场点的六自由度定位测量。

2. 六自由度测量数值计算与分析

为了验证量值传递理论方法及其用于六自由度超短基线定位测量的有效性,对基于四自由度测控平台的六自由度水下超短基线定位测量中目标声信标的场点分布情况进行数值计算。设计测量工作在消声试验水池进行,测试场点(目标声信标)等消声中心位于四自由度测控平台坐标系中的某一固定位置(x_p, y_p, z_p),四自由度测控平台坐标系与声呐基阵坐标系原点间距离为d。当$\theta_z = 0°$时,声呐安装基准坐标系的x轴与四自由度测控平台坐标系的x轴指向同一方向(场点声信标所在方向)。场点声信标等效声中心与四自由度测控平台距两侧池壁的距离相等,呈左右对称分布,水池测试系统布放示意图见图6-10。

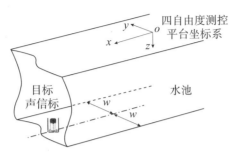

图6-10 四自由度测控平台坐标系和目标声信标位置关系

数值计算涉及的配置参数见表6-1,在数值计算过程中,其他参数不变,声呐安装基准坐标系 $o_k x_k y_k z_k$ 绕 z_k 旋转角度 φ_z 取0°或180°两个量值,主要用于实现六自由度空间中目标声信标场点位置的全面空间描述,具体效果将在下文数值计算结果分析部分进行详细说明。

表6-1 　　　　　　　　　　　　数值计算配置参数

序号	参数	取值	单位
1	(x_p, y_p, z_p)	(10.0, 0.0, 2.0)	m
2	d	1.1	m
3	θ_h	[−90.0, 90.0]	(°)
4	θ_z	[0.0, 90.0]	(°)
5	φ_z	0/180	(°)

根据超短基线水声定位仪工作的特点,定位系统声探头需安装于测控平台上,通过吊放方式安装于水池浅部水体中,测试过程中场点声信标布放在声头以下的半空间。不失一般性,oo_k 与四自由度测控平台坐标系 z 轴间所成夹角 θ_z 取为[0.0°,90.0°];由于声信标位于四自由度测控平台的一侧,因此选取了测控平台绕 z 轴的旋转角度 θ_h 的取值范围为[−90.0°,90.0°]。基于上述参数,当 $\varphi_z = 0.0°$、$\theta_z = 45.0°$ 时,四自由度测控平台绕 z 轴从−90.0°旋转至90.0°,可在定位声呐基阵坐标系下获得场点声信标的一条三维空间位置坐标曲线,如图6-11所示。

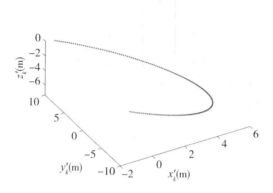

图 6-11　声呐基阵坐标系下声信标场点坐标曲线($\theta_z = 45°$)

这一过程将四自由度空间中的场点位置坐标(10.0，0.0，2.0)及旋转角度量值 $\theta_h \in [-90.0°, 90.0°]$ 传递到了定位声呐基阵坐标系中，等价于由 x'_k、y'_k、z'_k 和绕这三个坐标轴的三个旋转角度量值共同描述了目标声信标在六自由度空间的位置。

同理，当调整 θ_z 取不同值时，计算场点声信标在定位声呐基阵坐标系中的位置分布见图 6-12。在设置 $\varphi_z = 0°$ 时，场点声信标的位置将主要分布于定位声呐基阵坐标系的 x 轴正半轴一侧的半空间，如图 6-12(a)所示；而同一测试条件下，当场点声信标位于四自由度测控平台 x 轴的负半轴一侧时，应当设置 $\varphi_z = 180°$，此时场点声信标的位置将主要分布于定位声呐基阵坐标系的 x 轴负半轴一侧的半空间，如图 6-12(b)所示。

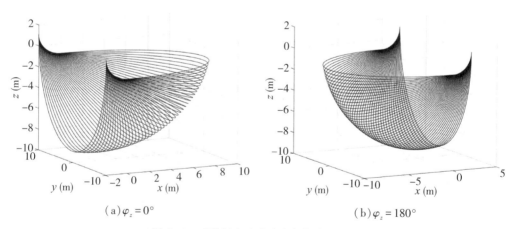

(a) $\varphi_z = 0°$　　　　　　　　　(b) $\varphi_z = 180°$

图 6-12　声信标六自由度空间场点分布图

在整个测量过程中，四自由度测控平台坐标系的坐标原点与声信标场点声中心的相对位置始终保持不变，项目研究的六自由度定位测量方法支撑形成了六自由度水下超短基线定位测量能力。对于数值计算所述条件下的水下超短基线定位测量，声信标场点分布于测控平台下半空间的单侧空间，而不是整个下半空间，这也符合测试中声信标场点与四自由度测控平台坐标系原点间的相对位置关系，如测量另一侧的下半空间，仅需调整 φ_z 在当前角度基础上旋转180°，重复上述测试过程，即可实现场点声信标在声呐基阵坐标系整个下半空间的全覆盖测试。

这一研究结果表明，项目研究建立的量值传递数学模型适用于声信标在测试声呐下半空间各场点进行布放测试，该技术理论方法在实际应用中也具有良好的环境适应性。

6.1.4 计量检测存在的问题

对于声呐设备，可在实验室水池或工作现场(外场)进行测试，但在现场开展超短基线水声定位仪的计量测试存在以下几个方面的问题：

(1)涉及误差源种类多、误差因素复杂，如水体不均匀及声速变化复杂、环境噪声干扰和多因素耦合效应严重等。

(2)现场确保平台稳定困难，影响对各定位量值进行精确测量。

(3)施工和维护成本高，不可控因素多，量值准确、科学分析困难。因此，外场不具备良好的对超短基线水声定位仪进行精确计量测试的有利条件。借鉴国内外声呐系统测试一贯采用的方式方法得出，要开展超短基线水声定位仪计量技术研究，应先期重点开展实验室水池条件下的计量技术研究，特别是在国内尚没有该项技术研究的情况下，开展水池条件下水下超短基线定位计量技术研究迫在眉睫。为此，项目提出在室内水池条件下开展超短基线水声定位仪计量技术研究。

在定位测量具体实施过程中，若采用传统的测量技术和测量方法，将面临以下几个方面的问题：

(1)超短基线声信标被置于不同位置进行测量时，每测量一个位置就需要改变一次声信标相对于声头的位置，这将直接导致测量流程复杂、繁琐，测量效率低下。如何在一次布放声信标位置的条件下完成整个测量过程，实现完整的水下超短基线定位测量，是简化测量流程、提高测量效率的具有重要研究意义的课题。

(2)目前，绝大多数试验水池尺度通常为数米、十几米，即便较大的水池尺度大多为几十米，但即使是本项目研究的短程超短基线，其定位斜距的量程至少是数百米量级，有限的水池尺度使得无法对超出水池尺度的超短基线水声定位仪的定位进行测量。如何在有限尺度水池中开展超出水池尺度的大定位距离条件下的水下超短基线定位测量，是一个有待深入研究的课题。

(3)高性能计量测试系统通常与高复杂度和高成本紧密相关,如何以低的成本和低的技术复杂度实现高性能的水下超短基线定位计量装置研发,也是研究过程中需要重点考虑的问题,以使研究成果产生更多的经济效益和社会效益。

为此,充分考虑上述有待深入开展研究及亟待解决的问题,项目提出基于距离几何量值导出原理的水下超短基线定位计量方法,解决超出水池尺度的大定位距离条件下的超短基线定位计量问题;同时,提出四自由度空间至六自由度空间的量值传递模型,并基于该模型设计四自由度扩展安装装置,研制水下超短基线定位计量标准装置,构建基于该计量标准装置的完整水下超短基线定位测量流程,实现了一次声信标布放即可完成所有超短基线水声定位测量流程,同时,也以相对简单的技术和较低的成本实现了高性能的六自由度水下超短基线定位计量装置研制。

6.2 水下超短基线定位溯源技术

6.2.1 定位检定方法

斜距和角度量值是水下超短基线定位计量重要指标,其中角度量值具体包括方位角和俯仰角。利用斜距、方位角和俯仰角度信息可以直接获取被定位目标的三维坐标,这也是除斜距和角度量值外,绝大多数超短基线水声定位仪呈现定位结果时常采用的一种表现形式。考虑到定位斜距和角度信息的重要性,以及定位测量的直接性,首先针对水下超短基线水声定位仪斜距和角度的测量方法和测量流程,斜距测量、水平转角测量、垂直转角测量,以及相应的重复性要求开展研究,并基于此编制水下超短基线水声定位仪计量检定规程。

充分调研生产厂商提供超短基线水声定位仪产品的性能指标,结合交通运输部水运工程、海洋、水文、水利、测绘等应用单位需求,提出超短基线水声定位仪示值误差指标。示值误差指标的提出主要依据多种国内外现有产品的技术参数、参考标准、征求意见、专家咨询、试验结果,并结合了目前水运工程应用需求和实际测量水平,以及国内自主研发产品的技术水平。考虑国内外现有超短基线定位仪产品的性能指标,对斜距、水平转角、垂直转角三项技术指标的最大允许误差见表6-2。

表6-2　　　　　　　斜距、水平转角、垂直转角最大允许误差

性能指标	最大允许误差
斜距示值误差	$\pm(0.5+3\%\times R)$ m(其中,R 为斜距)

续表

性能指标	最大允许误差
水平开角	±1.0°
垂直开角	±1.0°

目前，国内外主要产品的斜距测量精度、水平开角测量精度和垂直开角测量精度及基本要求都符合本规程的要求。项目研究级计量检定规程的制定参考了相关标准、专著和学术论文，同时深入调研了 Kongsberg《μPAP 水下定位系统》、Kongsberg《HiPAP 水下定位系统》、Sonardyne《USBL Tracking and Positioning Systems》、Sonardyne《User Manual for Ranger USBL systems》、《IXSEA GAPS Brochure》、AAE《Easy track USBL system》、《长程超短基线系统研制》、中海达等国内外产品资料，并广泛调研交通运输部超短基线水声定位仪生产单位和使用单位需求，参照专家意见，定义了超短基线基本参数、术语和试验规程。

1. 斜距示值误差

形成室内水池中超短基线水声定位仪的检定步骤如下：

①安装超短基线水声定位仪与声速剖面仪至操作平台，调节操作平台的升降机构使声信标、声速剖面仪与换能器基阵原点深度相同；

②用声速剖面仪进行声速测量，修正超短基线水声定位仪的声速参量；

③调整声信标位置，选择 5m、10m、15m、20m、25m 作为超短基线水声定位仪的室内试验水池检定点，每个检定点采集 3 个数据计算算术平均值作为斜距示值；

④用激光测距仪测量声信标至换能器基阵原点的距离，作为该检定点的标准斜距，与斜距示值作差计算示值误差，取示值误差中绝对值的最大值作为斜距示值误差的检定结果。

2. 角度示值误差

可在斜距示值误差检定试验后进行角度示值误差检定，水平开角及垂直开角示值误差检定步骤如下：

①调整声信标位置，使声信标与换能器基阵原点斜距大于 20m；

②选定不低于 3 个典型水平开角检定点作为标准水平开角，沿水平方向依次转动操作平台角度，记录每个检定点超短基线水声定位仪的水平开角示值；

③在每一个检定点处，连续选取 10 个水平开角示值计算算术平均值，与标准水平开角作差计算示值误差，取示值误差绝对值的最大值作为水平开角示值误差检定结果；

④固定水平开角为 0°，选定不低于 3 个典型垂直开角检定点作为标准垂直开角，沿垂直方向依次转动操作平台角度，并记录每个检定点超短基线水声定位仪的垂直开角示值；

⑤在每一个检定点处，连续选取 10 个垂直开角示值计算算术平均值，与标准垂直开角作差计算示值误差，取示值误差的绝对值最大值作为垂直开角示值误差检定结果。

3. 斜距重复性

选取 20m 检定点，重复测量斜距 6 次，按下式计算斜距重复性。

$$s_d = \sqrt{\frac{\sum (d_i - \bar{d})^2}{n-1}} \tag{6-13}$$

式中，s_d 为斜距重复性，单位为 m；d_i 为第 i 次斜距测量值，单位为 m；$\bar{d}$ 为斜距算术平均值，单位为 m；n 为测量次数。

4. 角度重复性

选取 45°检定点，按上述方法重复测量水平开角和垂直开角各 6 次，按下式分别计算水平开角和垂直开角重复性。

$$\delta_\theta = \sqrt{\frac{\sum (\theta_i - \bar{\theta})^2}{n-1}} \tag{6-14}$$

式中，δ_θ 为水平开角或垂直开角重复性，单位为(°)；θ_i 为第 i 次水平开角或垂直开角测量值，单位为(°)；$\bar{\theta}$ 为水平开角或垂直开角算术平均值，单位为(°)。

6.2.2 测量不确定度评定

GUM 法是国际计量组织和国际标准化组织推荐使用的测量不确定度的评定方法，适用于测量模型为线性模型、近似线性模型，以及可以转化的线性模型，可以假设输入量的概率分布呈对称分布的情况。在测量不确定度评定的过程中，逐个分析每一个影响测量结果的影响量的标准不确定度，计算合成标准不确定度。主要涉及测量不确定度的 A 类评定方法和 B 类评定方法，除标准器的溯源结果等内容，尽量多采用试验的方式(即 A 类评定的方法)来开展测量不确定度的评定，以增加测量不确定度评定的合理性。本项目研究定位计量方法基于试验水池设计，充分考虑分析不确定度来源，建立数学模型，评定标准不确定度分量，给出扩展不确定度。

1. 数学模型

超短基线水声定位仪斜距测量误差通过超短基线水声定位仪斜距示值减去激光测距仪标准器示值,以及主要由声速剖面仪及安装引入的测距偏差,其数学模型如下:

$$\Delta L = L_{usbl} - L_s - \Delta L_1 - \Delta L_2 \tag{6-15}$$

式中,ΔL 为被检超短基线水声定位仪测距示值误差,单位为 m;L_{usbl} 为被检超短基线水声定位仪某检定点的距离测量示值,单位为 m;L_s 为激光测距仪示值,单位为 m;ΔL_1 为声速剖面仪引入的测距偏差,单位为 m;ΔL_2 为安装引入的测距偏差,单位为 m。

超短基线水声定位仪角度测量误差通过超短基线水声定位仪角度示值减去检定装置转台角度示值,以及主要由声速剖面仪及安装引入的测角偏差,其数学模型如下:

$$\delta\theta = \theta_{usbl} - \theta_s - \theta_0 - \Delta\theta_1 - \Delta\theta_2 \tag{6-16}$$

式中,$\delta\theta$ 为角度测量偏差,单位为(°);θ_{usbl} 为被检超短基线水声定位仪角度示值,单位为(°);θ_s 为水声计量标准装置转台测得的角度值,单位为(°);$\Delta\theta_1$ 为声速剖面仪引入的测角偏差,单位为 m;$\Delta\theta_2$ 为安装引入的测角偏差,单位为 m。

2. 测量不确定度来源

1) 测距不确定度

(1) 测量重复性引入的不确定度分量。

此测量不确定度为被校准设备所引入的测量不确定度,主要影响因素为测量重复性所引入的测量不确定度分量。在对超短基线水声定位仪校准的过程中,测量 17 个距离值,其平均值作为超短基线水声定位仪测量的结果,具体数据见表6-3。采用测量不确定度的 A 类评定方法计算标准不确定度,使用贝塞尔公式计算标准偏差,作为测量重复性引入的测量不确定度。

表 6-3　　　　　**7.87m 标准距离下超短基线水声定位仪测距示值**

距离(m)						
7.82	7.77	7.76	8.04	7.76	7.90	7.83
7.85	7.89	7.89	7.85	7.86	7.84	7.80
7.86	7.94	7.84				

测距标准偏差为 $S = 0.07\text{m}$,则测距重复性引入的不确定度分量为 $u(L_{usbl}) = \dfrac{S}{\sqrt{17}} =$

17mm。

（2）激光测距仪引入的不确定度分量。

激光测距仪在超短基线水声定位仪校准装置中作为主标准器，激光测距仪测距最大允许误差为 $\pm(5.0\text{mm}+5\times10^{-5}D)$，根据 B 类评定方法，则由激光测距仪引入的不确定度分量为 $u(L_s) = 3\text{mm}$。

（3）声速剖面仪引入的不确定度分量。

声速是超短基线水声定位仪校准过程中的主要影响参数，准确的声速是水声测距的关键。试验中所采用的声速剖面仪经国家水运工程检测设备计量站检定，满足《水运工程　声速剖面仪》(JJG（交通）122—2015) 中声速测量最大允差为 $\pm 0.2\text{m/s}$ 的技术要求。结合试验环境距离校准范围为 7.87m，换算该声程时，由声速剖面仪引起的测量误差。根据 B 类评定方法，则由声速剖面仪引入的不确定度分量为 $u(\Delta L_1) = 1\text{mm}$。

（4）安装偏差引入的不确定度分量。

安装偏差是校准装置最大的不确定来源。根据有关技术资料和校准装置设计参数、测量仪器计量特性的了解和使用经验，估计换能器法兰盘对接安装、激光测距固定偏差改正、对中整平偏差、校准装置移动等影响因素导致的安装偏差的区间半宽度为 2cm，则由安装偏差引起的不确定度分量为 $u(\Delta L_2) = 12\text{mm}$。

超短基线水声定位仪测距不确定度主要来源及数据如表 6-4 所示。

表6-4　　　　　　　　超短基线水声定位仪测距不确定度

来源	标准不确定度分量(°)		灵敏系数	概率分布
	A 类	B 类		
测量重复性	17mm	—	1	正态
激光测距仪	—	3mm	−1	均匀
声速剖面仪	—	1mm	−1	均匀
安装偏差	—	12mm	−1	均匀

2）测角不确定度

（1）测量重复性引入的不确定度分量。

校准试验在 3°~326° 范围内共进行了 16 组角度试验，采集数据误差如表 6-5 所示。采用测量不确定度的 A 类评定方法计算标准不确定度，使用贝塞尔公式计算标准偏差，作为测量重复性引入的测量不确定度。

表 6-5　　　　　　　超短基线水声定位仪测角误差重复性数据

测角误差(°)						
0.03	0.16	0.08	0.02	0.20	0.09	0.05
0.29	0.31	0.13	0.11	0.22	0.18	0.38
0.11	0.25					

测向标准偏差 $S = 0.1°$，则测角重复性引入的不确定度分量为 $u(\theta_{usb1}) = S/\sqrt{16} = 0.03°$。

(2) 转台引入的不确定度分量。

转台是校准装置中的主要标准器，规程要求其最大允许误差为 ±0.1°。不确定评定应按 B 类评定方法，则由转台引入的不确定度分量为 $u(\theta_0) = 0.06°$。

(3) 声速剖面仪引入的不确定度分量。

声速剖面测量不准会引起声线传播弯曲，影响测角准确度，根据其引入的测距不确定度换算成校准范围下的测角不确定度 $u(\Delta\theta_1) = 0.01°$。

(4) 安装偏差引入的不确定度分量。

安装偏差也是校准装置测角误差的主要来源之一。根据对有关技术资料和校准装置设计参数、测量仪器计量特性的了解和使用经验，估计换能器法兰盘对接安装、转台安装偏差、对中整平基线偏差、校准装置移动等影响因素导致的角度安装偏差的区间半宽度为 0.1°，则由安装偏差引起的不确定度分量为 $u(\Delta\theta_2) = 0.06°$。

超短基线水声定位仪测角不确定度主要来源及数据如表 6-6 所示。

表 6-6　　　　　　　超短基线水声定位仪测角不确定度

来源	标准不确定度分量		灵敏系数	概率分布
	A 类	B 类		
测量重复性	0.03°	—	1	正态
转台	—	0.06°	−1	均匀
声速剖面仪	—	0.01°	−1	均匀
安装偏差	—	0.06°	−1	均匀

3. 合成标准不确定度和扩展不确定度

由于各标准不确定度分量间不相关，因此测距合成标准不确定度为

$$u_c = \sqrt{u^2(L_{usb1}) + u^2(L_s) + u^2(\Delta L_1) + u^2(\Delta L_2)} = 22\text{mm}$$

相对合成标准不确定度为 0.28%，达到了合成标准不确定度不超过 1% 的项目指标要求。取包含因子 $k=2$，则扩展不确定度为 $U = k \cdot u_c = 44\text{mm}$。

由于各标准不确定度分量间不相关，因此测角合成标准不确定度为

$$u_c = \sqrt{u^2(\theta_{usbl}) + u^2(\theta_0) + u^2(\Delta\theta_1) + u^2(\Delta\theta_2)} = 0.09°$$

取包含因子 $k=2$，则扩展不确定度为 $U = k \cdot u_c = 0.18°$。

超短基线水声定位仪斜距、角度量值溯源与传递框图见图 6-13。

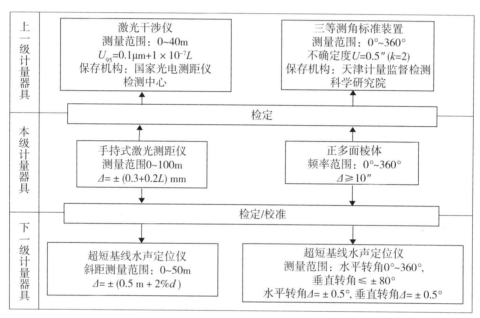

图 6-13　超短基线水声定位仪量值溯源与传递框图

6.2.3　定位测量实验

针对上述超短基线水声定位仪定位测量方法，项目组在中国科学院声学研究所消声水池（图 6-14）进行了超短基线水声定位仪测量方法实验。实验水池长 22m、宽 7m、深 5m，沿长度方向分成两部分，大水池长 15m，小水池长 6.5m。大水池六面敷设消声尖劈，为消声水池，有效消声频率范围 4~200kHz，实验选择该消声水池部分进行。

消声水池配备旋转精度为 0.1°的高精度水平转台。因此，超短基线声学基阵固定在转台正下方，应答器固定在距离声学基阵 7.87m 的位置。调节转台，旋转设定水平转角进行测量。每个测量点进行 15 次以上斜距误差和水平转角误差测量。重复选择

17 个测量点，进行定位试验。

图 6-14　实验消声水池

实验硬件包括超短基线声头 Seeker_V2.0，超短基线 6 系列应答器数字板和 D 类功放板。实验软件包括定位软件 BoardUnit20150302-0.8S 和显卡软件 HiMAX-USBL-2015-07-15-pool.rar。

当超短基线水声定位仪水平固定并配准后，调节转台，旋转固定水平转角进行测量，重复进行多次定位测量，并计算超短基线水声定位仪的斜距误差和水平转角误差。斜距误差及水平转角误差测量结果见表 6-7。

表 6-7　　　　　　　　　　　斜距误差及水平转角误差测量结果

转台旋转 角度值(°)	USBL 测量水平 旋转夹角(°)	水平旋转角度 误差(°)	USBL 测量 斜距(m)	标准器测量 斜距(m)	斜距测量 误差(m)
3	—	—	7.82	7.87	0.05
21	17.97	0.03	7.77	7.87	0.10
39	17.84	0.16	7.76	7.87	0.11
57	17.92	0.08	8.04	7.87	0.17
75	17.98	0.02	7.76	7.87	0.11
93	17.80	0.20	7.90	7.87	0.03
110	17.09	0.09	7.83	7.87	0.05
128	18.05	0.05	7.85	7.87	0.02
146	17.71	0.29	7.89	7.87	0.01
163	17.31	0.31	7.89	7.87	0.02

续表

转台旋转角度值(°)	USBL测量水平旋转夹角(°)	水平旋转角度误差(°)	USBL测量斜距(m)	标准器测量斜距(m)	斜距测量误差(m)
181	18.13	0.13	7.85	7.87	0.02
199	18.11	0.11	7.86	7.87	0.02
218	19.22	0.22	7.84	7.87	0.03
254	36.18	0.18	7.80	7.87	0.08
272	18.38	0.38	7.86	7.87	0.02
292	20.11	0.11	7.94	7.87	0.07
326	34.25	0.25	7.84	7.87	0.03

测量结果表明，实验测量的超短基线水声定位仪在消声水池中斜距测量误差小于0.2m；水平转角误差优于0.4°，均符合计量检定规程最大允许误差要求，验证了项目研究方法的有效性和可行性。按照制定规程给出的超短基线定位仪检定方法，经过对使用单位的样机试验，本规程的各项技术指标合理，并具有一定的先进性。

6.3 六自由度水下超短基线定位计量标准装置研制

项目研制的六自由度水下超短基线定位计量标准装置实际上是为超短基线水声定位仪输出量值(目标声信标位置信息)测量提供了一个标准的距离场，本项目将其称为水下标准基线场。该距离场与定位声呐基阵坐标系空间相对应，即给出了目标声信标声中心在定位声呐基阵坐标系中位置坐标的标准真值。为了实现六自由度超短基线定位计量能力，首要阐述定位计量标准装置的设计方案，重点阐述用于实现四自由度空间至六自由度空间量值传递的功能构件，应用于基于导出几何量值测量的目标模拟声信标，数据控制器及计量测控软件等的研制情况。

6.3.1 定位计量标准装置构成

项目研制的水下超短基线定位计量标准装置由室内水池、水池四自由度测量控制装置、四自由度扩展安装装置、水听器、标准测量器具(标准钢卷尺、万能角度尺)、测量放大器及滤波器(可选)、数据控制器、目标模拟声信标、声速剖面仪，以及计量测试显控平台(计算机及计量测控软件)等部分构成。项目创新地提出并实现的六自由度水下超短基线定位测量装置，可在水下三维空间对不同相对位置及姿态条件下的待测超短基线水声定位仪进行计量测试。基于项目承担单位已建设的水池条件及其配置的四自由度测量控制装置，设计的六自由度水下超短基线定位计量标准装置总体构成示意如图 6-15 所示，该装置构建了一个六自由度标准距离场，目标声信标被固定安装在水池中心剖面上，从而可便利地通过操作四自由度测控系统开展六自由度水下超短基线定位计量测试。

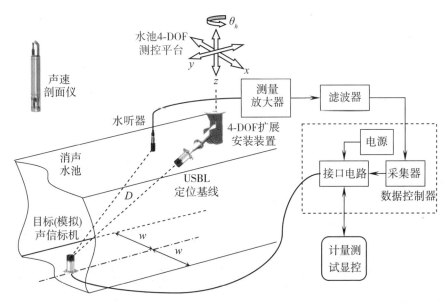

图 6-15　六自由度水下超短基线定位计量标准装置构成示意图

其中，水听器用于实现声压基本量值的获取，输出信号可由测量放大器、滤波器（可选，由于水池条件下测试距离近，通常可不使用这两个设备）进行调节并传输至数据控制器；标准钢卷尺和万能角度尺分别用于超短基线水声定位仪测量过程中长度量值和角度量值的测量；数据控制器具备四通道信号同步采集能力，还用于输入外触发同步信号、对目标模拟声信标进行参数配置与控制及为目标模拟声信标供电等功能；计量测试显控平台用于实现测量数据的存储，以及依据测量方法及测量流程对测量数据进行处理，对目标模拟声信标进行控制，并最终输出计量测试报告等；目标声信标（超短基线水声定位仪声信标/目标模拟声信标）、超短基线水声定位仪声头、配有四自由度测控装置的水池，以及四自由度扩展安装装置共同构成了水下标准基线场。当超短基线水声定位仪的测量斜距小于水池尺度时，直接使用超短基线水声定位仪声信标即可开展定位测量；当测量斜距超出水池尺度时，基于项目提出的导出几何量值测量方法，由目标模拟声信标配合开展计量测试。同时，配备了声速剖面仪，为超短基线水声定位仪的测量提供实时的水池声速信息。

6.3.2 四自由度扩展安装装置研制

水下标准基线场的构建需要根据待测设备工作特点及具体测量量值的测量方法和流程来确定,并基于此研制可实现全部测量功能的水下超短基线定位计量标准装置。依据四自由度空间至六自由度空间的量值传递数学模型,基于四自由度测量控制平台提出四自由度扩展安装装置的设计方案,并最终基于四自由度测控平台实现六自由度测量控制装置构建,该装置可实现四自由度空间几何量值向六自由度空间的传递,支撑了六自由度水下超短基线定位测量能力的实现。四自由度扩展安装装置的设计如图6-16所示,主要由旋转臂定位卡盘、主旋转臂、从旋转臂锁紧箍、从旋转臂、定位螺栓(含主定位螺栓、从定位螺栓)等主要部分构成。

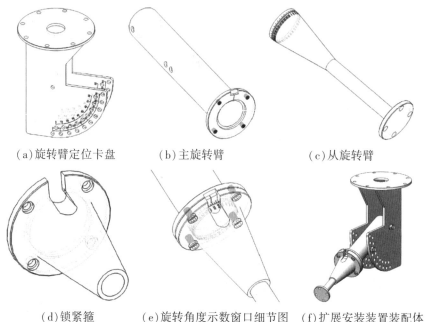

(a)旋转臂定位卡盘　(b)主旋转臂　(c)从旋转臂

(d)锁紧箍　(e)旋转角度示数窗口细节图　(f)扩展安装装置装配体

图6-16　四自由度扩展安装装置设计图

测量前,利用主定位螺栓和从定位螺栓将主旋转臂固定在旋转臂定位卡盘上;从旋转臂锁紧箍包覆在从旋转臂结构外侧,通过4个锁紧螺栓实现从旋转臂与主旋转臂的对接,在锁紧螺栓拧紧过程中产生的纵向压力将从旋转臂挤压在主旋转臂上,实现两者间的固定安装;待测声呐安装在从旋转臂末端的法兰盘上,结合四自由度测量控制平台最终实现六自由度定位测试。

该装置的具体使用方法和操作流程如下:

(1)测量前,按照装配图对四自由度扩展安装装置进行组装,并通过吊装法兰将扩展安装装置固定安装在四自由度测控平台垂直吊装杆下端;

(2)待测超短基线水声定位仪安装在从旋转臂法兰盘上;

(3)从定位螺栓位置,控制主旋转臂旋转到指定角度(俯仰角θ_z);

(4)绕旋转臂轴向旋转从旋转臂至指定角度(定位声呐基阵坐标系与定位声呐基准坐标系间夹角φ_z),控制超短基线水声定位仪安装方向;

(5)控制四自由度测量控制平台旋转角度(θ_h)和测量系统进行后续测试。

在实际的加工制作过程中,考虑实际使用和加工工艺,对上述从旋转臂设计结构进行了优化设计与实现,加工实物如图 6-17 所示。该装置与室内水池及水池上装配的四自由度测量控制装置、超短基线水声定位仪声头及目标声信标一起构建了水下标准距离场。

图 6-17 四自由度扩展安装装置实物

在水下超短基线定位计量装置空间坐标系中,定位声呐基阵坐标系与四自由度测控平台坐标系原点间的距离 d 具体表示为

$$d = d_a + d_s + d_{\text{sonar}} \tag{6-17}$$

式中,d_a 为主旋转臂旋转轴至其法兰盘表面的长度;d_s 为从旋转臂的长度;d_{sonar} 为超短基线水声定位仪声头等消声中心至其安装法兰盘的长度。

6.3.3 目标模拟声信标研制

设计目标模拟声信标主要由声学换能器、系统功能电路、信标电子舱、电子舱盖及水密接插件和水密缆等部分组成,用于实现超出水池尺度定位斜距处声信标定位信号的模拟发射,设计目标模拟声信标的构成如图 6-18 所示。为了实现目标模拟声信标的功能,声学换能器装配需要做到辐射声波不受遮挡;电子舱盖与固定安装法兰采用复用的设计思想,增加了设备的功能性和适装性;供电及数据传输通过电子舱盖底部的水密接插件连接纵向水密缆来实现。

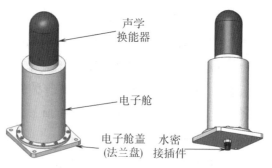

图 6-18 目标模拟声信标装配图

目标模拟声信标受计量测控平台控制,控制指令经数据控制器发送至声信标,同时数据控制器为声信标供电,目标模拟声信标在外部输入同步信号触发下工作,响应计量测控平台发射的控制指令并按照指令发射相应的目标模拟声信号。

目标模拟声信标电路主要由供电系统、接口电路、信源电路、发射机电路、接收机电路、温度传感器模块等主要部分组成。接口电路主要包括指令和同步信号接口电路(串口);信源功能电路主要由 FPGA 实现,主要实现指令解码、同步响应与产生、发射信号生成、舱内温度监控、工作状态控制等功能;发射机电路采用乙类功率放大电路方案,将信源电路产生信号进行功率放大,驱动声学换能器发射满足计量测试要求的定位信号;温度传感器主要用于监测电子舱内温度,以在温度异常情况下保护声信标处于安全工作状态;接收电路主要用于采集处理接收信号。设计目标模拟声信标功能电路构成框图如图 6-19 所示。

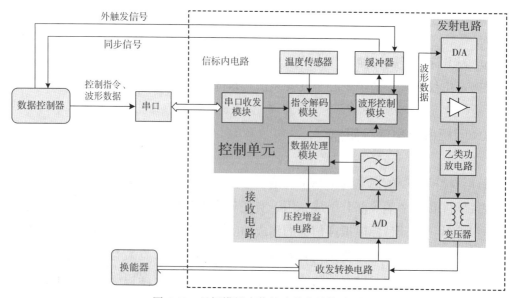

图 6-19 目标模拟声信标功能电路构成图

1. 声学换能器

用于水下超短基线定位计量的目标模拟声信标用声学换能器选型具有比其他类型换能器更高的要求，该换能器应具备各向均匀且起伏小的指向性特性、宽频带特性，以及具备声波大动态范围输出能力。根据这一要求，选择了半空间指向性宽带换能器，如图 6-20 所示。

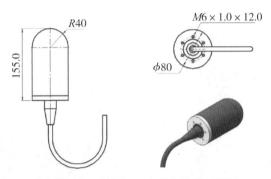

图 6-20 目标模拟声信标用声学换能器（单位：mm）

主要技术参数如表 6-8 所示，相关特性曲线见图 6-21，换能器相关参数指标为计量标准装置研制提供了有力支撑。

表 6-8　　目标模拟声信标用声学换能器主要技术参数

序号	技术指标	参数	备注
1	−3dB 带宽	22~44kHz	声呐系统匹配设计至 18~45kHz
2	指向性	半空间	—
3	最大输入电功率	850W	—
4	电缆外径及缆长	ϕ12mm×10m	—
5	工作温度	−5℃至40℃	—
6	存储温度	−40℃至80℃	—
7	最大工作水深	2000m	实际应用水深≤10m

根据项目设计方案，为了便于研究过程中的测试方法研究，保证使用的灵活性，设计并采用硫化的方式实现换能器与水密接插件的一体化装配，完成制备的目标模拟声信标用声学换能器实物如图 6-22 所示。

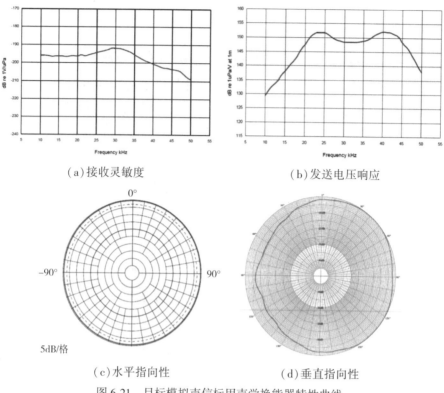

图 6-21 目标模拟声信标用声学换能器特性曲线

图 6-22 完成制备的目标模拟声信标换能器

2. 信标电子舱

目标模拟声信标电子舱壳体设计为圆筒状结构，如图 6-23 所示。电子舱壳体顶端面设计固定声学换能器的法兰盘结构，底端为开口结构，声信标功能电路通过电子舱壳体的开口端进入电子舱，并配备电子舱盖实现对电子舱内部空间的密封。

第 6 章　水下超短基线定位计量标准装置及溯源技术

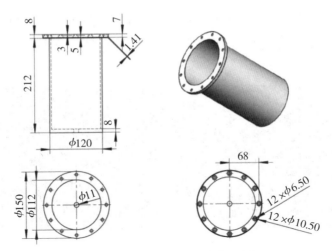

图 6-23　目标模拟声信标电子舱壳体(单位：mm)

设计的电子舱盖具有复用功能(图 6-24)，既可实现对电子舱盖的密封，又可作为电子舱的固定安装用法兰盘，用于实现对目标模拟声信标的池底固定安装。

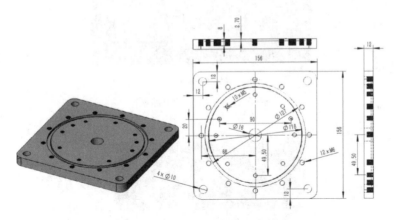

图 6-24　目标模拟声信标电子舱盖

3. 电路系统

系统功能电路主要由系统主板、电源板构成，如图 6-25 所示。

在超短基线定位计量标准装置的研制过程中，还可以利用测量水池建设的任意波形发生器、功率放大器、声信标换能器构建目标模拟声信标机，实现目标模拟声信标各项功能，系统构成如图 6-26 所示。与上述研制的目标模拟声信标功能相同，目标模拟定位信号预先存储在任意波形发生器的存储空间，根据预设超出水池尺度的定位距离计算得到的时延值设置任意波形发生器发射信号的时延，依据几何量值导出原理计

273

算的目标模拟声信标声源级,设置目标模拟定位信号的幅度,采用超短基线水声定位仪输出系统同步信号外触发任意波形发生器实现模拟定位信号同步发射。

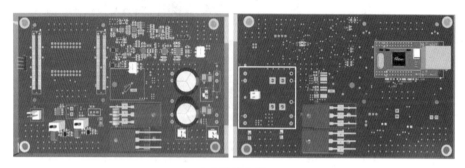

(a)系统主板

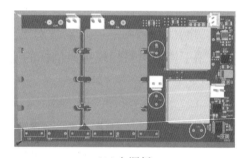

(b)电源板

图 6-25 系统功能电路板

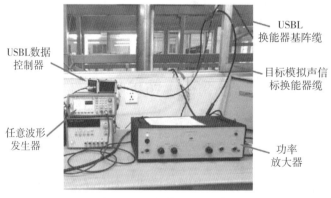

图 6-26 目标模拟声信标机

6.3.4 数据控制器

数据控制器主要由数据采集模块、电源模块、数据接口模块、数据控制器机箱等部分组成,其中,数据采集模块为四通道高速并行同步采集模块,采集数据通过 USB 接口与控制平台计算机连接;电源模块包括采集卡电源适配器(220VAC 转 12VDC)和目标模拟声信标供电电源适配器(220VAC 转 48VDC);接口电路包括 USB 接口(数据控制器至计算机)、主控串口(计算机至数据控制器)、数据采集器 BNC 输入端口、同步 BNC 端口、目标模拟声信标电缆插座(LEMO 接插件,数据控制器至目标模拟声信标,包括 48VDC 电源线 1 对、数据线 4 根)。数据控制器相关组件实物照片及设计面板结构如图 6-27 所示。

(a) 采集卡电源适配器　　(b) 目标模拟声信标电源适配器
　(220VAC 转 12VDC)　　　　(220VAC 转 48VDC)

(c) 目标模拟声信标电缆端 LEMO 插头及线序

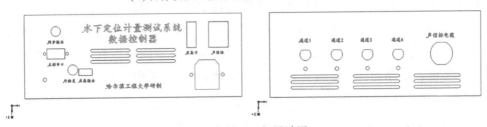

(d) 机箱前后面板设计图

(e) 实物照片

图 6-27　数据控制器

6.3.5 计量测控软件

超短基线水声定位仪计量测控软件运行在计量测试显控平台上（台式计算机或便携式笔记本电脑），具有水听器接收声学信号采集和存储、目标模拟声信标控制、测试量值自主计算，以及测试报告的自动生成等功能。软件设计采取集成化、模块化的设计方案，各项功能均独立构成功能模块，由主控软件集成并协调管理，设计计量测试显控软件的功能组成如图 6-28 所示。该计量测试显控软件采用 C++ 高级语言在 VC++ 2010 环境下开发完成。

设计计量测控软件经由数据控制器与目标模拟声信标实现数据交互，通过串口向目标模拟声信标发送指令控制其工作。结合定位声呐计量测试系统的功能及计量测试方法流程，设计测控软件的功能主要包括如下几个方面：

①为了便于数据管理和过程操作，测控软件设计具有新建工程及打开工程的功能。

②为了准确实现声压这一水声学基本量值的测量，设计测控软件具备数据读取、声学换能器指向性绘制，以及相应处理结果数据的存储、显示等功能；为了减小目标模拟声信标频率响应对模拟效果产生的影响，软件设计了频率响应修正功能，确保目标模拟声信标发出的信号与待测定位声呐声信标辐射波形一致。

③由于项目研究定位声呐计量系统为标准装置，水下标准距离场中用于检测定位声呐输出结果的标准长度量值是依据四自由度空间至六自由度空间的量值传递方法，由四自由度空间测得的标准长度和角度量值经过准确计算得到的。因此，测控软件具备水下标准距离场中标准距离量值的实时计算生成能力，将采用标准仪器实测的四自由度空间长度量值和角度量值输入软件，实时生成对应空间场点在定位声呐坐标系中的坐标标准值，从而为待测定位声呐的检测提供标准量值依据。

④目标模拟声信标为定位声呐计量系统的另一核心组成部分，为了有效控制目标模拟声信标按照计量测试流程工作，测控软件具备对目标模拟声信标的实时控制功能。设计测控软件通过串口向目标模拟声信标装订参数、发送控制指令，实现对目标模拟声信标的实时控制。参数装订功能主要实现声信标信号的下行通信、信号幅度及时延实时控制等。

⑤实时测量模式是实时测量模式，实时测量模块可以实时地通过网口读取其他计算机发送的数据，也可以通过 Excel 获取定位声呐测量的数据，实时进行数据处理，并在界面上显示出结果。

⑥完成各种计量测试后，测控软件还具备检测报告输出功能，整合各测试结果，按照计量检定规程，生成检测报告并保存。

综上所述，本项目设计的测控软件主要具备数据读取、数据分析与存储、标准数据实时计算、实时控制及报告生成等几大功能，功能构成如图 6-28 所示。

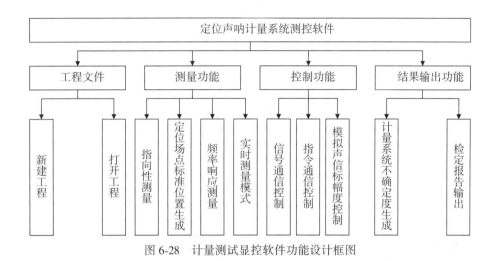

图 6-28　计量测试显控软件功能设计框图

软件欢迎界面如图 6-29 所示。

图 6-29　计量测试软件欢迎界面

1. 声信标控制流程

定位声呐计量测控软件控制目标模拟声信标涉及的指令主要包括工作模式、工作状态两类指令。工作模式分为计量模式和试验模式，其中，计量模式又具体分为外触发模式和应答模式。各种模式下目标模拟声信标均响应串口配置指令及工作状态控制指令。计量测控软件的操作流程如图 6-30 所示。

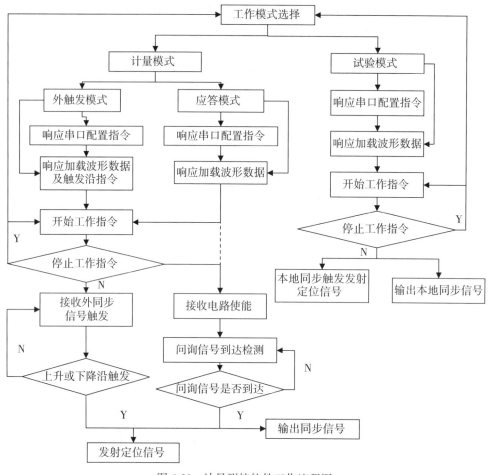

图 6-30 计量测控软件工作流程图

各种工作模式下均可同时响应串口配置指令及响应加载波形数据，但计量测控软件在完成信号配置指令后才能发射开始工作指令。在外触发模式下，当目标模拟声信标接收到开始工作指令后检测接收外触发同步信号，并按触发沿指令触发发射定位信号；在应答模式下，当目标模拟声信标接收到开始工作指令后能接收电路功能，检测问询信号到达时刻，当检测到问询信号到达时，发射定位信号；在试验模式下，当目标模拟声信标接收到开始工作指令后，目标模拟声信标在本地同步信号触发下周期性地发射定位信号。

2. 指向性处理与存储

在指向性测试界面中，选择"打开文件"菜单/按键选择导入指向性测试数据，点击"计算"后软件完成绘图和显示数据。绘图模块主要用于生成指向性曲线，如图6-31所示。

第6章 水下超短基线定位计量标准装置及溯源技术

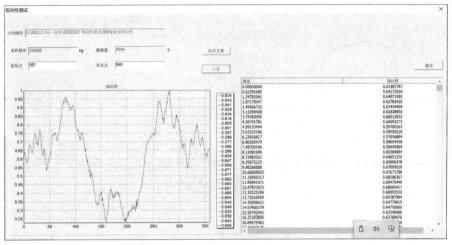

图 6-31 指向性显示结果

指向性测量模块设计实现了针对实测数据的指向性计算、显示及结果数据存储，也为目标模拟声信标控制及基于目标模拟的水下定位计量提供了重要的技术支撑。

3. 场点标准坐标生成

基于四自由度空间至六自由度空间的量值传递理论，依据四自由度空间测得的角度量值(四自由度测控平台 z 轴旋转角度，以及四自由度扩展安装装置旋转臂的旋转角度)和长度量值(声信标在四自由度测控平台坐标系中的三维坐标值)，实时计算声信标在定位声呐坐标系中的标准坐标值。设计测试结果及场点标准位置坐标存储于 Excel 中，方便后续调用，流程图如图 6-32 所示。坐标转换模块结果如图 6-33 所示。

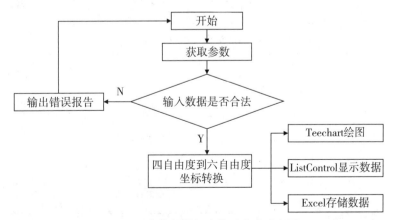

图 6-32 定位场点标准位置生成流程图

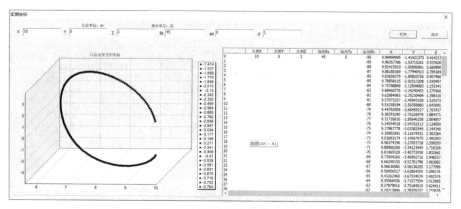

图 6-33　坐标转换模块结果示意图

4. 计量测试报告生成

计量测试报告生成部分利用 WORD.OLB 中的头文件，在此部分选取对应文件夹中实时测量.xls 文件后，单击数据获取后即可将实时测量模块中存储的数据导入程序中，单击打印即可将检定报告输出，计量报告生成及检定报告输出结果如图 6-34 所示。

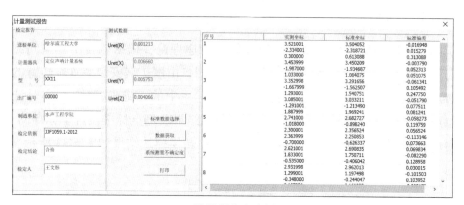

(a) 计量报告生成界面

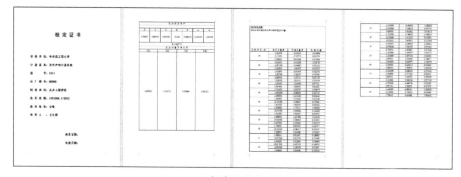

(b) 生成计量报告示例

图 6-34　计量报告输出

6.3.6 测量标准器具

测量标准器具是定位计量装置工作过程中长度量值、角度量值及声学量值发生改变时,对上述量值进行测量的标准器具。下面分别对本项目中使用的测量标准器具进行说明。

1. 标准钢卷尺

本项目研究水下超短基线定位计量标准装置中涉及的长度量值由 20m 标准钢卷尺进行测量,测量不确定度为 $(3+3L)\mu m$,最大允许测量示值误差为 $\pm(0.03+0.03L)$ mm,项目选用 20m 标准钢卷尺由中国计量科学研究院采用 26m 动态校准仪标准装置,依据中华人民共和国国家计量检定规程《标准钢卷尺检定规程》(JJG 741—2022)进行检定,确保了长度量值向国家标准的溯源。

2. 万能角度尺

本项目研究水下超短基线定位计量标准装置中涉及的角度量值由万能角度尺(测量精度 2′)进行测量,由中国计量科学研究院依据中华人民共和国国家计量检定规程《通用角度尺校准规范》(JJF 1959—2021),采用 1 级角度块进行校准,确保了角度量值向国家标准的溯源。

3. 水听器

水听器是本项目中声学量值的测量器具。根据本项目研究的定位计量标准装置,采用目标声模拟方法对超短基线水声定位仪进行测量的工作需求,选取经过校准的水听器用于超短基线定位计量标准装置的构建与相关声学量值的测量工作。采用 RHSA-5 水听器用于声学量值的测量,由杭州应用声学研究所水声校准/检测实验室(国家一级水声计量站)依据中华人民共和国国家计量检定规程《500Hz～1MHz 标准水听器(自由场比较法)检定规程》(JJG 185—2017)和《1kHz～1MHz 标准水听器检定规程》(JJG 1017—2007)进行校准。

4. 声速剖面仪

声速剖面仪用于测量试验水池中的声速量值,为目标模拟声信标试验值的设置提供标准声速数据。声速剖面仪由国家水运工程检测设备计量站依据《水运工程 声速剖面仪》(JJG(交通) 122—2015)进行检定。

6.3.7 量值溯源技术

本项目研究的量值溯源问题主要涉及长度和角度几何量值及声学量值，分别对三种量值的溯源技术开展了研究，建立了溯源体系表，分别进行阐述。

长度和角度是几何量值的基本参量，在国际单位值中，长度单位"米"被列为第一基本单位（常用单位包括米、毫米、微米），光波波长在1983年召开的第17届国际计量大会上被确定为长度的自然基准；而角度量值也是几何量值的重要组成部分，由于其是建立在整圆360°基础之上，即整圆内圆心角之总和为360°，因此角度基准从某种意义上说是一种几何学基准，无须另建基准。角度量的常用单位为度、分、秒，度盘是较常用的角度计量标准器具，是圆分度器件之一。从基准的建立到生产中的具体应用，必须经历一个基准的复现和量值传递的过程（量值传递的主要工具通常被称为工作标准），而工作基准又需要定期通过一条具有规定不确定度的不间断的比较链与规定的参考标准进行量值的溯源，本项目还将重点研究涉及的长度量值和角度量值的溯源技术。

1. 长度量值溯源

本项目研究的水下超短基线定位计量标准装置中涉及的长度量值均由20m标准钢卷尺进行测量，测量不确定度为$(3+3L)\mu m$，同时也通过该工作计量器具进行长度量值的溯源。在长度量值溯源过程中，依据《标准钢卷尺检定规程》（JJG 741—2022）等对涉及的测试条件、实验方法和量值溯源体系表等进行了研究。

1) 测试条件

测试环境温度控制在$(20\pm1)℃$，室温变化不大于0.5℃/h；对于测量长度大于10m的钢卷尺，沿测线方向的最大温差不大于1℃；检定测试前标准钢卷尺在测试温度下恒温的时间不少于4h；在$(49\pm0.5)N$拉力下测试。

标准钢卷尺示值误差采用激光干涉仪在检定台上进行检定，检定台全长应不小于5m。

2) 计量测试方法

标准钢卷尺在实验温度（20℃）下的实际长度由下式得到：

$$L_{20℃} = L + [93.0(T-20) - 0.2684(p-101325) \\ + 0.0363(F-1333)] \times 10^{-8}L - \alpha(T_1-20)L \tag{6-18}$$

式中，L为激光干涉仪测得长度值；T为沿光路的空气平均温度（℃）；p为光路的气压（Pa）；F为光路空气的水蒸气分压（Pa）；α为标准钢卷尺常温下和温度线膨胀系数

($℃^{-1}$);T_1为标准钢卷尺的平均温度(℃)。

在激光干涉仪的测量光路附近沿测线方向每隔3m布设测温点,根据检定台长度在全长范围内布设2~10个测温点测定沿光路的空气平均温度;光路的气压由与光路等高的气压测量仪表测得;测定光路的空气湿度由与光路基本等高的湿度测量仪表测定;标准钢卷尺的平均温度测量时,在标准钢卷尺长度测量方向上,每隔3m布设一个测温点,在全长范围内布设2~10个测温点,测量结果不确定度应不大于0.2℃,$k=2$。

3)测量流程

标准钢卷尺量值溯源的计量测试流程如下:

(1)调整标准钢卷尺与激光干涉仪运行导轨平行,并使刻线边处于显微镜的视场中央。

(2)测量光路的平均温度、气压、湿度、标准钢卷尺平均温度和温度线膨胀系数。

(3)用显微镜瞄准标准钢卷尺的零线纹,激光干涉仪清零后,显微镜分别对要求测量的条线纹(每1000mm间隔进行测量;对500mm间隔,在标准钢卷尺的10m至全长范围内随机选取2处进行抽样测量)进行瞄准定位,用干涉仪测量零线纹至各被检线纹间的长度,然后进行返测,要求显微镜返测瞄准零线纹后,干涉仪计数不大于5μm,实现一次测回。

(4)采用相同方法进行第二测回的独立测量。两个测回的平均值即为测量结果,要求测量值需修约至0.01mm。

(5)当标准钢卷尺全长大于检定台长度时,可分段检定,其全长示值误差为各段示值误差的代数和。

其中,对于20m钢卷尺,被检间隔小于1m时,每100mm间隔进行检定;1m至10m时,每500mm间隔进行检定;大于10m时,每1000mm间隔进行检定,对500mm间隔,在标准钢卷尺的大于10m至全长范围内随机选取2处抽样检定。

其他未尽的测量细则参见《标准钢卷尺检定规程》(JJG 741—2005)。

本项目建立水下标准基线场的长度量值通过20m标准钢卷尺利用比较法依次溯源至中国计量科学研究院的26m动态校准仪标准装置(计量标准)和633nm激光波长基准装置(计量基准),减少量值传递环节,控制量值溯源过程中引入的不确定度来源,确保建立水下标准基线场中长度量值的测量准确、可靠,建立长度量值溯源体系表见图6-35。

2. 角度量值溯源

本项目研究的水下标准基线场角度量采用万能角度尺(测量精度2′)进行测量,并

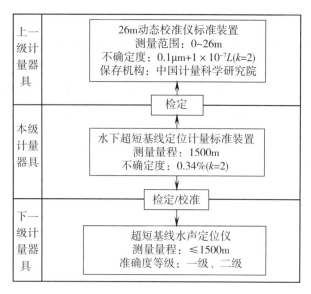

图 6-35　长度量值溯源体系表

通过该测量设备进行角度量值的溯源。万能角度尺是利用两测量面相对移动所分割的角度进行读数的通用角度测量器具，依据《通用角度尺校准规范》(JJF 1959—2021)对涉及的测试条件、实验方法和量值溯源体系表等进行研究。

1) 测试条件

室内温度(20±10)℃，检定前万能角度尺及相关检定器具置于检定室内平板上平衡温度，时间不小于 1h。

2) 实验方法

在刻线宽度、宽度差、相邻刻线宽度差，各测量面的平面度、平行度及垂直度，零位正确性等依据《通用角度尺校准规范》(JJF 1959—2021)测定并符合相关技术要求，在满足上述技术要求的条件下进行示值误差测试。

示值误差采用相应角度值的 2 级角度块(15°10′，30°20′，45°30′，50°60°40′，75°50′，90°)与万能角度尺的两测量面均匀接触，在制动器松开与紧固时各测试一次，示值误差应不超过±2′。

3) 角度量值溯源体系表

本项目建立水下标准基线场中的角度量值测量采用(游标)万能角度尺，测量角度量值可直接溯源至国家基准角度块，角度量值溯源表如图 6-36 所示。

3. 基本声学量值溯源

目前，我国水声声压基准用于复现和保存 1Hz～5MHz 频段内的水声声压单位量值，可通过水声声压计量标准器具向水声声压工作计量器具进行量值传递，确保了国

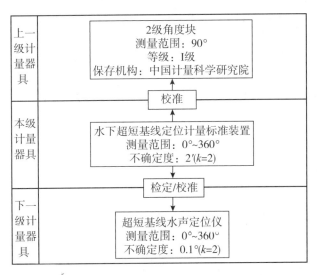

图 6-36 角度量值溯源体系表

内水声声压量值的准确与统一。水声声压基本声学量值的单位为帕斯卡(Pa),声压级以分贝(dB)表示(基准值为 1μPa),《水声声压计量器具检定系统表》(JJG 2017—2005)规定了使用水听器的灵敏度(单位为 V/μPa)参数进行声压量值的复现和传递,《1kHz～1MHz 标准水听器检定规程》(JJG 1017—2007)和《500Hz～1MHz 标准水听器(自由场比较法)检定规程》(JJG 185—2017)规定了自由场比较法计量检定规范,在开展校准时,上述文件可作为量值溯源的依据。

1)溯源方法

本项目中涉及的水声声压基本量值通过水声声压计量标准装置向水声声压计量基准进行溯源(即本项目计量测试过程中使用的水听器通过水声声压计量标准装置向水声声压基准用水听器进行溯源),项目研究采用水声二级校准方法——相对法(比较法)进行量值溯源,使用水声声压标准装置频率范围为 2～100kHz,不确定度为 $U=1.5dB(k=2)$。

水声二级校准法是水声测量中使用最广泛、实用价值很高的一种校准方法,由于校准测量方法简单,测量步骤少,产生的误差来源也相对较少。比较法校准的测量程序简单,实施测量恰当的情况下所测得的结果既可靠又精确。基本思想:将待校水听器和标准水听器先后放入自由声压场的同一个位置处,对两者的测量条件完全相同,通常情况下要求两水听器的等效声中心在该位置处要重合在同一点上,然后比较两个水听器的开路输出电压,因此,该方法又被称作置换法或替代法。

设定待校水听器为 X,标准水听器为 S,标准水听器和待校水听器的开路输出电

压分别为 e_s 和 e_x，标准水听器和待校水听器的自由场电压灵敏度分别为 M_s 和 M_x，则测试场点的自由场声压 p_f 表示为

$$p_f = \frac{e_s}{M_s} = \frac{e_x}{M_x} \tag{6-19}$$

由上式可进一步推导出待校水听器的自由场电压灵敏度为

$$M_x = \frac{e_x}{e_s} M_s \tag{6-20}$$

以分贝表示为

$$20\log M_x = 20\log M_s + 20\log e_x - 20\log e_s \tag{6-21}$$

为了确保比较法的实施，比较法测试装置构成如图6-37所示。比较法通常在开阔水域或消声水池中实施测量，若在非消声水池中实施测量，则需要采用脉冲声技术，使其在脉冲持续时间内建立一个等效的自由场。为了建立测量声场，测量过程中需采用一个辅助发射换能器，要求其可产生测量所需频率的声波并具有足够的信号级，且在整个测量过程中辐射的声信号是稳定的、不失真的；另外，实施测量过程中水听器必须布放在辅助发射换能器的远场，具体要求将在下节进行详细阐述。

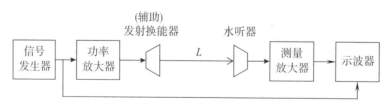

图 6-37 比较法测试装置构成框图

2）计量测试技术要求

为了确保声学量值溯源的准确性，需对标准水听器、测试环境条件要求等进行约定，具体涉及以下几个方面。

（1）技术要求和计量性能要求。

①标准水听器外观完好，无影响工作的机械损伤等，暴露于液体的部件材料应耐腐蚀、耐微生物侵蚀，材料和结构稳定；表面光滑、非多孔性和可与液体媒质浸润，非供操作者使用的部件采用了密封或标记方法保护，各种名称、型号、序列号等标识清晰。

②不带前置放大器的标准水听器的电缆端测得绝缘电阻应大于100MΩ（测试电压100V），测得电容值与说明书提供数值相差不超过±20%；对于带前置放大器的标准水听器，当振动信号作用于标准水听器敏感元件时，电缆端应有相应的电压输出。

③标准水听器自由场灵敏度级应不低于-220dB(0dB=1V/μPa)。

④在标准水听器使用频带范围内，灵敏度级的频率响应起伏应不超过6dB(自由场灵敏度级最大值与最小值之差)。

⑤测量标准水听器在低于100kHz的频段合成不确定度应小于1.5dB。

(2)测试环境条件要求。

①室温：5~35℃。

②水温：5~30℃。

③相对湿度：30%~90%。

(3)计量器具控制。

①信号发生器：具有频率、幅度可独立调节的正弦信号输出通道，频率误差不超过±0.02%；最大输出电压峰值不低于10V，电压示值误差不超过±1%。

②功率放大器：输出阻抗与发射器阻抗匹配，输出波形失真系数不大于2%。

③发射换能器：在检定频率范围内，发射信号应大于背景噪声20dB。

④参考标准水听器：经过绝对法检定的标准水听器，100kHz及以下频段的灵敏度级不确定度不超过0.7dB($k=2$)。

⑤测量放大器：具有线性频率响应，频响起伏优于±0.5dB，最大允许误差不超过±0.2dB。

⑥数字示波器：采样频率至少比信号频率高4倍，最大允许误差不超过±0.2dB。

⑦滤波器：满足一级要求的滤波器。

⑧消声水池：自由场偏差不超过±0.5dB，本底噪声谱级不大于零级海况下的海洋噪声声压谱级。

⑨安装支架：距离测量最小分度1mm，偏差不超过±1%。

⑩绝缘电阻测量仪：工作电压100V，最大允许误差不超过±10%。

⑪电容测试仪：测量上限不小于100μF，最大允许误差不超过±5%。

⑫温度计：测量范围不小于5~35℃，最小分辨力不大于1℃，最大允许误差不超过1.5℃。

(4)测试条件要求。

测试采用自由场比较法，自由场可采用消声水池或在有限水域的非消声水池中采用正弦脉冲信号。为了避免消声水池自由场特性与理想自由场间存在偏差，本项目在消声水池中也将采用正弦脉冲信号的方法获得理想自由场测试条件。为了达到相当于连续信号的测量效果，对采用正弦脉冲信号开展比较法测试时换能器间距离、脉冲宽度、脉冲重复周期、测试系统带宽等需要满足以下要求：即为了使测试声场等效为理想的自由声场，须使可能由声场边界引起的反射声与直达声分开，则脉冲宽度 τ 应满足以下条件：

$$\tau = \frac{\Delta L}{c} \tag{6-22}$$

式中，ΔL 为第一反射声与直达声间的声程差；c 为声波在水中的传播速度。

为了使声波作用于水听器敏感器件上的时间足以使换能器各部分之间完成相互作用，处于工作稳定状态，得到相当于连续信号的测试效果，脉冲宽度 τ 应满足：

$$\tau > \frac{2a_L}{c} \tag{6-23}$$

式中，a_L 是沿声波传播方向上水听器的长度。同时，脉冲宽度还应足够大，使发射换能器达到稳态工作条件，使脉冲测试法达到稳定值的 96% 以上，即与连续信号测试相比，实测值不小于理论值的 0.4dB，脉冲宽度应满足：

$$\tau > \frac{Q}{f_0} \tag{6-24}$$

式中，Q 为发射换能器的机械品质因数，这一要求或可被看作对发射换能器带宽的要求。另外，为了避免换能器间反射的影响，脉冲宽度还应满足：

$$\tau < \frac{2L}{f_0} \tag{6-25}$$

式中，L 为收发换能器间的距离。

发射换能器与水听器声中心间的距离应足够大，使水听器处于发射换能器的远场中，等效为接收平面波，需要满足以下要求：

$$\begin{cases} L \geqslant \dfrac{a_1^2 + a_2^2}{\lambda} \\ L > a_1 \\ L > a_2 \end{cases} \tag{6-26}$$

式中，L 为发射换能器与水听器声中心间的距离；a_1 为发射换能器有效辐射面积的最大尺寸；a_2 为水听器敏感元件的最大尺寸；λ 为测试频率条件下水中声波波长。同时，还需满足以下要求：

$$\begin{cases} L > \dfrac{2a_{\max}}{\lambda} \\ L > 2a_{\max} \end{cases} \tag{6-27}$$

式中，$a_{\max}$ 为垂直于声波传播方向上换能器的最大尺度。

为了使水池引起的混响对测试不产生影响，需要求直达脉冲到达前所有水池反射声应衰减到直达脉冲的 40dB 以下，即对测试的影响小于 0.1dB。

为了保证脉冲信号不发生畸变，测试系统带宽 Δf 需满足以下条件：

$$\Delta f < \frac{2}{\tau} \tag{6-28}$$

式中，τ 为脉冲宽度。

(5) 测量方法与流程。

采用与标准水听器比较的方法实现量值的溯源，要求按照以下程序进行。

①将不带前置放大器的标准水听器置于水中，用绝缘电阻表测量标准水听器电缆末端的绝缘电阻，用电容表测量标准水听器的电缆末端电容值，符合相应的检定规程要求；对于带前置放大器的标准水听器，将水听器电缆末端连接到示波器上，用小的震动信号传递给标准水听器，观察示波器上显示波形，符合检定规程相应要求。

②正式测试前将换能器表面擦洗干净，并在水中浸泡 1h 以上，使换能器表面湿润且不附着气泡，然后将收发换能器布放至同一测试深度，静置至少 0.5h，使其温度、压力达到平衡。

③在测试前，测试系统相关电子仪器设备上电开机预热 15min。

④测试系统要注意接地，但不应多点接地，以免引入干扰，在发现电干扰等问题时应排除后再开始测试。

⑤当换能器采用支架刚性固定吊放安装时，应避免支架引起声反射和振动的干扰影响。

⑥布放换能器及设置信号源发射信号满足上文所述远场及信号脉冲宽度等的限制条件，检查标准水听器输出的开路电压，调节信号源和功率放大器，使测量信噪比大于 20dB。

⑦比较法水听器灵敏度测试：在（辅助）发射换能器与标准水听器、待测量水听器布放于同一深度 H，声中心间距离分别为 L_{TS} 和 L_{TX} 的情况下，分别测量水听器开路电压 U_{TS} 和 U_{TX}，得到待测量水听器的自由场灵敏度 M_X 为

$$M_X = M_S \cdot \frac{U_{TX}}{U_{TS}} \cdot \frac{L_{TX}}{L_{TS}} \tag{6-29}$$

式中，M_S 为标准水听器的自由场灵敏度（V/Pa）。理论上标准水听器及待测量水听器可布放在（辅助）发射换能器远场的同一距离上，即 $L_{TS} = L_{TX}$，但为了实现更准确溯源量值，每次布放标准水听器时都要对 L_{TS} 和 L_{TX} 进行测量。

测试次数一般不少于 6 次，每次测试前应将被测试水听器重新对准方向及调节距离，最后取平均值作为测试结果，即

$$\overline{M}_X = \frac{1}{N} \sum_{n=0}^{N-1} M_{X(n)} \tag{6-30}$$

式中，N 为测量次数，要求 $N \geq 6$。若随机误差超过 ± 1dB，则应对整个装置进行检查，排除产生较大误差的因素。

(6)基本声学量值溯源体系表。

量值溯源是通过一条具有规定不确定度的不间断的比较链,使测量结果或测量标准的值能够与规定的参考标准(通常是国家计量基准或国际计量基准)联系起来的特性,而量值溯源体系就是这条有规定不确定度的不间断比较链。量值溯源体系表(量值溯源等级图),是表明测量仪器的计量特性与给定量的计量基准之间关系的一种代表等级顺序的框图,对给定量及其测量仪器所用的比较链进行量化说明,以此作为量值溯源性的证据。本项目通过对现有国家计量鉴定标准及项目自身特点的研究分析,最终得出声学量值的溯源体系表,通过量值溯源等级图的形式给出基本声学量值溯源的依据。本项目研究的计量测试系统频带范围为十几千赫兹至几十千赫兹,依据《水声声压计量器具检定系统表》(JJG 2017—2005)和《500Hz~1MHz 标准水听器(自由场比较法)检定规程》(JJG 185—2017),制定声学量值溯源图(体系表)如图6-38所示,工作计量器具可溯源至计量基准——不确定度为0.7dB($k=2$)。工作计量器具可采用测量水听器或测量水听器(精密),如若将精密测量水听器作为工作计量器具,需采用自由场互易法逐级进行基本声压量值溯源,也可直接采用自由场互易法直接溯源至计量基准;而计量工作器具为普通测量水听器时,可采用比较法先溯源至标准水听器这一计量标准,然后再采用自由场互易法溯源至计量基准。

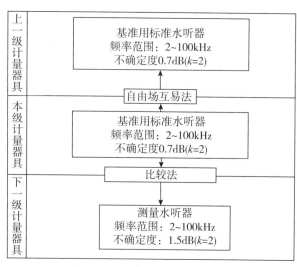

图6-38 基本声学量值溯源图

6.3.8 装置功能验证试验

为了验证项目研制水下超短基线定位计量标准装置的各项功能,分别采用英国

AAE 公司 Easytrak Nexus 2 超短基线水声定位仪和嘉兴易声电子科技有限公司 Esonar 超短基线水声定位仪对装置功能进行验证，设备实物照片见图 6-39。

(a) 英国 AAE 公司超短基线水声定位仪　　(b) Esonar 超短基线水声定位仪

图 6-39　实验用超短基线水声定位仪实物照片

1. 设备安装布放

超短基线水声定位仪声信标安装于声信标基座并置于水池底部，换能器基阵通过四自由度扩展安装装置吊装在水池吊装杆上，分别对垂直吊装和倾斜吊装两种情况下的定位测量效果进行了实验验证；声信标声压量值采用基本声压量值测量系统进行测量，上述相关设备的安装布放如图 6-40 所示。

2. 几何量值测量

对声信标在水池坐标系中三维坐标进行测量之前，首先要确保换能器基阵的零刻线与四自由度扩展安装装置的刻线对准，然后分别采用标准钢卷尺和万能角度尺对四自由度空间至六自由度空间的长度，以及角度传递量值进行测量。实验过程中借助激光水平仪、重锤对准辅助测量，各量值测量过程如图 6-41 所示。

3. 六自由度测量功能验证

分别对扩展安装装置旋转臂垂直和倾斜安装情况下的定位结果进行了测量。实测声信标在四自由度测控平台坐标系中的三维坐标为 (3400.0, 0.0, 3080.0) mm，旋转臂长 1234.0mm，四自由度测控平台吊装杆旋转角度为 [-90°, 90°]，实测超短基线水声定位仪输出信标三维坐标与定位计量标准装置标定坐标真值对比如图 6-42 所示，验证了四自由度空间至六自由度空间量值传递方法，研制水下超短基线定位计量标准装置功能实现的可行性与有效性，以及标准装置 180°的定位覆盖角度范围的测量能力。

(a)声头吊装

 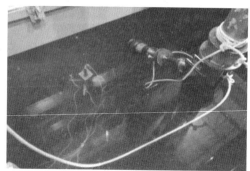

(b)声信标布放

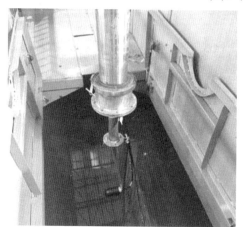 

(c)声学量值测量系统

图 6-40　设备现场布放

(a）0 刻线对准及角度量值测量

(b）长度量值测量

图 6-41 几何量值测量

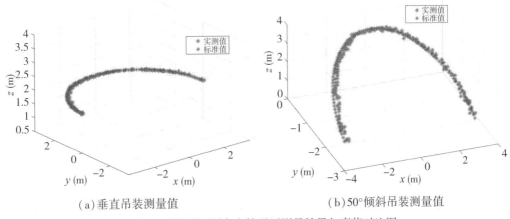

(a）垂直吊装测量值　　　　　　　(b）50°倾斜吊装测量值

图 6-42 旋转臂不同角度情况下测量结果与真值对比图

4. 目标模拟功能验证

为了实现超出水池尺度定位距离条件下的水下超短基线定位测量，项目提出导出几何量值测量方法，相应地在计量装置研制过程中提出构建目标模拟声信标实现导出几何量值测量的方案，为此，需要对目标模拟功能进行验证。分别采用英国 AAE 公司，以及嘉兴易声电子科技有限公司的超短基线水声定位仪进行目标模拟功能的全面验证。验证方法具体流程如下：首先，采用基本声压量值测量系统采集声信标辐射定位信号；然后，根据导出几何量值测量方法计算的目标模拟声信标辐射信号幅度及定位信号时延来配置目标模拟声信标；接着，将目标模拟声信标置于水池中相应位置，利用超短基线水声定位仪输出同步信号外触发目标模拟声信标辐射模拟的定位信号；最终，与理论真值进行比较。其中，AAE 公司超短基线水声定位仪配置成 Responder 模式，信标信号及定位结果如图 6-43(a)、(b)所示；利用嘉兴易声电子科技有限公司的超短基线水声定位仪不间断连续测量了斜距分别是 5m、10m 条件下的实际定位结果和目标模拟定位结果，并与标准计量装置的测量真值进行了对比，如图 6-43(c)所示，直观验证了计量装置目标模拟功能的可行性与有效性。

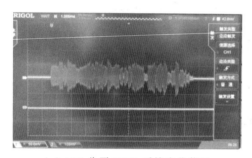

（a）AAE 公司 USBL 系统定位信号　　（b）AAE 公司 USBL 系统实时定位结果

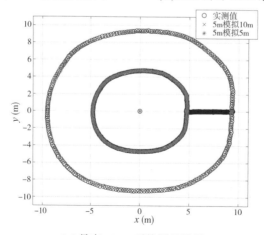

（c）易声 USBL 系统测量结果

图 6-43　目标模拟定位测量功能验证

分别测量了不同频率下 AAE 超短基线水声定位仪和 Esonar 超短基线水声定位仪在进行目标模拟定位测量时目标模拟声信标可模拟的最大定位斜距,测量数据记录表见表 6-9。

表 6-9　　　　　　　　　目标模拟定位测量最大斜距值测量数据记录表

序号	1	2	3	4	5
工作频率(kHz)	18	30	36	40	45
测量增益(dB)	54.4	45.3	42.9	40.3	38.2
信号幅值(mV)	108.5	15.8	15.4	10.2	10.1
SL=194dB 时模拟最大量程(m)(AAE1105 信标)	1500	3000	2500	2000	1500
SL=180dB 时模拟最大量程(m)(易声声信标)	300	600	550	440	320

注:消声水池测试。收发换能器布放间距 3.21m、水深 4m。

通过实际测量可知,目标模拟声信标具备对两个厂商生产的超短基线水声定位仪进行目标模拟定位测量的能力,其中 AAE 超短基线水声定位仪定位量程为 3000m,易声 Esonar 超短基线水声定位仪的最大定位量程为 300m,也验证达到了本项目提出的 1500m 定位量程、18~45kHz 频带范围近程超短基线水声定位仪开展计量测试的能力。

6.4　测量不确定度分析

本项目建立的水下标准距离场中,目标声信标换能器与超短基线水声定位仪声头声中心间定位斜距的约定真值,是通过在四自由度测控平台坐标系中测量目标声信标三维坐标和测控平台旋转角度量值,并传递到定位声呐基阵坐标系而得到的。在进行测量不确定度评定的过程中,依次开展不确定度来源分析、建立水下超短基线定位计量标准装置的测量模型、确定各输入量及其对应的标准不确定度,以及最终得出标准计量装置的合成标准不确定度等工作。

1986 年,国际计量委员会要求国际计量局(BIPM)、国际电工委员会(IEC)、国际标准化组织(ISO)、国际法制计量组织(OIML)、国际理论和应用物理联合会(IUPAP)、国际理论和应用化学联合会(IUPAC)及国际临床化学联合会(IFCC)七个国际组织起草了关于测量不确定度评定的指导性文件,联合发布了 *Guide to the Expression of Uncertainty in Measurement*(《测量不确定度表示指南》,GUM),并于 1995 年进行了修订。GUM 对所用术语的定义和概念、测量不确定度评定方法及不确定度报告的表示方式作了统一规定,代表了当前国际上在表示测量结果及其不确定度方面公认的约定做法。1999年，我国发布了国际计量技术规范《测量不确定度评定与表示》(JJF 1059—1999)，其基本概念及测量不确定度的评定和表示方法与GUM完全一致。随着不确定度理论进一步发展，国际上于2008年发布了新版GUM，即ISO/IEC Guide98-3：2008(GUM)及其附件1：《用蒙特卡洛法传播概率分布》。我国也于2012年发布了《测量不确定度评定与表示》(JJF 1059.1—2012)，并将《蒙特卡洛法评定测量不确定度》(JJF 1059.2—2012)作为补充文件。

本项目依据《测量不确定度评定与表示》(JJF 1059.1—2012)，采用GUM法对本项目水下超短基线定位计量标准装置的测量不确定度评定进行研究。

6.4.1 输出量定义

水下超短基线定位计量标准装置的研制过程中，首要的是研究标准基线场构建，建立基准距离，直接体现为场点(声信标声中心)在定位声呐基阵坐标系中的坐标值(x'_p, y'_p, z'_p)。虽然斜距和方位是超短基线水声定位仪定位信号处理直接得到的结果，但所有的超短基线水声定位仪都直观地给出目标声信标的坐标值，以目标声信标的坐标作为首要的探测结果呈现形式。考虑标准基线场以长度(距离)为基本量值，本项目在不确定度评定过程中的被测量或输出量值定义为x'_p、y'_p和z'_p，综合体现为声头声中心至目标声信标声中心间的距离，由下式表示：

$$R = \sqrt{x'^2_p + y'^2_p + z'^2_p} \qquad (6-31)$$

6.4.2 不确定度来源分析

首先，标准基线场中目标声信标的坐标值(x'_p, y'_p, z'_p)是场点在超短基线定位声呐坐标系$o'_k x'_k y'_k z'_k$中的三维坐标值，它是在确定扩展安装装置与四自由度测控平台坐标系z轴所成固定夹角θ_z，以及定位声呐基准坐标系与四自由度测控平台坐标系原点间距离为d的条件下，由目标声信标在四自由度测控平台坐标系$oxyz$中的坐标(x_p, y_p, z_p)、四自由度测控平台坐标系z轴旋转角度θ_h计算得到的定位斜距约定真值。为此，上述相关量值是水下超短基线定位计量标准装置测量不确定度来源的主要组成部分，是需要写入测量模型的主要影响量。归结起来，上述几何量值引入的测量不确定度是由标准钢卷尺、万能角度尺等测量定位斜距约定真值过程中引入的不确定度。

其次，在基于目标声模拟方法进行超短基线水声定位仪计量测试过程中，声速是关系标准距离量值获取的重要参量，也是引入测量不确定度的重要因素之一。

另外，在几乎所有水声换能器的测量中，所有涉及的位置、距离都以换能器或基阵的声中心为参考点，距离的起点和终点就分别落在发射换能器和接收换能器的声中心上。当有限尺寸的换能器作为发生器时，无论辐射面附近的声场如何分布，声波在远场都是以球面波的形式传播，在远场观察声波是由换能器上的某个点发出的，则该点就是换能器的声中心。在水声测量过程中，以换能器的几何中心作为换能器的声中心是最便捷、易于实施、广泛采用和得到行业认可的方法(参见中华人民共和国国家计量检定规程《500Hz～1MHz 标准水听器(自由场比较法)检定规程》(JJG 185—2017))，特别是对于小孔径的换能器或基阵。超短基线水声定位仪声头和声信标换能器孔径均较小(通常几厘米至十几厘米)，实际测量过程中以几何中心作为声中心可行、有效，且符合国家计量检定规程要求，但由声中心确定引入的测量不确定度必须予以考虑。为此，声中心确定引入的标准不确定度也是引入测量不确定度的重要因素。

同时，环境温度的改变通常会引起计量装置的尺度发生改变，计量装置尺度的改变直接影响标准距离场中标准距离量值的大小，也是定位计量标准装置测量不确定度评定过程中需要考虑的不确定度来源之一。

超短基线水声定位仪及四自由度扩展安装装置在安装过程中会引入安装偏差。由于与扩展安装装置相关联的量值均由标准器实时测量得到，因此安装偏差主要集中于水池四自由度测量装置吊装杆的垂直状态，即吊装杆不垂直会引入一定的安装偏差，是定位计量标准装置测量不确定度评定过程中需要考虑的不确定度来源。

最后，在基于目标声模拟的水下超短基线定位计量过程中，目标模拟声信标模拟远距离辐射定位信号时的时延设置过程会对标准距离值的生成产生影响，也是测量不确定度评定过程中需要考虑的因素。

综上，分析水下超短基线定位计量标准装置的测量不确定度来源主要包括：
①定位斜距约定真值测量引入的标准不确定度；
②剖面仪声速测量引入的标准不确定度；
③温度改变引起校准装置尺度改变引入的标准不确定度；
④声中心确定引入的标准不确定度；
⑤安装偏差引入的标准不确定度；
⑥目标模拟声信号时延设置引入的标准不确定度。

6.4.3 测量模型

在进行水下超短基线定位计量标准装置不确定度评定的过程中，充分考虑标准器具、环境参量、设备安装，以及测量过程等因素开展测量不确定度评定。考虑影响测量不确定度的因素，得出水下超短基线定位计量标准装置的测量模型为

$$R = R_0(x_0, y_0, z_0, \theta_h, \theta_z, \varphi_z, d) + \Delta R_c + \Delta R_T + \Delta R_i + \Delta R_\alpha + \Delta R_\tau \quad (6\text{-}32)$$

式中，$R_0(x_0, y_0, z_0, \theta_h, \theta_z, \varphi_z, d)$ 为采用标准钢卷尺、万能角度尺测得水池四自由度测控平台坐标系中目标声信标坐标、测控平台旋转角度等几何量值后，计算得到的定位声呐基阵坐标系中定位斜距的约定真值，其中，(x_0, y_0, z_0) 为实测声信标在四自由度测控平台坐标系中的位置坐标；θ_h 为四自由度测控平台吊装杆的旋转角度；θ_z 为扩展安装装置旋转臂与垂线的夹角；φ_z 为定位声呐基阵坐标系与定位声呐基准坐标系间的夹角；d 为超短基线水声定位仪声头声中心距扩展安装装置旋转臂旋转轴轴心的距离。上述长度单位均为米，角度单位均为(°)。

由四自由度空间至六自由度空间的量值传递关系可得定位声呐基阵坐标系中定位斜距约定真值 $R_0(x_0, y_0, z_0, \theta_h, \theta_z, \varphi_z, d)$ 的数学表达式为

$$R_0(x_0, y_0, z_0, \theta_h, \theta_z, \varphi_z, d) = \sqrt{x'^2_p + y'^2_p + z'^2_p} \quad (6\text{-}32)$$

其中：

$$x'_p(x_0, y_0, z_0, \theta_h, \theta_z, \varphi_z, d) = x_p(\cos\theta_h\cos\theta_z\cos\varphi_z - \sin\theta_h\sin\varphi_z) \\ + y_p(\sin\theta_h\cos\theta_z\cos\varphi_z + \cos\theta_h\sin\varphi_z) - z_p\sin\theta_z\cos\varphi_z$$

$$y'_p(x_0, y_0, z_0, \theta_h, \theta_z, \varphi_z, d) = x_p(-\cos\theta_h\cos\theta_z\sin\varphi_z - \sin\theta_h\cos\varphi_z) \\ + y_p(\cos\theta_h\cos\varphi_z - \sin\theta_h\cos\theta_z\sin\varphi_z) + z_p\sin\theta_z\sin\varphi_z$$

$$z'_p(x_0, y_0, z_0, \theta_h, \theta_z, \varphi_z, d) = x_p\cos\theta_h\sin\theta_z + y_p\sin\theta_h\sin\theta_z + z_p\cos\theta_z - d$$

ΔR_c 为水中声速引入的斜距偏差(m)；ΔR_T 为由于温度改变引入的斜距偏差(m)；ΔR_i 为声中心确定引入的斜距偏差(m)；ΔR_α 为安装偏差引入的斜距偏差(m)；ΔR_τ 为目标模拟声信号时延设置引入的斜距偏差(m)。

6.4.4 各输入量的不确定度评定

在对水下超短基线定位计量装置的测量不确定度进行评定的过程中，主要以《测量不确定度评定与表示》(JJF 1059.1—2012)作为依据。

1. 定位斜距约定真值测量引入的标准不确定度

针对四自由度测控平台坐标系中声信标位置坐标为(3.5355, 0.0000, 3.5355)m(四自由度测控平台坐标系原点入水 2.0100m，声信标位于距坐标原点斜距为 5.0000m 的位置)、声头声中心至扩展安装装置旋转轴的长度为 1.0100m，在该条件下分析各输入量值的标准不确定度。

2. 长度量值测量引入的标准不确定度

依据中华人民共和国国家计量检定规程《标准钢卷尺检定规程》(JJG 741—2022)检

定得出，水下超短基线定位计量标准装置测量过程中使用的 20m 标准钢卷尺在 20m 量程范围内的最大示值误差为 $\pm(0.03+0.03L)$ mm，采用测量不确定度的 B 类评定方法进行评定，取半宽区间且估计其概率密度为均匀分布，取包含因子 $k=\sqrt{3}$，则标准钢卷尺引入的标准不确定度为 $(0.03+0.03L)/\sqrt{3}$ mm（当 L 不是整数米时，取最接近的较大整数），则各输入长度量的标准不确定度见表 6-10。

表 6-10　　各输入长度量值的标准不确定度

输入量	最大示值误差(mm)	概率密度分布	标准不确定度(mm)
x	0.15	均匀分布	0.09
y	0.03	均匀分布	0.02
z	0.21	均匀分布	0.12
d	0.09	均匀分布	0.05

3. 角度量值测量引入的标准不确定度

经过校准得出，水下超短基线定位计量标准装置测量使用的万能角度尺在 0°~320°量程范围内的最大示值误差为 $\pm10'$，采用测量不确定度的 B 类评定方法进行评定，取半宽区间且估计其概率密度为均匀分布，取包含因子 $k=\sqrt{3}$，则扩展安装装置旋转臂与垂向夹角 θ_z，以及定位声呐基阵坐标系与定位声呐基准坐标系间夹角 φ_z 引入的测量不确定度所引入的标准不确定度为 $10'/60/\sqrt{3}=0.096°$。对于四自由度测控平台坐标系 z 轴旋转角度 θ_h，依据水池验收大纲，采用测量不确定度 B 类评定，得到该值的标准不确定度为 $0.063°$，各输入角度量的标准不确定度见表 6-11。

表 6-11　　各输入角度量值的标准不确定度

输入量	最大示值误差(°)	概率密度分布	标准不确定度(°)
θ_h	0.10	均匀分布	0.063
θ_z	0.17	均匀分布	0.096
φ_z	0.17	均匀分布	0.096

由于定位斜距真值对应测量模型为非线性模型，本项目采用数值计算方法求解得到灵敏系数，进而对测量不确定度分量进行分析。基于此方法计算各输入量 x_i 的不确

定度分量的表达式为

$$u_i(y) = c_i u(x_i) = \left| \frac{f(x_i + \Delta x_i) - f(x_i)}{\Delta x_i} \right| \cdot u(x_i) \tag{6-33}$$

式中，测量模型为 $y = f(x_i)$；Δx_i 为输入量 x_i 的一个单位。

对于采用同一标准钢卷尺或万能角度尺测量多个长度或角度量值的情况，各测量量值间将存在较强的相关性，但由测量模型易知，各输入量的二阶及二阶以上偏导对应的各高阶项均为多项正余弦函数的乘积，阶数越高数值越小，较输入量的一阶项至少低两个数量级，为此，对高阶项做忽略处理。

因此，相应的合成标准不确定度可以表示为

$$u_c(R) = \sqrt{c_{x_p}^2 u_c^2(x_p) + c_{y_p}^2 u_c^2(y_p) + c_{z_p}^2 u_c^2(z_p) + c_d^2 u_c^2(d) + c_{\theta_h}^2 u_c^2(\theta_h) + c_{\theta_z}^2 u_c^2(\theta_z) + c_{\varphi_z}^2 u_c^2(\varphi_z)}$$

(6-34)

依据上式计算得到由计量标准器测量引入的标准不确定度为 0.13mm。

4. 声速剖面仪引入的标准不确定度

声速是影响超短基线声呐进行几何测量的相关量值，在实际工程应用过程中通常需要进行整个声速剖面的声速修正。水中的声速主要受温度、盐度和压力影响。在超短基线声呐校准过程中，声波在水池中沿水平方向传播或在深度方向跨度不大，声波传播经过水域的温度、盐度和压力的变化量均很小，相应的声速变化量也较小。

这里采用测量不确定度的 B 类评定方法进行评定。根据《水运工程　声速剖面仪》（JJG（交通）122—2015），试验中所采用的声速剖面仪的最大允许误差为±0.2m/s，由于距离 $D = ct$，在计量检定规程规定最大检定距离（25m）下，声波传播时间为 17.0ms（实测声速 1469.3m/s），则由声速极限误差引起的超短基线水声定位仪示值极限误差为±3.4mm，取半宽区间，估计其概率密度为均匀分布，取包含因子 $k = \sqrt{3}$，则声速仪引入的不确定度分量为 $u_{\Delta R_c} = 1.96$mm。

5. 温度改变引入的标准不确定度

金属构件尺寸变化与温度的关系式为

$$\Delta L = \alpha L (T - 20℃) \tag{6-35}$$

式中，ΔL 为尺寸的变化量；L 为标准温度 20℃时构件的尺寸；α 为金属材料线膨胀系数，单位为 $10^{-6}/℃$，316L 不锈钢线膨胀系数为 $(17.3 \pm 1) \times 10^{-6}/℃$；$T$ 为实测环境温度。

依据《超短基线水声定位仪》(JJG(交通) 152—2020),试验场的温度需满足20℃±15℃,扩展安装装置整体最大长度为1010.0mm,则由于温度变化引起的最大长度变化量为 $\Delta L = 1010.0 \times 17.3 \times 10^{-6}/℃ \times 15℃ = 0.26$ mm。假设其满足矩形分布,于是由温度变化引入的标准不确定度为 $u_{\Delta R_T} = \Delta L/\sqrt{3} = 0.15$ mm。

6. 声中心确定引入的不确定度

声中心确定引入的不确定度分量 $u(\Delta R_i)$,主要由超短基线水声定位仪声头声中心确定引入的不确定度分量 $u(\Delta R_i)_1$ 和声信标换能器声中心确定引入的测量不确定度分量 $u(\Delta R_i)_2$。

被测量超短基线水声定位仪的换能器基阵孔径为10cm(外径),声信标换能器孔径为5cm(外径),根据上述孔径值及测量经验,估计采用几何中心作为换能器基阵及声信标声中心导致的距离偏差的区间半宽度分别为25mm、10mm,估计其为矩形分布,则由换能器基阵的声中心确定引入的不确定度分量 $u(\Delta R_i)_1 = 14.43$ mm 和声信标声中心确定引入的测量不确定度分量 $u(\Delta R_i)_2 = 5.77$ mm。两个不确定度分量不相关,可直接进行合成,声中心确定引入的不确定度分量 $u(\Delta R_i) = 15.54$ mm。

7. 安装偏差引入的不确定度

四自由度扩展安装装置的理想安装条件是水池测控平台的行车吊装杆处于垂直状态,实际情况是吊装杆并非完全垂直,由消声水池设备验收报告可知,吊装杆垂直度偏差为0.1°,由此引入的安装偏差主要反映在 x 轴和 z 轴两个坐标方向上。

在 x 轴方向上引入的安装偏差为 $(2.0000+5.5455) \times \sin(0.1 \times \mathrm{pi}/180) = 13.17$ mm;在 z 轴方向引入的安装偏差为 $(2.0000+5.5455) \times [1-\cos(0.1 \times \mathrm{pi}/180)] = 0.01$ mm,其中,超短基线水声定位仪声头入水5.5455m,水面距吊装杆固定轴承支点的距离为2.0000m。则由该因素引起的最大安装偏差为9.36mm,估计其为矩形分布,则由安装偏差引入的测量不确定度分量 $u(\Delta R_\alpha) = 5.40$ mm。

8. 目标模拟声信号时延设置引入的不确定度

在基于目标声模拟的水下超短基线定位计量过程中,目标模拟声信标模拟远距离辐射定位信号时的时延设置会对标准距离值引入偏差,因此目标模拟声信号时延设置也是引入测量不确定度的主要因素之一。

在超短基线水声定位仪的测量过程中,超短基线水声定位仪声信标辐射信号的采样频率设置为250kHz,则在设置时延过程中引入的极限时延误差为±0.004ms。实测水中声速为1469.3m/s,则由于时延设置引入的距离误差为±5.9mm,取半宽区间,估计其概率密度为均匀分布,取包含因子$k=\sqrt{3}$,时延估计引入的不确定度分量为$u_{\Delta R_\tau}=3.41$mm。

6.4.5 各不确定度分量汇总表

各不确定度分量汇总如表6-12所示。

表6-12 各不确定度分量汇总

符号	来源	类型	标准不确定度	概率分布	包含因子
u_{R_0}	计量标准器	B	0.13mm	均匀分布	$\sqrt{3}$
$u_{\Delta R_c}$	声速仪	B	1.96mm	均匀分布	$\sqrt{3}$
$u_{\Delta R_T}$	环境温度改变	B	0.15mm	均匀分布	$\sqrt{3}$
$u_{\Delta R_i}$	声中心确定	B	15.54mm	均匀分布	$\sqrt{3}$
$u_{\Delta R_\alpha}$	安装偏差	B	5.40mm	均匀分布	$\sqrt{3}$
$u_{\Delta R_\tau}$	时延设置	B	3.41mm	均匀分布	$\sqrt{3}$

6.4.6 合成标准不确定度

参照不确定度分量汇总表(表6-12),水下超短基线定位计量标准装置的合成标准不确定度(斜距25m条件下)计算如下:

$$u_c = \sqrt{u_{R_0}^2 + u_{\Delta R_c}^2 + u_{\Delta R_T}^2 + u_{\Delta R_i}^2 + u_{\Delta R_\alpha}^2 + u_{\Delta R_\tau}^2} = 17\text{mm}$$

在上述不确定度分量的评定过程中,仅声速仪引入的测量不确定度随斜距距离改变而不同,分别计算5m、10m、15m、20m斜距条件下声速仪引入的不确定度分量分别为0.39mm、0.79mm、1.18mm和1.57mm,均小于25m斜距条件下引入的不确定度1.96mm,为此,最终评定本标准装置的合成标准不确定度为17mm。

6.4.7 扩展不确定度

取包含因子(覆盖因子)$k=2$,扩展不确定度为$U=k\times u_c=34$mm。

6.4.8 相对合成标准不确定度

按测量斜距为 5m 的条件计算，相对合成标准不确定度为 0.34%。

对不同距离条件下水下超短基线定位计量标准装置的相对合成标准不确定度进行评定，得出相对合成标准不确定度随距离的变化曲线如图 6-44 所示，随着距离的增大，相对合成标准不确定度逐渐变小。

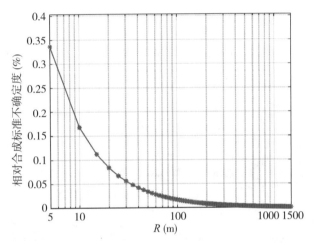

图 6-44 相对合成标准不确定度随距离的变化曲线

6.5 应 用 示 范

6.5.1 目的

利用典型超短基线水声定位仪产品，验证水下超短基线定位计量标准装置检定流程。

6.5.2 试验依据

《超短基线水声定位仪》（JJG（交通）152—2020）。

6.5.3 仪器设备

试验设备还包括标准器、水下超短基线定位计量标准装置、待测超短基线水声定位仪等，详细设备清单见表6-13。

表6-13 计量标准器及配套设备

序号	设备类型	设备名称	主要技术参数	备注
1	标准器	标准钢卷尺	0~20m	测量长度量值
2		万能角度尺	0°~320°	测量角度量值
3	水下超短基线定位计量标准装置（配套设备）	扩展安装装置	旋转臂从0°（垂直状态）至90°（水平状态）每5°可调	安装、调整超短基线水声定位仪声头
4		数据控制器	四通道，采样频率可达1MHz	声信标定位信号采集
5		水听器	1~80kHz，无指向性	接收声信标定位信号
6		目标模拟声信标机	信号源：Agilent 33522A 功放：B&K 2713 测量放大器：B&K 2636 发射换能器：18~45kHz，半空间指向性	发射模拟定位信号
7		PC机	台式机，Windows XP系统	采集、处理定位信号
8		水池	六面消声水池，25m×15m×10m	
9		行车	可水平、垂直位移，吊装杆可垂向旋转，旋转精度为0.1°	吊装扩展安装装置，控制装置位置
10		声速剖面仪	1400~1600m/s，最大示值误差：±0.2m/s	测量水中声速
11	待测量设备	超短基线水声定位仪	32~40kHz，量程：300m	待测量设备

测量实验在哈尔滨工程大学水声技术重点实验室消声水池进行，待测设备为嘉兴易声电子科技有限公司的Esonar超短基线水声定位仪，主要仪器设备如图6-45所示。

第6章 水下超短基线定位计量标准装置及溯源技术

(a)标准钢卷尺　　(b)万能角度尺　　(c)六面消声水池

(d)扩展安装装置　　(e)待测超短基线水声定位仪　　(f)超短基线换能器基阵吊装

(g)超短基线换能器基阵水平安装　　(h)目标模拟声信标换能器

(i)测量系统联机测试现场照片

图6-45　测量试验仪器设备照片

6.5.4 操作程序

水下超短基线定位计量标准装置操作程序依据《超短基线水声定位仪》(JJG(交通)152—2020)相关要求编制。

1. 试验条件准备

(1) 测量开始前,试验场地的环境条件要求满足:温度(20±15)℃,相对湿度不大于90%。

(2) 具备交流供电电压为220V,电压允许偏差为±10%,频率为50Hz,频率允许偏差为±6%。

2. 测量操作步骤

1) 外观检查

①仪器设备及连接电缆表面涂层牢固、均匀,换能器橡胶单元未老化或变形;

②有清晰的铭牌,标有产品名称、型号、生产厂家、出厂编号等。

2) 斜距示值误差测量

①安装超短基线水声定位仪至扩展安装装置旋转臂一端的法兰盘上,调节操作平台的升降机构,使声信标与换能器基阵原点深度相同,并将声速剖面仪吊放至同一深度;

②用声速剖面仪进行声速测量,修正测量过程中的声速参量;

③依次选择5m、10m、15m、20m、25m斜距作为超短基线水声定位仪的室内试验水池检定点(其中:10m、15m、20m、25m斜距检定点测量时,均调整声信标位置至斜距为5m,采用目标模拟声信标模拟上述斜距条件下发射定位信号,实现相应斜距条件下检定点的测量),每个检定点采集3个数据计算算术平均值作为斜距示值;

④用标准钢卷尺测量声信标(或目标模拟声信标)至声头原点的三维坐标,得到该检定点的标准斜距,与超短基线水声定位仪的斜距示值作差,计算得到示值误差,取上述示值误差中的绝对值最大值作为斜距示值误差的检定结果。

3) 角度示值误差测量

在斜距示值误差检定试验后,选取声信标与换能器基阵原点斜距大于20m(测量时选择25m斜距),依次进行水平开角及垂直开角示值误差检定。

(1) 水平开角示值误差测量。

①选择典型水平开角0°、45°、180°、360°作为标准水平开角,沿水平方向依次转

动操作平台角度，记录每个检定点处超短基线水声定位仪的水平开角值；

②在每一个检定点处，连续选取超短基线水声定位仪的10个水平开角示值计算算术平均值，与标准水平开角作差计算示值误差，取示值误差的绝对值最大值作为水平开角示值误差检定结果。

(2)垂直开角示值误差测量。

①固定水平开角为0°，选择典型垂直开角0°、45°、90°作为标准垂直开角，控制操作平台及声信标位置，并记录每个检定点处超短基线水声定位仪的垂直开角示值；

②在每一个检定点处，连续选取超短基线水声定位仪的10个垂直开角示值计算算术平均值，与标准垂直开角作差计算示值误差，取示值误差的绝对值最大值作为垂直开角示值误差检定结果。

4)重复性测量

(1)斜距重复性测量。

选取20m斜距检定点，按斜距示值误差测量方法重复测量斜距6次，并按式(6-13)计算斜距重复性。

(2)角度重复性。

选取45°检定点，按角度示值误差测量方法重复测量水平开角和垂直开角各6次，按式(6-14)分别计算水平开角和垂直开角重复性。

6.5.5 测量数据记录及分析

针对超短基线水声定位仪进行测量之前，首先对水中声速进行了测量，测量记录值见表6-14。在6m深度范围内声速值起伏较小，取1469.3m/s。

表6-14　　　　　　　　　　水中声速随深度变化值

深度值(m)	0.6060	1.0615	1.5560	2.1281	2.5319	3.0589
声速(m/s)	1469.31	1469.32	1469.33	1469.34	1469.34	1469.35
深度值(m)	3.5794	4.0364	4.4860	4.9568	5.5526	6.1624
声速(m/s)	1469.36	1469.37	1469.38	1469.38	1469.38	1469.38

1. 斜距示值误差

依次对5m、10m、15m、20m、25m声信标斜距条件下的测量结果进行记录，每个检定点采集3个数据并计算算术平均值作为斜距示值,计算了示值误差和最大示值误差如表6-15所示。

表6-15　　　　　　　　　　　斜距示值误差　　　　　　　　　　（单位：m）

标准值	5	10	15	20	25
测量值	5.20	10.31	15.41	20.54	25.63
	5.21	10.30	15.42	20.52	25.62
	5.22	10.32	15.44	20.51	25.64
示值	5.21	10.31	15.42	20.52	25.63
示值误差	0.21	0.31	0.42	0.52	0.63
最大示值误差	0.63				

2. 角度示值误差

对0°、45°、180°、360°水平开角检定点进行测量,沿水平方向依次转动操作平台角度,记录每个检定点处超短基线水声定位仪的水平开角值(表6-16)。

表6-16　　　　　　　　　　　水平开角示值误差　　　　　　　　　　（单位：(°)）

标准值	0	45	18	360
测量值	0.25	45.15	180.86	360.60
	0.25	45.14	180.86	360.60
	0.24	45.16	180.86	360.60
	0.25	45.15	180.87	360.61
	0.24	45.15	180.87	360.60
	0.24	45.15	180.87	360.60
	0.24	45.14	180.86	360.60
	0.24	45.15	180.86	360.60
	0.25	45.15	180.86	360.60
示值	0.25	45.15	180.86	360.60
示值误差	0.25	0.15	0.86	0.60
最大示值误差	0.86			

注：斜距为25m条件下测得。

固定水平开角为0°，对0°、45°、90°垂直开角检定点进行测量，控制操作平台及声信标位置，并记录每个检定点处超短基线水声定位仪的垂直开角示值（表6-17）。

表 6-17	垂直开角示值误差		（单位：(°)）
标准值	0	45	90
测量值	-0.20	45.39	89.98
	-0.22	45.38	89.98
	-0.20	45.38	89.97
	-0.20	45.39	89.96
	-0.22	45.39	89.97
	-0.20	45.39	89.96
	-0.20	45.39	89.96
	-0.20	45.38	89.97
	-0.20	45.41	89.96
	-0.20	45.39	89.97
示值	-0.20	45.39	89.97
示值误差	-0.20	0.39	-0.03
最大示值误差		0.39	

注：斜距为25m、水平开角0°条件下测得。

3. 斜距重复性

选取20m斜距检定点，按斜距示值误差测量方法重复测量斜距6次，定位斜距测量重复性满足不大于最大允许误差（±(0.5m+R×3%)）绝对值0.3倍的检定要求（表6-18）。

表 6-18		斜距重复性				（单位：m）
测量次数	1	2	3	4	5	6
测量值	20.54	20.53	20.54	20.52	20.51	20.53
算术平均值			20.53			
标准偏差			0.01			

注：斜距为20m条件下测试。

4. 角度重复性

选取 45°检定点，按角度示值误差测量方法重复测量水平开角和垂直开角各 6 次（表 6-19、表 6-20）。

表 6-19 水平开角重复性 （单位：（°））

测量次数	1	2	3	4	5	6
测量值	43.33	43.33	43.28	43.30	43.33	43.33
算术平均值						43.32
标准偏差						0.02

注：选取斜距 25m、水平开角为 45°的检测点。

表 6-20 垂直开角重复性 （单位：（°））

测量次数	1	2	3	4	5	6
测量值	48.34	48.34	48.34	48.34	48.34	48.34
算术平均值						48.34
标准偏差						0.00

注：选取斜距 25m、水平开角为 45°的检测点。

角度测量重复性满足不大于最大允许误差(±1°)绝对值 0.3 倍的检定要求。

6.5.6 试验结论

依据计量检定规程——《超短基线水声定位仪》(JJG（交通）152—2020)，验证了水下超短基线定位计量标准装置功能及测量流程，在斜距最大允许误差、斜距及角度重复性等计量性能要求方面均达到了计量检定规程的要求，完成了水下超短基线定位计量标准装置测量流程的示范应用研究。

6.6 本章小结

本章开展了水下超短基线计量测试技术研究、水下超短基线计量标准装置设计与研发、定位量值溯源技术研究等工作。具体情况如下：

(1) 针对超出水池尺度的大定位距离条件下的超短基线定位计量问题，提出了基于距离几何量值导出原理的水下超短基线定位计量方法。

(2)提出四自由度空间至六自由度空间的量值传递模型,并基于该模型设计四自由度扩展安装装置,研制了六自由度水下超短基线定位计量标准装置。

(3)对计量标准装置进行了不确定来源分析,建立了不确定评定模型及完整的量值溯源和传递链;构建基于该计量标准装置的完整水下超短基线定位测量流程,实现了一次声信标布放即可完成所有超短基线水声定位测量流程。

(4)所研制的标准装置属于国内首创,经测量不确定度评定得出,其合成标准不确定度为0.34%。

(5)该技术可以保障超短基线水声定位仪的科学计量,更加科学、有效地应用于水运工程中,具有重要的理论与实践意义。

第 7 章　创新成果及与国外相关技术指标对比

7.1　关键技术突破

(1) 基于数值模拟的均匀稳定悬沙浓度场构建及量传溯源技术。

建立基于数值模拟的悬沙浓度场三维水动力时空分布模型，构建均匀稳定悬沙浓度场和悬沙浓度场多点同步采样系统，解决含沙量量值计量检测方法的精度及溯源问题。

(2) 近底淤积界面分层的淤积场构建及量传溯源技术。

构建了淤积类型与时变参量的淤积厚度场，采用研发标准样板复现淤积厚度量值的方法，完成淤积厚度计量标准装置的研制，实现淤积量值的准确计量。

(3) 声呐探测几何参数计量测试平台构建及量传溯源技术。

建立了浅浊水域声呐探测设备几何参数计量检测技术和方法体系，突破多信标水下超短基线定位计量校准技术及水下沉积层声学模型构建技术，构建了完整的水下超短基线定位量传与溯源体系和水下底物目标及浅地层剖面几何量的量传溯源。

7.2　主要技术成果

通过项目组 3 年的研究，取得了 3 项关键技术突破，研发了 6 套计量标准装置，具体内容见表 7-1；授权发明专利 7 项，实用新型专利 3 项，软件著作权 1 项，具体见表 7-2；发布了国家计量校准规范 1 项，部门计量检定规程 5 项，待发布 2 项国家计量校准规范，具体见表 7-3；发表论文 15 篇，具体见表 7-4；经本项目计量检定的仪器设备广泛应用于港口及水运工程相关单位。项目成果为海事救助打捞、水运工程建设、港口航道疏浚、水文调查监测、海洋勘察测绘和海洋资源调查等领域的企事业单位提供了坚实的计量保障，有效解决了水运工程关键设备的准确测量问题，取得了显著社会效益；推动了水下探测设备产品国产化进程和高质量发展，对进口设备性能进行有效的筛查与鉴定，确保国产水下探测设备在生产、检验和应用过程中有据可依，有力服务了质量强国和交通强国建设。

表 7-1　　项目团队自主研制计量标准装置

序号	检定/校准装置	技术指标	水平状态
1	格栅式含沙量测量仪计量标准装置	含沙量测量范围 $0\sim30\mathrm{kg/m^3}$，$u_r=1\%$	首创
2	(搅拌式)含沙量测量仪检定装置	含沙量测量范围 $0\sim10\mathrm{kg/m^3}$，$u_r=3\%$，$k=2$	首创，国家市场监督管理总局计量授权和CNAS认可
3	声学淤积厚度测量仪校准装置	淤积厚度测量范围 $0\sim398\mathrm{mm}$，$U=1\mathrm{mm}$，$k=2$	首创
4	底物分辨计量标准装置	鉴别阈（$5\mathrm{cm}\times5\mathrm{cm}\times5\mathrm{cm}\sim50\mathrm{cm}\times50\mathrm{cm}\times50\mathrm{cm}$），$U=1\mathrm{cm}$	首创
5	水下地层剖面分辨率计量标准装置	垂直分辨力 $0\sim0.5\mathrm{m}$，$U=2\mathrm{cm}$	首创
6	超短基线水声定位仪校准装置	斜距测量范围 $5\sim150\mathrm{m}$，$U=0.12\mathrm{m}$，$k=2$；水平开角测量范围 $0°\sim360°$，$U=0.46°$，$k=2$；垂直开角测量范围 $0°\sim360°$，$U=0.46°$，$k=2$	首创，国家市场监督管理总局计量授权和CNAS认可

表 7-2　　项目团队申请并授权专利软著情况

序号	专利名称	专利号	授权号及授权日
1	一种含沙量测定仪计量检定装置	ZL 2021 2 0233032.1	CN214310045 U，2021-09-28
2	一种泥沙淤积厚度计量校准装置	ZL 2021 2 0968124.4	CN214426650 U，2021-10-19
3	一种浅地层剖面仪计量校准方法及装置	ZL 2022 1 0077433.1	CN114415159 B，2023-06-30
4	Device and method for metrological verification of sand content determinator	LU503250	LU503250，2023-06-26
5	Underwater imaging sonar measurement and calibration device and method thereof	LU503251	LU503251，2023-06-26
6	一种水池条件下声呐探测距离量值计量校准系统及方法	ZL 2019 1 0176341.7	CN109839627 B，2022-12-13

续表

序号	专 利 名 称	专利号	授权号及授权日
7	实现六自由度测试的四自由度声呐吊装平台扩展安装装置	ZL 2018 2 1431212.5	CN209070100 U,2019-07-05
8	一种接收换能器阵列幅相一致性近场校准方法	ZL 2019 1 1257833.5	CN111220942 B,2023-01-03
9	一种四自由度空间至六自由度空间的三维坐标传递方法	ZL 2018 1 1582909.7	CN109458964 B,2020-10-27
10	一种具备大输出动态范围的宽带声呐发射机	ZL 2019 1 0176337.0	CN109946684 B,2022-10-25
11	定位声呐计量测控软件	2020SR0545702	软著登字第5424398.2020.06.01

表 7-3 项目团队起草编制的计量技术规范

序号	计量技术规范	目前状态
1	JJF 2087—2023 光电式含沙量测量仪(国家校准规范)	国家市场监督管理总局发布实施
2	侧扫声呐(国家校准规范)	国家市场监督管理总局待发布
3	超短基线水声定位仪(国家校准规范)	国家市场监督管理总局待发布
4	JJG(交通) 166—2020 含沙量测定仪	交通运输部已发布实施
5	JJG(交通)165—2020 侧扫声呐	交通运输部已发布实施
6	JJG(交通)152—2020 超短基线水声定位仪	交通运输部已发布实施
7	JJG(交通)184—2022 声学淤泥厚度测量仪	交通运输部已发布实施
8	JJG(交通)140—2022 浅地层剖面仪	交通运输部已发布实施

表 7-4 项目团队发表论文情况

序号	论 文 名 称
1	杨鲲,高术仙,曹玉芬,柳义成.水运工程关键计量标准及溯源技术研究[J].科技成果管理与研究,2021,16(11):74-75
2	Li Y B, Zhang S, X B, Ma C, Yang Z. A microcrack location method based on nonlinear S0 Mode lamb wave and probability scan positioning imaging matrix[J]. Applied Sciences, 2019, 9(9), 1763 (SCI)
3	高术仙,韩鸿胜.基于机械式自动搅拌的标准悬沙浓度场测试技术及应用[C]//第三十一届全国水动力学研讨会论文集(上册).上海:《水动力学研究与进展》杂志社,2020:7

续表

序号	论 文 名 称
4	高术仙, 曹玉芬, 韩鸿胜, 张桂平. 光电式含沙量测量仪器的校准方法及结果评定[J]. 水道港口, 2021, 42(2): 267-273
5	Zhu Jianjun, Korochentsev V I, Chen Baowei, Li Haisen, Zhang Yang. Metering method and measurement uncertainty evaluation of underwater positioning system in Six Degrees of Freedom Space[J]. IEEE ACESS, 2020, 8: 21703-21716
6	Li Haisen, Ma Jingxin, Zhu Jianjun, Chen Baowei. Numerical and experimental studies on inclined incidence parametric sound propagation[J]. Shock and Viberation, 2019, 11: 1-10
7	Bu X H, Yang F L, et al. Simplified calibration method for multibeam footprint displacements due to non-concentric arrays[J]. Ocean Engineering, 2020, 197
8	Li Shengquan, Zhang Yabin, Zhu Jianjun, Du Weidong. A high-precision time delay estimation method based on fourth-order cumulant[C]. 2019 3rd International Conference on Circuits, System and Simulation, 2019.
9	吕银杰, 朱建军, 梁景然, 王文彤, 张亚斌, 白嵩. 四自由度平台条件下的六自由度水声测试技术[J]. 电子测量与仪器学报, 2019, 33(4): 65-70
10	佟昊阳. 离散脉冲法测量水声材料反射系数[J]. 声学与电子工程, 2020(2): 25-27
11	张亚斌, 赵哲, 颜康, 白嵩, 李胜全, 朱建军. 基于三阶累积量的水声信号时延估计研究[J]. 黑龙江大学自然科学学报, 2019, 36(2): 227-233
12	张亚斌, 李胜全, 朱建军, 归丽华, 严康, 白嵩, 赵哲. 基于高阶累积量的高精度时延估计算法[J]. 振动与冲击, 2020, 39(13): 103-109
13	佟昊阳. 沉积时间对水下沉积物声速的影响[C]//四川省声学学会、上海声学学会、山东声学学会、黑龙江省声学学会、重庆声学学会、西安声学学会、陕西省声学学会、全国声学标准化技术委员会、中国声学学会环境声学分会. 2020中国西部声学学术交流会论文集, 2020: 3
14	朱建军, 张淑娟, 周天, 等. 六自由度水下USBL定位计量装置设计与测试[J]. 实验技术与管理, 2023, 40(3): 139-144
15	张阳, 徐爽, 朱建军, 等. 水下视觉SLAM图像增强研究[J]. 海洋信息, 2020, 35(4): 29-34

7.3 主要创新点

(1) 研究了基于均匀稳定的悬沙浓度场的含沙量测量仪计量校准技术, 构建基于数值模拟技术的均匀稳定悬沙浓度场, 提出悬沙浓度计量溯源方法, 研发含沙量测量仪计量标准装置2套, 解决悬沙浓度量值复现和传递的技术难题。

现场水体含沙量的瞬时浓度时刻变化,并且变化规律受现场水流条件和气象条件等环境因素影响,很难复现标准悬沙浓度场,无法满足含沙量测量设备的计量需求。本项目基于实验室条件,提出一种基于均匀稳定的含沙量场的悬沙浓度计量测试新方法。针对构建标准悬沙浓度场的技术要求,利用水沙两相流理论建立悬沙场时空浓度分布模型,提出快速、准确的标准悬沙浓度场多参数计算方法,实现不同浓度测量需求下的参数优化选择;基于以上参考模型,研发含沙量测量仪计量标准装置,引入高精度多传感耦合技术实时测量悬沙场相关参数,可实现稳定悬沙场的反馈校正及自动快速配比,从硬件层面实现标准悬沙浓度场的构建。通过以上创新性方法解决悬沙浓度量值复现和传递的技术难题,保证悬沙浓度量值准确、可靠。含沙量测量仪检定装置,含沙量测量范围为 $0\sim10\mathrm{kg/m}^3$,$u_r=3\%$,$k=2$。本项创新点具备技术、方法和知识产权特征。

(2)研究了基于标准样板的淤泥淤积厚度计量校准技术,提出满足适航水深的淤积厚度划分和测量方法,该方法可以保证不同区域淤积厚度测量的一致性,提高泥沙淤积量测量的准确性;采用研发标准样板方法,实验室构建精细化淤积厚度场,解决淤积厚度量值量传溯源难题。

泥沙淤积测量设备工作中,由于受现场不同悬沙、底物环境和气象条件影响,对泥沙淤积测量产生干扰,造成测量结果不准的问题。本项目充分利用室内外实验场前期研究确定的国内多个典型港口适航淤积密度值和室内模型试验成果,提出淤积厚度各层级关键分界面划分和测量方法,该方法可以保证不同区域淤积厚度测量的一致性,提高泥沙淤积测量的准确性;在实验室试验水池中铺设不同淤积类型的淤积物,构建时变的淤积厚度场,设计多点同步原位采样器、选取各测量传感器对淤积厚度场进行测量,实现对淤积厚度场的有效测试,解决淤积厚度量值复现和溯源难题,保证泥沙淤积测量设备量值准确、可靠。研发的淤积厚度计量标准装置,淤积厚度测量范围为 $0\sim398\mathrm{mm}$,$U=1\mathrm{mm}$,$k=2$。本项创新点具备技术、方法、理论和知识产权特征。

(3)研究了基于标准目标块和地层剖面样品的底物分辨计量校准技术,提出水下目标横纵分辨率校准新方法,研究水体环境参数、声呐声学参数对底物分辨力的协同影响机制,实现对水下底物分辨力量值的量传溯源;研制水下沉积物标准样品,解决浅部海底地层结构精细探测分辨力的溯源难题,提高水下地层剖面分辨力测量准确度。

声呐仪器工作过程中受不同悬沙、近底淤积环境影响,对底物和地层构造探测产生干扰,造成分辨率较低,甚至底物检测不到的问题。本项目充分利用室内室外检测场,定量分析水体环境参数、声呐声学参数对探测分辨率的协同影响机制,提出数据处理新方法。其创新性主要体现在:针对不同悬沙、近底淤积环境下声呐仪器的计量检测要求,利用消声水池构建可控环境条件的声呐检测场,实现基于标准样品的高效检测、精确计量,通过建立一套完善、有效的水下声呐计量检测技术和方法体系,解决浅浊水域底物和地层结构精细探测分辨率的溯源难题;依据各变量对底物探测的影响规律,解决声呐仪器、定位等多源数据融合一致性问题,提出基于多源数据融合处理技术的数据处理模型,最大限度地减弱各因素对底物精细探测的影响,实现声呐图像底物分辨力的量化处理,保证数据的可靠性以及后处理的高效性。基于水下自由场远场环境研发了底物分辨计量标准装置——鉴别阈($5cm \times 5cm \times 5cm \sim 50cm \times 50cm \times 50cm$),合成标准不确定度为1cm。以地层剖面标准样品为基础研制了水下浅地层分辨测量参考系统,研发水下地层剖面分辨力计量标准装置,垂直分辨力为$0 \sim 0.5m$,合成标准不确定度为2cm。本项创新点具备技术、方法、理论和知识产权特征。

(4)基于四自由度空间至六自由度空间量传模型,研发六自由度水下基线测试平台,提出基于声信号模拟的多信标定位实验室校准方法,实现超短基线在全量程范围内的准确计量。

针对水下超短基线全量程定位计量及量传溯源体系缺失的问题,提出建立基于六自由度运行控制平台的水下超短基线场,在不同角度方向上对超短基线定位计量量值进行单次或连续测量,实现并确保了研究计量测试流程的连续性和全面性;标准基线场的建立及相应的距离基本量值溯源方案的研究,使研制计量标准装置具有可直接溯源至基本量值的特性,确保了最短溯源链下高准确度标准计量装置的研制。此外,采用基于目标声信号模拟的多信标水下超短基线定位实验室校准方法,实现操作便捷、测试环境可控、避免外场(现场)环境下更多不确定误差因素影响的超短基线定位计量校准测试,同时满足对不同频段、不同量程水下超短基线定位计量的要求。基于水下自由场远场环境研制了水下超短基线定位计量标准装置,斜距测量范围为$5 \sim 150m$,$U=0.12m$,$k=2$;水平开角测量范围为$0° \sim 360°$,$U=0.46°$,$k=2$;垂直开角测量范围为$0° \sim 360°$,$U=0.46°$,$k=2$。本项创新点具备方法和知识产权特征。

7.4 与国外计量校准方法及装置相关技术指标对比

本项目的研究成果——6套水运工程探测设备的计量标准装置,相关探测设备属于专业领域的设备,在我国归口于全国水运专业计量器具计量技术委员会。然而,在国外,这类专业计量器具的计量检测最高水平在企业里,而非专业计量站或者国家计量院。这就可能出现企业对外不公布自己的核心技术的情况。

在含沙量测量仪校准方法及装置方面,本项目的研究成果格栅式含沙量测量仪计量标准装置和搅拌式含沙量测定仪检定装置如图7-1所示。美国Sequoia Scientific

公司的含沙量测量传感器的标定装置如图 7-2 所示。本项目的研究成果含沙量测量仪计量标准装置和美国 Sequoia Scientific 公司的含沙量测量仪的校准装置技术指标对比，见表7-5。

(a)格栅式含沙量测量仪计量装置　　(b)搅拌式含沙量测量仪计量装置

图 7-1　含沙量测量仪计量装置图

图 7-2　美国 LISST 系列含沙量测量传感器标定装置图
（该图取自美国 Sequoia Scientific 公司公开的测试报告）

表 7-5　　　　　含沙量测量仪计量校准装置国内外技术指标对比

国家	单位名称	计量校准装置	校准方法	技术指标		备注	水平
				测量范围	标准不确定度		
美国	Sequoia Scientific 公司	搅拌式含沙量测量传感器标定装置	复现含沙量场，未验证含沙量场的均匀性和稳定性	0~10 kg/m³	—	在公司里，仅对公司研发的含沙量测量传感器进行测试标定，仅对公司内部使用	—

续表

国家	单位名称	计量校准装置	校准方法	技术指标 测量范围	技术指标 标准不确定度	备注	水平
中国	天津大学	格栅式含沙量测量仪计量标准装置	复现含沙量场，验证含沙量场的均匀性和稳定性	0~30 kg/m³	$u_r=1\%$	在大学里，不能对外开展计量校准服务	国际领先
中国	国家水运工程检测设备计量站	搅拌式含沙量测定仪检定装置	复现含沙量场，验证含沙量场的均匀性和稳定性，提出均匀度指标为3%	0~10 kg/m³	$u_r=3\%$, $k=2$	在计量技术机构中，已获得国家市场监督管理总局计量授权和CNAS认可。可在国内开展检定/校准服务，可在国外开展校准服务	国际领先

在淤泥淤积厚度校准方法及装置方面，本项目的研究成果声学淤泥厚度测量仪部门计量检定规程和声学淤泥厚度测量仪校准装置是专门针对港口航道和水库中浮泥厚度测量设备而提出和建立的，声学淤积厚度测量仪校准装置如图7-3所示。在国外，荷兰STEMA公司基于耦合测量法研发SILAS适航水深测量系统，采用的是基于超声波测量法与音叉密度计法的优点并配合后处理系统进行淤积层浮泥密度确定，从而进行浮泥厚度测量，该系统通常采用现场标定的方法进行校准，现场打孔取样与该系统测量值进行比对的方法。该方法没有相应的标准规范来规定误差限。本项目的研究成果声学淤积厚度计量校准装置与荷兰STEMA公司研发SILAS适航水深测量系统技术指标对比，见表7-6。

图7-3　声学淤积厚度计量校准装置图

表 7-6　　声学淤积厚度计量校准装置国内外技术指标对比

国家	单位名称	计量校准装置	校准方法	技术指标		备注	水平
				测量范围	标准不确定度		
荷兰	STEMA公司	—	现场打孔取样与该系统测量值进行比对的方法，该方法没有相应的标准规范来规定误差限	—	—	公司研发的浮泥厚度测量系统	—
中国	国家水运工程检测设备计量站	声学淤积厚度测量仪校准装置	采用替代材料复现淤积厚度量值，实现淤积量值的准确计量	0~398mm	$U=1\text{mm}$, $k=2$	在计量技术机构中	国际领先

在声呐探测几何参数的校准方法及装置方面，本项目的研究成果包括《侧扫声呐》《浅地层剖面仪》《超短基线水声定位仪》部门计量检定规程和侧扫声呐校准装置、浅地层剖面仪校准装置、超短基线水声定位仪校准装置，装置如图7-4所示。对于声学指

（a）侧扫声呐计量标准装置

（b）浅地层剖面仪计量标准装置

（c）超短基线水声定位仪计量标准装置

图 7-4　声呐探测几何参数的计量标准装置

标的校准在国家水运工程检测设备计量站六面消声水池中进行,对于几何指标的校准,可实现侧扫声呐鉴别阈为 5cm×5cm×5cm~50cm×50cm×50cm,浅地层剖面仪垂直分辨力为 0~0.5m,超短基线水声定位仪斜距为 5~150m,水平开角为 0~360°和垂直开角为 0~360°的校准。而国外主要针对声呐探测的声学指标进行校准测试。本项目的研究成果声呐探测计量标准装置与国外相关技术指标对比见表 7-7。

表 7-7　　　　声呐探测计量标准装置国内外技术指标对比

国家	单位名称	计量校准装置	校准方法	测量范围	标准不确定度	备注	水平
美国	New Hampshire 大学	海洋声呐仪器室内、室外声学指标检定系统	依据规范	—	—	大学	—
英国	国家物理实验室(UPL)	常压/高压消声水池声呐声学指标校准系统	依据规范	1kHz~1MHz	—	计量技术机构	—
挪威	Kongsberg 公司	水下超短基线检测场与系统	—	—	—	公司里	—
中国	国家水运工程检测设备计量站	声呐探测声学指标检定	依据水听器和换能器校准规范	3~500kHz	—	计量技术机构	国际先进
中国	国家水运工程检测设备计量站	侧扫声呐计量标准装置	依据《侧扫声呐》规程	鉴别阈 (5cm×5cm×5cm~50cm×50cm×50cm)	$U=1$cm	计量技术机构	国际先进
中国	国家水运工程检测设备计量站	浅地层剖面仪计量标准装置	依据《浅地层剖面仪》规程	垂直分辨力 0~0.5m	$U=2$cm	计量技术机构	国际先进
中国	国家水运工程检测设备计量站	超短基线水声定位仪计量标准装置	依据《超短基线水声定位仪》规程	斜距 5~150m;水平开角 0°~360°;垂直开角 0°~360°	$U=0.12$m, $k=2$; $U=0.46°$, $k=2$; $U=0.46°$, $k=2$	计量技术机构中,已获得国家市场监督管理总局计量授权和 CNAS 认可	国际先进

第8章 社会经济效益及成果推广应用情况

8.1 社会效益

水运是交通运输发展的重要组成部分，是"交通强国"的重要支点。水运计量属于工程计量，涉及港口近海工程建设、航道整治与航行安全、水工结构检测、勘察与测绘、水文环境监测等各个领域。水运计量是谋划、决策、规划和实施国家交通强国战略、质量强国战略、海洋强国战略的基础性工作之一。水运工程专用检测仪器设备的稳定性与测量数据的准确性直接关系到工程建设的质量与安全，为此，定期对仪器设备进行计量校准是保障测量数据准确、可靠的必要环节，具有重大的研究与应用价值。本项目针对水运工程关键探测设备开展计量技术、溯源方法和标准装置开展研究，该项研究属于计量学范畴的计量技术研究工作，对于完善国家和行业计量技术规范体系和促进我国计量技术进步具有重要意义。

(1) 完善国家和行业计量技术规范体系。

项目研究形成了国家计量技术规范3项，部门计量检定规程5项。这些计量技术规范的陆续发布形成了系统化的水运计量技术体系，创立了交通行业最高计量标准研究范式，逐步完善了国家和行业计量技术体系和管理体系，直接促进了我国计量学科的发展及计量技术的进步，更好地发挥了计量技术研究成果服务行业和社会的公益效果。

(2) 推动产业结构优化升级和行业高质量发展。

项目成果计量溯源方法和计量标准装置有效解决了水运工程检测设备在生产、检验和使用过程中的标准化问题，确保设备在首次检定、后续检定和使用中检查的量值准确、可靠。同时，为交通运输行业产业结构优化升级和计量学科的可持续发展奠定坚实的基础，为我国水运工程建设的安全生产提供计量技术支撑和保障，具有显著的社会效益。

(3) 支撑我国航海测量数据质量提升和保障航海安全。

项目成果计量溯源方法和计量标准装置为我国航海领域航道测量数据质量提升提

供了有效的计量支撑。同时为航海作业安全和航行安全提供计量基础保障作用。

(4)服务国内外重大工程项目。

项目成果的 6 套计量标准装置为港珠澳大桥桥墩检测及"海巡 08"大型测量船的测深系统和定位系统提供了计量支撑和保障作用。经校准的测量设备广泛应用于国内大型港口航道的测量工程项目,具有显著的社会效益。

(5)推动测量设备的国产化进程。

项目成果的 6 套计量标准装置为测量设备提供研发和应用阶段测试,为国内测量设备生产厂家的设备研发保驾护航,有效推动了测量设备产品的国产化进程,具有显著的社会效益。

(6)培养了水运领域计量人才队伍。

培养了一批本领域高层次计量检测人才,本项目课题间采用多学科交叉融合的方式,深入研究水运工程检测设备的原理和技术参数,致力于突破量传溯源的诸多关键技术,编制了多项国家及行业技术规范,建立了多项交通运输行业最高计量标准,积累了丰富的专业经验,提升了解决问题的技术能力,为提升水运工程计量检测的国际化水平,建设交通强国、质量强国提供有力支撑,具有显著的社会效益。

8.2 经济效益

自 2020—2022 年,项目成果含沙量测定仪检定装置等计量标准装置推广销售收入约 180 万元,一种含沙量测量仪计量检定装置(授权号 CN214310045U)已进行了成果转化,取得了 20 万元的成果转化经济效益。计量标准装置对外开展检定/校准/测试服务收入约 1000 万元。

项目成果的 6 套计量标准装置检定/校准/测试的仪器设备用于我国各大港口、航道、河流、水库等测量任务,产生显著的间接经济效益。

8.3 成果推广应用情况

本项目攻克了 3 项水运工程测量设备量值溯源技术难题,提出了 5 种测量设备的关键计量溯源方法,研究建立了 6 套计量标准装置,在水运工程建设、航海安全、海事救助打捞、海洋测绘及相关设备生产研发等领域得到全面推广应用。主要体现在以下几个方面。

(1)项目研制了含沙量测量仪、淤积厚度、底物分辨、水下地层剖面分辨率和水下超短基线定位等 6 套计量标准装置,建立的含沙量测定仪检定装置和超短基线水声定位仪检定装置,已获得国家市场监督管理总局计量授权和 CNAS 认可,其他 3 项正在审批中。上述计量标准装置已为水运工程领域长江航道测量中心等 20 家单位的测量设备提供校准服务,这些被校准的测量设备广泛应用于我国各大港口、航道、河流、水库等测量任务。6 套计量标准装置的成功研发及推广应用,有效解决了水运工程相关测量设备无处溯源的难题,保障了测量设备量值的准确和统一。

(2)项目研究成果含沙量测定仪检定装置和淤积厚度计量标准装置有效推动了含沙量测量仪和双频测深仪的国产化进程。含沙量测量仪检定装置为天津水运工程勘察设计院有限公司的新产品 TKZS-TSA05 含沙量采集系统进行现场测试,淤泥淤积厚度场及其计量标准装置为江苏中海达海洋信息技术有限公司新产品全数字双频测深仪 HD MAX DF 进行研发阶段测试,这两款产品测试结果指标均能达到同类进口设备水平,能够有效替代同类进口产品。

(3)项目研究成果淤积厚度、底物分辨、水下地层剖面分辨率和水下超短基线定位计量标准装置为"港珠澳大桥桥墩检测"项目中的测深、扫描和定位设备提供了计量测试服务,为"海巡 08"大型测量船的测深系统、浅剖系统和定位系统提供了计量测试服务,为项目的顺利开展提供了计量支撑和保障作用,推广应用前景巨大。

(4)项目研究成果《含沙量测定仪》(JJG(交通)166—2020)和《超短基线水声定位仪》(JJG(交通)152—2020)已应用于含沙量测定仪检定装置和超短基线水声定位仪检定装置的建设,目前含沙量测定仪检定装置和超短基线水声定位仪检定装置已获得国家市场监督管理总局计量授权和 CNAS 认可,公开对国内外开展检校服务。

(5)项目研究成果"一种含沙量测定仪计量检定装置"(授权号 CN214310045 U)已进行推广应用。与天津水运工程勘察设计院有限公司签订技术成果转化合同,目前该装置已生产并投入市场进行应用。

参 考 文 献

[1] 王海申. 在线实时含沙量观测系统构建及其应用[J]. 中国水运(下半月), 2018, 18(1): 91-92, 95.

[2] 刘洁, 杨胜发, 沈颖. 长江上游水沙变化对三峡水库泥沙淤积的影响[J]. 泥沙研究, 2019, 44(6): 33-39.

[3] Liu H Y, Bo T L, Wang G H, et al. The Analysis of turbulence intensity and reynolds shear stress in wall-bounded turbulent flows at high reynolds numbers[J]. Boundary-Layer Meteorology, 2014, 150(1): 33-47.

[4] 周慧广, 张毅, 任宇鹏, 等. 含沙浑水流对固定砂床的剪切力试验研究[J]. 中国海洋大学学报(自然科学版), 2019, 49(S2): 92-98.

[5] 栾润润, 张瑞波. 基于OBS 3+传感器的实验室含沙量测量系统开发和应用[J]. 水道港口, 2017, 38(1): 94-98.

[6] 展小云, 郭明航, 赵军, 等. 径流泥沙实时自动监测仪的研制[J]. 农业工程学报, 2017, 33(15): 112-118.

[7] 李文杰, 黄亚非, 杨胜发, 等. 基于ADV的三峡水库瞬时含沙量测量研究[J]. 水力发电学报, 2015, 34(11): 69-76.

[8] 肖小妮. 水体悬浮泥沙浓度新型监测方法综述[J]. 节能与环保, 2020(Z1): 68-69.

[9] 韩宇辉, 李照宇, 苗良. 嵌入式技术在河水含沙量测量校准系统中的应用[J]. 自动化与仪器仪表, 2008(1): 53-54, 93.

[10] 何世钧, RBF神经网络在嵌入式河水含沙量测量校准系统中的应用[Z]. 河南省自动化工程技术研究中心, 2007.

[11] 韩宇辉, 李照宇, 苗良. 基于嵌入式结构的河水含沙量测量校准系统设计与应用[C]//第十七届全国测控计量仪器仪表学术年会(MCMI 2007)论文集(上册). 电子测量与仪器学报杂志社, 2007: 263-265.

[12] Terfous A, Sabat M, Ghenaim A. Sediment diffusion coefficient model for predicting the vertical distribution of suspended sediment concentration in uniform open-channel flows

[J]. Arabian Journal of Geosciences, 2020, 13: 1169.

[13] Jérémy L, Renaud H, Núria M C, et al. Sediment transport modelling in riverine environments: on the importance of grain-size distribution, sediment density, and suspended sediment concentrations at the upstream boundary[J]. Hydrology and Earth System Sciences, 2019, 23: 3901-3915.

[14] Claire B, Faisal H, Robin K B, et al. Stakeholder-driven development of a cloud-based, satellite remote sensing tool to monitor suspended sediment concentrations in major Bangladesh rivers[J]. Environmental Modelling and Software, 2020, 133: 1-16.

[15] Zhang H Y, Tan Y, Zhu F, et al. Shrinkage property of bentonite-sand mixtures as influenced by sand content and water salinity[J]. Construction and Building Materials, 2019, 224: 78-88.

[16] De Girolamo A M, Di Pillo R, Lo Porto A, et al. Identifying a reliable method for estimating suspended sediment load in a temporary river system[J]. Catena, 2018, 165: 442-453.

[17] Gentile F, Bisantino T, Corbino R, et al. Monitoring and analysis of suspended sediment transport dynamics in the Carapelle torrent (Southern Italy)[J]. Catena, 2009, 80(1): 1-8.

[18] Haimann M, Liedermann M, Lalk P, et al. An integrated suspended sediment transport monitoring and analysis concept[J]. International Journal of Sediment Research, 2014, 29(2): 135-148.

[19] Grieve I, Gilvear D. Effects of wind farm construction on concentrations and fluxes of dissolved organic carbon and suspended sediment from peat catchments at Braes of Doune, central Scotland[J]. Mires and Peat, 2008, 4(3): 1-11.

[20] Guerrero M, Szupiany R N, Amsler M. Comparison of acoustic backscattering techniques for suspended sediments investigation[J]. Flow Measurement and Instrumentation, 2011, 22(5): 392-401.

[21] De Oliveira P A, Blanco C J C, Mesquita A L A, et al. Estimation of suspended sediment concentration in Guamá River in the Amazon region[J]. Environmental Monitoring and Assessment, 2021, 193: 79.

[22] Fleit G, Baranya S. Acoustic measurement of ship wave-induced sediment resuspension in a large river[J]. Journal of Waterway, Port, Coastal, and Ocean Engineering, 2021, 147(2): 1-11.

[23] Togneri M, Lewis M, Neill S, et al. Comparison of ADCP observations and 3D model

simulations of turbulence at a tidal energy site[J]. Renewable Energy, 2017, 114: 273-282.

[24] Rai A K, Kumar A. Continuous measurement of suspended sediment concentration: Technological advancement and future outlook[J]. Measurement, 2015, 76: 209-227.

[25] Druine F, Verney R, Deloffre J, et al. In situ high frequency long term measurements of suspended sediment concentration in turbid estuarine system (Seine Estuary, France): Optical turbidity sensors response to suspended sediment characteristics[J]. Marine Geology, 2018, 400: 24-37.

[26] Landers M N, Sturm T W. Hysteresis in suspended sediment to turbidity relations due to changing particle size distributions[J]. Water Resources Research, 2013, 49(9): 5487-5500.

[27] Bright C E, Mager S M, Horton S L. Predicting suspended sediment concentration from nephelometric turbidity in organic-rich waters[J]. River Research and Applications, 2018, 34(7): 640-648.

[28] Bright C, Mager S, Horton S. Response of nephelometric turbidity to hydrodynamic particle size of fine suspended sediment[J]. International Journal of Sediment Research, 2020, 35(5): 444-454.

[29] 付立彬, 刘明堂, 王丽, 等. 含沙量监测的 Wavelet-Kalman 多尺度融合研究[J]. 人民黄河, 2018, 40(9): 23-27.

[30] 夏云峰, 蔡喆伟, 陈诚, 等. 模型试验含沙量量测技术研究[J]. 水利水运工程学报, 2018(1): 9-16.

[31] 李勇涛, 李立新, 焦宝明. BP 人工神经网络模型在红外线法测量含沙量中的应用研究[J]. 水利科学与寒区工程, 2019, 2(5): 48-52.

[32] 吕海金, 郑雁莉. 拉曲(三)水文站单样含沙量采样位置分析报告[J]. 科技风, 2018(4): 199, 208.

[33] Zuo L Q, Roelvink D, Lu Y J. The mean suspended sediment concentration profile of silty sediments under wave-dominant conditions[J]. Continental Shelf Research, 2019, 186: 111-126.

[34] 张文祥, 黄远光, 程武风, 等. 高浓度悬沙观测的室内标定实验与对比[J]. 泥沙研究, 2019, 44(5): 22-27.

[35] 雷廷武, 赵军, 袁建平, 等. 利用 γ 射线透射法测量径流含沙量及算法[J]. 农业工程学报, 2002(1): 18-21, 13.

[36] 雷廷武, 张宜清, 赵军, 等. 近红外反射高含量泥沙传感器研制[J]. 农业工程学

报，2013，29(7)：51-57.
- [37] 方彦军，唐懋官. 超声衰减法含沙量测试研究[J]. 泥沙研究，1990(2)：1-12.
- [38] 马志敏，邹先坚，赵小红，等. 基于B超成像的低含沙量测量[J]. 应用基础与工程科学学报，2013，21(4)：796-803.
- [39] 周丰年. 利用机载双激光测深反演近岸水体含沙量的方法[J]. 长江科学院院报，2019，36(11)：167-170.
- [40] 杨惠丽，罗惠先，于奭. 利用ADCP回波强度估算河流悬移质含沙量的应用研究[J]. 水利水电技术，2017，48(1)：106-110.
- [41] 蒋建平，朱汉华，吴立键. 基于激光散射原理的含沙量快速施测方法研究[J]. 人民长江，2020，51(7)：89-92.
- [42] 勾晶晶，李健. 浊度计在悬移质泥沙测验中的误差分析[J]. 长江技术经济，2020，4(S1)：43-44.
- [43] 李淑阔. 淤泥层空间分布与水下淤积测定[D]. 济南：山东大学，2013.
- [44] 崔双利，于国丰，曲磊，等. 参量阵浅地层剖面技术在柴河水库淤积测量中的应用[J]. 广东水利水电，2016(2)：8-10.
- [45] 张杰，张坤军，李京兵，等. 浅地层剖面仪在内陆浅水域淤积探测中的应用——以河、湖为例[J]. 浙江水利科技，2018，46(4)：56-58.
- [46] Inglis C C, Allen H H. The regimen of the Thames Estuary as affected by currents, salinities and river flows[J]. Proceedings of the Intuition of Civil Engineers, 1957, 7(4)：827-879.
- [47] 刘风岳，高明德. 黄河口烂泥湾的特征及其开发[J]. 海洋科学，1986(1)：20-23.
- [48] 洪柔嘉，应永良. 水流作用下的浮泥起动流速试验研究[J]. 水利学报，1988(8)：49-55.
- [49] 中华人民共和国交通运输部. JTJ/T 325—2006 淤泥质海港适航水深应用技术规范[S]. 北京：人民交通出版社，2006.
- [50] 李九发，戴志军，刘启贞，等. 长江河口絮凝泥沙颗粒粒径与浮泥形成现场观测[J]. 泥沙研究，2008(3)：26-32.
- [51] 许宝华，王真祥. 象山港进港航道外干门浅段试挖槽浮泥观测研究[J]. 人民长江，2009(22)：67-68.
- [52] 梅剑云，孙月，李占元. 国华台电煤港适航水深应用研究[J]. 水道港口，2008(5)：314-317.
- [53] 陈学良. 连云港浮泥测试及"适航深度"的确定[J]. 水运工程，1998(8)：29-32.
- [54] 居尧，高敏，王元叶，等. 浮泥现场观测技术综述[J]. 重庆交通大学学报(自然科学版），2014，33（1）：98-102，124．

[55] 李九发，何青，徐海根．长江河口浮泥形成机理及变化过程[J]．海洋与湖沼，2001（3）：302-310．

[56] 庞启秀．浮泥形成和运动特性及其应对措施研究[D]．天津：天津大学，2011．

[57] Nichols M M. Fluid mud accumulation processes in an estuary[J]. Geo-Marine Letters，1984，4(3)：171-176.

[58] Li J F, Wan X N, Qing H E, et al. In-Situ Observation of Fluid Mud in the North Passage of Yangtze Estuary, China[J]. China Ocean Engineering, 2004, 18(1)：149-156.

[59] McAnally W H, Teeter A, Schoellhame D, et al. Management of fluid mud in estuaries, bays, and lakes. Ⅱ：Measurement, Modeling, and Management[J]. Journal of Hydraulic Engineering, 2007, 133(1)：9-22.

[60] Ding J, Guo-Dong H U, Wang Z X, et al. Fluid mud measurement and siltation analysis in a trial excavated channel in the approach channel of the Xiangshan Port[J]. China Ocean Engineering, 2020, 34(3)：421-431.

[61] Pang Q, Zhang R, Wen C. Fluid mud induced by super typhoon and fluvial flood in a deep-dredged waterway of Xiamen, China[J]. Journal of Waterway, Port, Coastal and Ocean Engineering, 2020, 146(3)：1-6.

[62] Carneiro J C, Gallo M N, Vinzon S B. Detection of fluid mud layers using tuning fork, dual-frequency echo sounder, and chirp sub-bottom measurements[J]. Ocean Dynamics, 2020, 70(4)：573-590.

[63] 赵晖，栗克国．回声测深仪计量检定装置的研究[J]．水道港口，2011，32（6）：449-452．

[64] 居尧，高敏，王元叶，等．浮泥现场观测技术综述[J]．重庆交通大学学报（自然科学版），2014，33（1）：98-102，124．

[65] 陈学良．连云港浮泥测试及"适航深度"的确定[J]．水运工程，1998（8）：29-32．

[66] 奚民伟．浮泥层测量及其应用[J]．海洋测绘，2011（3）：55-57．

[67] 牛桂芝，沈小明，裴文斌．SILAS 适航水深测量系统测试研究[J]．海洋测绘，2003（5）：24-27．

[68] 曹玉芬，韩鸿胜，窦春晖，等．我国交通水运计量工作现状与展望[J]．水道港口，2015，36（6）：609-614．

[69] 陆渭林．水声计量测试系统中电压测量的干扰及抑制技术[J]．声学与电子工程，2015（3）：38-41．

[70] Foote K G, Martini M A. Standard-target calibration of an acoustic backscatter system [C]// Oceans 2010, IEEE, 2010.

[71] Foote K G, Francis D T I. Scheme for parametric sonar calibration by standard target [C]//MTS/IEEE, IEEE, 2005：1409-1414.

[72] Lanzoni J C, Weber T C. A method for field calibration of a multi-beam echo sounder [C]// Oceans 2011, IEEE, 2011.

[73] Lanzoni J C, Weber T C. High-resolution calibration of a multi-beam echo sounder [C]// Oceans 2010, IEEE, 2010.

[74] 陈南, 和松. 中国公路水运计量发展蓝皮书2017[M]. 北京：人民交通出版社, 2018.

[75] 中华人民共和国交通运输部. 水运"十三五"发展规划[EB/OL]. (2016-5-31) [2020-12-13]. http://www.mot.gov.cn/zhuanti/shisanwujtysfzgh/guihuawenjian/201703/t20170306_2172341.html.

[76] 朱厚卿. 脉冲频谱法水声换能器低频校准[J]. 声学学报, 1975(2)：143-145.

[77] 华乐荪. 水运工程中的声学测量技术[C]//交通水运工程科技情报网. 海洋水声学和勘察新技术论文选辑. 北京：交通水运工程科技情报网, 1998.

[78] 郑士杰, 等. 水声计量测试技术[M]. 哈尔滨：哈尔滨工程大学出版社, 1995.

[79] 张淑芹. 测量不确定度的评定方法[J]. 品牌与标准化, 2010(4)：38-39.

[80] 阎福旺, 凌青, 栾经德, 等. 水下电声测量技术[M]. 北京：海洋出版社, 1999.

[81] 于湛才, 李义. 测量结果的重复性、复现性与测量器具的稳定性的区别[J]. 仪器仪表标准化与计量, 2004(2)：32-35.